20世纪60年代美国对英国加入欧洲共同体的政策

王仕英 著

中国社会科学出版社

图书在版编目（CIP）数据

20 世纪 60 年代美国对英国加入欧洲共同体的政策／王仕英著 . —北京：
中国社会科学出版社，2020.10
ISBN 978 - 7 - 5203 - 6509 - 3

Ⅰ. ①2… Ⅱ. ①王… Ⅲ. ①美国对外政策—研究—欧洲
②欧洲一体化—研究 Ⅳ. ①D871.20②D85

中国版本图书馆 CIP 数据核字（2020）第 083488 号

出 版 人	赵剑英	
责任编辑	刘志兵	
责任校对	水 木	
责任印制	王 超	

出　　版	中国社会科学出版社	
社　　址	北京鼓楼西大街甲 158 号	
邮　　编	100720	
网　　址	http://www.csspw.cn	
发 行 部	010 - 84083685	
门 市 部	010 - 84029450	
经　　销	新华书店及其他书店	

印　　刷	北京君升印刷有限公司	
装　　订	廊坊市广阳区广增装订厂	
版　　次	2020 年 10 月第 1 版	
印　　次	2020 年 10 月第 1 次印刷	

开　　本	710×1000 1/16	
印　　张	15	
插　　页	2	
字　　数	269 千字	
定　　价	86.00 元	

凡购买中国社会科学出版社图书，如有质量问题请与本社营销中心联系调换
电话：010 - 84083683

目　　录

绪　　论

众所周知，第二次世界大战后，千疮百孔的欧洲通过一体化实现了恢复和发展，欧盟成为当今世界多极化格局的重要一极，欧洲一体化也成为较成功的区域一体化案例。欧洲一体化的发展与美国的支持密不可分。在一体化的进程中，美国给予了重要的支持，也正是在美国的支持下，欧洲一体化运动不断发展。对于一体化初次扩展的尝试——英国加入欧洲共同体，肯尼迪政府给予了支持。那么，20世纪60年代美国对英国加入欧洲共同体的支持是否是无条件的呢？该政策是否是单纯继承了之前的"支持欧洲一体化"而毫无改变呢？该政策在美国的欧洲一体化政策史中占多大分量呢？当前学术界的研究涉及了20世纪60年代特别是肯尼迪政府支持英国加入欧洲共同体这一历史事实，但在上述问题的研究方面尚可深入。这些问题对于研究美国一体化政策的演变以及美欧关系的变化意义重大。本书尝试系统地阐述20世纪60年代美国对英国加入欧洲共同体的政策，附带简要总结第二次世界大战后至当今时代美国对欧洲一体化政策的阶段性变化。

第一节　国内外研究状况

20世纪60年代，美国对英国加入欧洲共同体的政策从属于美国对欧洲一体化政策的宏观范畴，也是冷战时期美国对英国政策的重要组成部分。国内学术界在美国的欧洲一体化政策方面尚有研究空间，没有出现从微观上论述20世纪60年代特别是肯尼迪政府时期美国对英国加入欧洲共同体政策的专著；国外学术界研究美国对欧洲一体化政策的论著较多，但对20世纪60年代美国对英国加入欧洲共同体的政策的微观研究方面尚可深入。

一 国内研究现状

改革开放之前，我国学术界对欧洲一体化问题关注较少，对美国与西欧一体化关系的研究，基本停留在西欧共同市场与美国之间的经济交往以及所引起的经济斗争和贸易战方面，突出资本主义阵营的矛盾，如《西欧共同市场》，这一专著对共同市场做了较全面的介绍，但其指导思想是"反对两个超级大国"的"国际阶级斗争的需要"。20世纪七八十年代，我国学术界对欧洲共同体问题有了更多的关注，冷战结束后特别是21世纪初，学术界涌现出一批论著和译著，如研究欧洲一体化问题的前辈和专家伍贻康、陈乐民、戴炳然、沈骥如、李世安、周宏、叶江、朱立群、秦亚青、王学玉、赵怀普、洪邮生、王军等对欧洲共同体发展史及与外部关系、欧洲一体化思想和理论、英国与欧洲共同体、欧盟等方面的研究，这些研究为我国的欧洲一体化研究奠定了坚实的基础。如冯恕先生等编译的《欧洲共同市场及其对外关系》和陈乐民先生的《战后西欧国际关系（1945—1984）》，这两部著作论述了第二次世界大战后西欧在国际政治中地位的变化，特别是西欧在美苏对峙情况下的处境。王鹤先生的《欧洲一体化对外部世界的影响》论述了欧洲一体化对美欧关系的影响，但其重点放在冷战结束后美国和欧洲的经济关系上。胡瑾、宋全成先生等合著的《欧洲早期一体化的思想与实践（1945—1967）》，对欧洲一体化的基本过程和若干问题做了梳理与归纳，具有一定的参考价值。林勋建先生主编的《政党与欧洲一体化》、陈玉刚先生的《国家与超国家——欧洲一体化理论比较研究》、陈涛先生的《西欧社会党与欧洲一体化研究》、金安先生的《欧洲一体化的政治分析》，分析了欧洲一体化的政治方面，特别是《欧洲一体化的政治分析》一著，重点分析了欧洲一体化的政治概念，如"联盟""一体化"和"合作霸权"等，简洁地介绍了欧洲一体化的发展历程，并从宏观上分析了法国、德国和英国的欧洲一体化策略。该著将英国加入欧洲共同体的政策视为"从共同体内部平衡欧洲大陆"，认为一体化的发展是"建立在法德轴心基础上的合作霸权体系"，对于英国转向申请加入欧洲共同体的原因，该著涉及了英国政府对失去美英特殊关系的考虑，但未做重点说明，更没涉及美国推动英国加入欧洲共同体，关于美国在英国决定申请加入欧洲共同体中的作用，该著指出："带着这种想法，麦克米伦于1961年4月在访问美国时想试探新当选总统肯尼迪的意见，结果美国方面不仅没有改变支持的态度，还表达了同英国相似的看法。"李世安先生等著的《欧洲一体化史》是国内学术界对欧洲一体化史系统梳理的专著,但对美国支持英国加入欧洲共同体的问题未做深入探讨。

在对欧洲一体化研究的著作中,专注于美欧关系的著作不多,代表性的如叶江先生的《解读欧美:欧洲一体化进程中的欧美关系》(1999)、王军先生的《朋友还是对手:冷战后的美欧关系解读》(2006)、赵怀普先生的《当代美欧关系史》(2011)和陈志敏先生等著的《中国、美国与欧洲:新三边关系中的合作与竞争》(2011)等。上述著作涉及美国对欧洲一体化政策较多的专著有叶江先生的《解读欧美:欧洲一体化进程中的欧美关系》和赵怀普先生的《当代美欧关系史》。《解读欧美:欧洲一体化进程中的欧美关系》在分析第二次世界大战后欧美关系时涉及了美国对欧洲一体化政策的演变。此著着重通过分析欧美关系的历史和现状,将欧美关系用全球化以及世界体系的理论来分析,阐释了欧美在当代世界政治经济中的地位及相互关系。此著用一章分析了"美国对欧洲一体化政策的演变",对于20世纪60年代美国对英国加入欧洲共同体的政策问题,仅几笔带过,认为:"正因为美国提出要与统一的欧洲建立平等的伙伴关系,所以美国积极支持英国、丹麦、爱尔兰和挪威在1961年6月至8月提出申请加入欧洲共同体。"① 宏观论述中涉及美国对欧洲一体化政策的专著,还有洪邮生先生的《英国对欧洲一体化政策的起源与演变(1945—1960)》,以及赵怀普先生的《英国对欧洲一体化的政策》,这是国内学术界对英国与欧洲一体化政策研究的两部重要的专著,并且用了相当多的新解档的原始资料,对英国的欧洲一体化政策进行了梳理和归纳,也是对"美国对英国的欧洲一体化政策"涉及较多的著作。但是这两部著作主要从英国政策的角度来论述,且前者主要集中在20世纪60年代之前;《英国对欧洲一体化的政策》论述了英国对欧洲一体化的政策,也对美国对英国加入欧洲共同体的政策进行了一定的分析,但主要从英国的角度来阐述,且仅限于章节,对20世纪60年代美国对英国加入欧洲共同体的政策的制定以及影响等未做深入探讨。《当代美欧关系史》是一部书写美欧关系发展历史的重要著作,认为欧洲一体化是影响战后美欧关系的重要主线,"北约和欧盟两个机构之间的相互联系与作用勾勒

---

① 叶江:《解读欧美:欧洲一体化进程中的欧美关系》,上海三联书店1999年版,第120页。

了战后美欧关系历史演变的大致脉络和轨迹，很大程度上也决定着其未来的走向"。① 该著以大西洋联盟和欧洲一体化为主线详细论述了战后美欧关系的发展变化，20世纪60年代美国对英国加入欧洲共同体的政策问题，并不是该著的重点。马瑞映先生的《疏离与合作——英国与欧共体关系研究》《英国与欧共体起点关系模式演变探析》，详细论述了英国加入欧洲共同体的过程，认为英国与欧共体的关系模式经历了观望、抗衡阻挠、申请加入、欧洲共同体内尴尬的伙伴几个阶段。上述论著从英国的角度研究欧洲一体化问题，为研究美国的政策提供了参考。

　　21世纪以来，国内学术界出现了一批研究欧洲一体化的文章和学术论文，其中涉及美国对欧洲一体化政策的文章，如赵怀普的《美国缘何支持欧洲一体化》《战后美国对欧洲一体化政策探析》《克林顿政府与欧洲一体化》，汪波的《美国支持西欧一体化的动机分析》，徐汇的《战后初期至50年代美国与西欧联合的关系》，陈六生、严双伍的《美国与欧洲一体化（1942—1957）》，张福财的《战后美国对"莫内—舒曼计划"的政策》，赵小兰的《论近代美国与欧洲的关系》，李莉的《马歇尔计划与早期欧洲一体化进程》，等等。这些论文或从国际关系的角度分析美欧关系的宏观走向，或分阶段论述了美国的欧洲一体化政策的原因，但没有系统地阐述20世纪60年代美国对英国加入欧洲共同体的政策。

　　国内学术界对20世纪60年代这一时期美国对欧洲一体化政策研究的专著，代表性的如朱明权先生的《20世纪60年代国际关系》，此著的重点放在美国对西欧的政治和军事政策上，几乎没有涉及20世纪60年代特别是肯尼迪政府时期美国对英国加入欧洲共同体的政策。

　　国内学术界对于英美特殊关系的论述一定程度上涉及了美国对英国加入欧洲共同体的政策，其中以赵怀普先生的《英美特殊关系（1945—1990）》和张颖先生的《从"特殊关系"到"自然关系"：20世纪60年代美国对英国政策研究》为代表。《英美特殊关系（1945—1990）》一著从宏观上论述了冷战期间美英关系的发展历程，对于研究冷战时期美英关系的演变有重要的价值，但并未重点论述20世纪60年代特别是肯尼迪政府对英国加入欧洲共同体的政策。《从"特殊关系"到"自然关系"：20世纪60年代美国对英国政策研究》一著，运用了相当多的原始资料，全面论述了美国和英国在20世纪60年代从"特殊

---

　　① 赵怀普：《当代美欧关系史》，世界知识出版社2011年版，第19页。

关系"到"自然关系"的演变，涵盖了两国在军事、政治和经济方面的关系，但着重于政治和军事方面的合作与冲突。该著相关章节叙述了美国支持英国加入欧洲共同体的政策，但在政策的定位上，关注的是美国和英国在加入欧洲共同体问题上的一致，认为："肯尼迪和麦克米伦的态度表明，在共同市场问题上，美英两国的观点达成了一致。"① 该著基本没有关注美英两国在英国加入欧洲共同体问题上的分歧，即政策的双重性，也没有关注政策的地位。梁军的《不对称的特殊伙伴——联盟视野下的战后英美关系研究》，是一部长时段阐述美英关系的专著。该著以英美霸权转移为逻辑的起点，系统深入地考察了英美关系的历史发展，从美英之间霸权的转移、英美联盟不同阶段的特点及其长期维持的多种因素等角度展开分析，将英美联盟的进程分为四个时期：建立与完备时期（1945—1955），波动和衰退时期（1956—1979），联盟的重振时期（1979—1990），冷战后的英美联盟时期（1990—2007）②，可以作为研究 20 世纪 60 年代美英关系的参考。

二　国外研究状况

国外学术界对美国对英国加入欧洲共同体政策的研究主要分布在相关的论题中，如美国对欧洲一体化的政策、美国对英国的政策，或英美特殊关系等方面。

（一）西方学术界对欧洲一体化初期美国政策的研究

随着一体化的发展，在美国和欧洲双方出现了研究美国对欧洲一体化政策的论著。《美国与欧洲的统一》（Max Buyoff, *The United States and the Unity of Europe*）和《从马歇尔援助到大西洋伙伴关系》（Ernest H. van der Beugel, *From Marshall Aid to Atlantic Partnership: European Integration as a Concern of American Foreign Policy*），是介绍美国对欧洲一体化政策的较早著作。《美国与欧洲的统一》涉及了 1962 年之前英国加入欧洲共同体的问题，但对政策的原因、过程及美英双方政策的异同未做具体论述。《从马歇尔援助到大西洋伙伴关系》是欧洲人较早研究第二次世界大战后美欧关系的著作，作者是一位荷兰学者和商人，也曾任"马歇尔计划"巴黎会议的荷兰代表团长。此著分阶段论述了 1789—

---

① 张颖：《从"特殊关系"到"自然关系"：20 世纪 60 年代美国对英国政策研究》，黑龙江人民出版社 2005 年版，第 35 页。
② 梁军：《不对称的特殊伙伴——联盟视野下的战后英美关系研究》，中国社会科学出版社 2011 年版。

1965 年美欧在一体化问题上的合作和冲突，着重合作，重点放在 1947—1965 年，概括了美国对欧洲政策的演变，描述了十六国委员会的状况、马歇尔援助、欧洲经济合作组织的巨大业绩，以及美国对欧洲的各种一体化计划的政策，从舒曼计划和欧洲防务共同体的流产，一直到 1963 年戴高乐否决了英国的申请和多边核力量计划，并较高地评价了美国的政策。该著描述了英国第一次申请加入欧洲共同体的过程，可以作为研究 20 世纪 60 年代美国对欧洲一体化政策的参考资料，但是该著强调英美政策的相同之处，对两国政策的分歧重视不足。《六十年代的欧洲一体化：从否决到危机》（Miriam Camps, *European Unification in the Sixties：From the Veto to the Crisis*）主要关注的是大西洋关系的政治方面，一半以上是对 1963 年到 1965 年欧洲经济共同体的政治发展所受挫折的评价，特别是从法国第一次否决英国加入共同体到 1965 年这段时间内共同体的政治发展，作者认为，危机是共同体发展方式冲突的结果——欧洲共同体委员会的发展道路和法国（主要是戴高乐）所主张的发展道路之间的冲突。

许多外文著作专门论述 1945 年之后的美欧关系，涉及"马歇尔计划"或煤钢联营共同体等主题，如《马歇尔计划：美国、英国和西欧重建（1947—1952）》（Michael J. Hogan, *The Marshall Plan：America, Britain, and the Reconstruction of Western Europe 1947 – 1952*），同时，还有系列论文论述了美国对欧洲一体化初期的政策。

阿尔弗雷德·格罗塞的《战后欧美关系》是较早的系统论述美国与西欧关系的著作，该著于 1975 年出版，对学术界研究美欧关系有重要的参考价值。格罗塞对德国和法国的历史与现实很熟悉，他自己兼是学者、报人、电视评论员，是国际关系专家。此著考查了大西洋联盟从第二次世界大战结束到 1975 年的变化，作者将 1947 年和 1973 年作为联盟关系的转折点，分专题描述了大西洋双方关系中的军事、政治和经济事件，如东西方会议、世界货币体系、核保护、能源问题、美国在柏林的驻军问题、农业生产的过剩问题等，也从宏观上勾勒了第二次世界大战后到 70 年代中期美国和西欧关系的变化，特别是对法国和联邦德国进行了相当多的分析。该著称 20 世纪 60 年代为"繁荣的对抗时期"，分析了美欧双方的相互依存和大西洋联盟的危机，并将这一危机时代归结到 1973 年重大的危机爆发时期。对于英国加入欧洲共同体问题，该著涉及较少，而是着墨较多地论述了法国和联邦德国的状况。《欧洲共同体和美国：经济关系》（Nicholas V. Gianaris, *The European*

Community and the United States, Economic Relations），主要集中于 80 年代美欧之间的经济关系。《西欧一体化：对美国的政策和战略的意义》（Michael J. Collins, Western European Integrations, Implications for U. S. Policy and Strategy），主要从宏观上介绍了欧洲一体化对美国军事和政治的影响，对英国加入欧洲共同体的问题涉及不多。

在苏联学术界也出现了关于美欧关系的著作，以苏联经济学家吉尔萨诺夫特的《美国与西欧：第二次世界大战以后的经济关系》为代表。该著较系统地介绍了杜鲁门主义和"马歇尔计划"的始末、北大西洋公约组织的成立与发展、美国给予西欧的"军援"和"外援"的情况、欧洲经济共同体的成立及发展、美国与欧洲经济共同体各国等。上述资料对于研究美国和西欧问题有一定的参考价值。但此著带有较大的意识形态色彩，例如，认为"马歇尔计划"是"美国以拯救西欧为名侵犯西欧的独立"，将欧洲的联合主张视为"反动的"，突出了 20 世纪 50 年代后半期特别是 60 年代以来美欧经济关系的矛盾。该著基本没有论述英国第一次申请加入欧洲共同体的情况，只是涉及英国申请加入欧洲共同体并在 1972 年成功加入。关于英国加入欧洲共同体中的美国因素，该著认为："英国加入欧洲共同体以后，就得放弃它作为美国的特殊盟国的地位。经济共同体各欧洲大陆国家，特别是法国，主张西欧主导自己的命运，要求西欧同美国在平等的基础上进行合作，认为任何共同市场国家都不应享有特权。"①

凯斯林和梅恩主编的《1945 年以来的美国和欧洲联盟》（Kathleen Burk and Melyn Stokes ed. , The United States and the European Alliance since 1945），收集了 1945 年之后有关美国和西欧关系的政治、经济与军事方面的论文，涉及了民航合作、北约内的核合作等问题。其中关于美国与欧洲一体化政策的文章《在华盛顿的知情人士：莫内工作网、原子能共同体和艾森豪威尔政府》（Pascaline Winand, European Insiders Working Inside Washington：Monnet's Network, Euratom, and the Eisenhower Administration），叙述了莫内与美国政府内的欧洲派的广泛联系，如鲍尔、鲍威、罗斯托和布鲁斯等，他们支持欧洲一体化，在美国政府支持欧洲一体化的过程中起了重要作用，"从艾森豪威尔政府初期开始，莫内就认为，没有美国的支持，欧洲煤钢联营和欧洲防务集团不会成功，

---

① ［苏］A. 吉尔萨诺夫特：《美国与西欧：第二次世界大战以后的经济关系》，朱泱译，商务印书馆 1978 年版，第 35 页。

所以，他游说他的美国朋友来支持欧洲一体化"。对于"莫内是利用美国人来实现他的欧洲计划，还是美国利用莫内作为美国在欧洲政策的工具？"这一问题，作者认为"这是不相干的，因为劝说是双方进行的并且经常是以非正式的方式交流的过程"。文章涉及美国在经济共同体和原子能共同体成立过程中的作用，认为："从头到尾，美国对欧洲经济共同体和欧洲原子能共同体的谈判施加了相当大的影响。"①

对美国在一体化起源和发展过程中作用的研究，西方学术界一定程度上将之与对冷战的根源研究联系在一起，在著名美欧关系史学家吉尔·隆德斯塔德（Geir Lundestad）的著作中，将这些研究分为传统派和修正派。传统派强调欧洲一体化过程中美国的主导作用，特别是在欧洲一体化初期的主导作用。艾尔伍德（Ellwood）等是传统派的代表，沃恩、厄尔文和洛斯（Vaughan，Urwin，Loth）属于比较温和的传统派，坎普和吉林厄姆等（Camps，Gillingham）也是传统派。传统派的观点得到了大西洋双方的强烈支持，是对欧洲一体化研究的多数派。修正派则强调欧洲的作用，认为美国的作用只是辅助性的。欧洲修正主义者以艾伦·米尔沃德（Alan S. Milward）为代表，著有《西欧重建》和《欧洲民族国家的拯救》。米尔沃德认为美国在欧洲重建和欧洲一体化过程中的作用相对不重要，认为欧洲一体化的发展实际上不是在美国设想的基础上进行的，甚至不是在欧洲的一体化主义者莫内、舒曼、阿登纳、斯巴克等的影响下进行的，而主要是欧洲各个国家经济上的考虑，认为"一体化的进程是一个西欧问题的西欧解决"，"这一欧洲进程的目标根本不是代替民族国家，而是民族国家的自我拯救"。但是米尔沃德仍然承认美国对一体化的一些影响，认为没有美国为了实现自身目标而实施的一体化的压力，西欧可能不会找到一体化的解决方案。② 修正派虽然属于少数，但仍然获得了一些支持。

"冷战史新研究"的学者对美欧关系的研究，则可以称为后修正派。以盖迪斯为首的"冷战史新研究"专家，他们从美国传统价值观念的优势论出发，认为"美国是受到欧洲的邀请而去统治的"，并且在

---

① Pascaline Winand, "European Insiders Working Inside Washington: Monnet's Network, Euratom, and the Eisenhower Administration", in *The United States and the European Alliance since 1945*, ed. Kathleen Burk and Melyn Stokes, Oxford New York: Berg, 1999, pp. 121, 214.

② Geir Lundestad, "Empire by Integration: The United States and European Integration 1945 – 1996", *The United States and the European Alliance since 1945*, p. 24.

欧洲传播了先进的价值观念，证明了资本主义对抗社会主义的胜利。这一观点带有较大的意识形态色彩，反映了冷战结束后美国右翼思潮的兴起。① 隆德斯塔德就认为："第二次世界大战后，欧洲人实际上是邀请美国人去发挥完全的作用。"他还认为："美国的政策也很快取得了成功。从全球范围看，美国在苏联的后院胜利了——在东欧、在世界人口最多的中国。我们不应忽视美国在组织自由世界或在建立帝国方面的成功。这一点不像早期的帝国，这一帝国涵盖了世界上关键的地区。在西欧，华盛顿能够组织北约，排除共产主义的势力，并组织自由贸易体系。从广阔的视角看，这是巨大的成就，它可与那些更正式的帝国相比。"②

　　总之，这些著作或着重论述 20 世纪 60 年代之前美国对欧洲一体化的政策，或者将 60 年代这一时期放于整个冷战史而未着重论述。在 60 年代特别是肯尼迪政府对欧洲一体化的政策，尤其是对英国加入欧洲共同体的政策方面尚有研究空间。

　　（二）新资料的解档与新研究

　　20 世纪 90 年代以来，随着西方国家特别是美国的新资料的解档，国外学术界对美国的欧洲一体化政策的研究进入了用新资料来阐释的阶段，除了在宏观框架上对这一历史时期美国对欧洲一体化的政策进行研究之外，还对其中的具体事件进行了微观研究，主要代表作有《艾森豪威尔、肯尼迪与欧洲的美国》（Pascaine Winand, *Eisenhower, Kennedy, and the United States of Europe*）、《统一而成的帝国：美国与欧洲一体化（1945—1997）》（Geir Lundestad, *Empire by Integration: America and the European Integration 1945 - 1997*），以及《约翰·F. 肯尼迪与欧洲》（Douglas Brinkley and Richard T. Griffiths ed. , *John F. Kennedy and Europe*）等。这些著作都涉及了肯尼迪政府对英国加入欧洲共同体的政策。

　　《艾森豪威尔、肯尼迪与欧洲的美国》和《统一而成的帝国：美国与欧洲一体化（1945—1997）》，运用了相当多的原始资料，对美国对欧洲一体化的政策进行了从具体事件到大体框架的宏观和微观的论述。《艾森豪威尔、肯尼迪与欧洲的美国》详细论述了艾森豪威尔政府时期

① Geir Lundestad, "Empire by Invitation？ The United States and Western Europe 1945 - 1952", *Journal of Peace Research*, September, 1986, pp. 263 - 277.

② Geir Lundestad, "Empire by Integration: The United States and European Integration 1945 - 1996", *The United States and the European Alliance since 1945*, p. 32.

以及肯尼迪政府时期美国对西欧的政策，以政治军事关系为主，也一定程度上涉及 20 世纪 60 年代美国对欧洲一体化的政策。该著翔实的资料对于研究冷战初期的美欧关系有重要的价值。但该著未对美国对英国加入欧洲共同体的政策进行系统的分析，而是将肯尼迪政府的欧洲政策作为一个整体进行论述，其中涉及了肯尼迪政府支持英国加入欧洲共同体，但只提到美国对英国加入欧洲共同体的支持。

《统一而成的帝国：美国与欧洲一体化（1945—1997）》一著，作者主要运用了新解档的美国对外关系文件集（FRUS），从宏观上论述了 1945—1997 年美国对欧洲一体化的政策，分析了美国支持欧洲一体化的缘由和政策的发展历程。作者分阶段论述了美国对欧洲一体化的政策，划分了三个转折点：1949—1950 年、1962—1963 年和 1969—1970 年。第一个点是欧洲一体化的开始，即在 1950 年提出欧洲煤钢联营共同体的建议；第二个点是应对在大西洋框架内最强烈的挑战，特别是戴高乐总统拒绝包括英国加入欧洲共同体在内的伙伴关系，并在 1963 年 1 月签署法德条约；第三个转折点是尼克松—基辛格时代，美国大大调整了支持欧洲一体化的政策。作者分析了美国对欧洲的政策与历史上的帝国政策的不同，提出了两个基本论点。第一，美国对西欧一体化的促进作用，在 20 世纪 60 年代中期之前相当强烈，之后不那么强烈。美国促进它影响之下的最重要的地区的联合统一，美国这种统治方式不同于历史上的其他强国。历史上的其他强国一般是防止出现一个强大的帝国，对自己的势力范围采取"分而治之"（divide-and-rule）的政策，而美国对西欧的统治方式则是促进欧洲的联合，支持创立以它自己的政治实体为参照的超国家的欧洲，至少是可能发展成为另一个政治中心。并且，不像传统的帝国那样，处在美国影响下的大部分国家是独立的。第二，美国仍然要控制西欧。美国支持欧洲一体化的政策主要不是为了欧洲人的利益，而是自己的动机，最重要的是双重遏制——遏制德国和苏联。作者认为，"在美国是欧洲的总裁判，并且要保证西德安定的前提下，欧洲人才能够进行一体化"。[1] 美国支持的一体化不是"第三种力量"意义上的独立的欧洲，而是被纳入更广阔的大西洋框架之中。通过大西洋框架，美国能够保持它在西方世界的领导地位，作者将之称为"统一而成的帝国"。因而，美国政策的最终目标同其他大国没有原则

① Geir Lundestad, *Empire by Integration: The United States and European Integration*, Oxford: Oxford Universtiy Press, 1998, p.132.

的不同。在作者看来，美国的政策取得了杰出的成绩：美国这样的"帝国"在世界上涵盖了许多关键的区域，西欧是最重要的。在西欧，美国能够组织北约，控制德国的关键地区，将共产主义排除在外，还组织了自由贸易体系，从而大大提高了美国文化的影响。从更广阔的视野来看，这是一项突出的业绩。对于 20 世纪 60 年代或肯尼迪政府时期美国的欧洲一体化政策，著作注意到了美国政策的危机和变动，但着重强调美国对支持一体化政策的延续，认为：从第二次世界大战后至 70 年代，美国对欧洲一体化的政策一直是支持，并且，该著也没有深入论述 20 世纪 60 年代特别是肯尼迪政府的欧洲一体化政策。

这两部著作是学术界对美国对欧洲一体化政策研究的力作。这两部著作虽然对美国的欧洲一体化政策进行了相对深入的分析，对 20 世纪 60 年代美国对英国加入欧洲共同体的政策也有所涉及，但没有系统深入地进行论述。这两部著作注意到了美国对英国加入欧洲共同体的支持，但没有注意支持的条件，同时，对政策在美国对欧洲一体化政策史中的地位分析不够。

1999 年出版的由布林奇等主编的《约翰·F. 肯尼迪与欧洲》是一部论文集，收录了有关肯尼迪政府对欧洲政策的主要著作。该著不仅运用了新解档的资料，而且采用了对当事人采访的口述资料，以官方资料和口述资料相结合来进行研究。此著收集了有关肯尼迪与欧洲领导人（麦克米伦、阿登纳、戴高乐等）的关系的论文，肯尼迪的欧洲政治、经济和军事政策的论文，以及肯尼迪政府对欧洲政策的论文，涵盖了多边核力量计划、禁核试验问题，以及美国与欧洲的经济关系等问题，其中涉及了美国对英国加入欧洲共同体的政策。该著提供了 20 世纪 60 年代美国对欧洲一体化政策的广阔背景，特别是其中的一篇《肯尼迪、英国和欧洲共同体》（Stuart Ward, *Kennedy, Britain, and the European Community*），文章注意到了美国和英国在制定政策时的不同，但关注的是英国加入欧洲共同体的问题与英、法、美等国核问题的联系，对政策也没有很好的定位。

（三）对肯尼迪与西欧关系的研究

西方学术界对肯尼迪与英国或肯尼迪与麦克米伦关系的研究有一定的成果，且已经发展到详细的专题论述的程度，如《肯尼迪与英国》《肯尼迪、麦克米伦和冷战》《肯尼迪、麦克米伦与核禁试验》。这些著作主要集中于双方的核合作问题，以及在军事和安全领域与苏联的关系问题，并未将重点放到 20 世纪 60 年代美国对英国加入欧洲一体化的政策上。而研究肯尼迪与欧洲主要大国法国和联邦德国等主要领导人关系的著作《肯尼迪、戴高乐与欧洲》和《阿登纳与肯尼迪》等，也主要从政治和安全的角度来分析，特别关注柏林问题，从而为从各国领导人关系的角度来考查美国的政策提供了参考，但这些著作对于英国加入欧洲共同体的问题涉及较少。

（四）对约翰逊政府外交的研究

学术界对肯尼迪政府之后的 20 世纪 60 年代美国政策的研究，主要集中在林登·约翰逊（Lyndon B. Johnson）政府时期。约翰逊政府的政策更多是对肯尼迪政府的继承，对于其外交思想的研究，集中在对亚洲政策特别是越南战争方面，在对约翰逊政府的欧洲政策的研究方面，相对于肯尼迪政府时期少些。下面简要总结一下对约翰逊政府外交的研究状况。

20 世纪 60 年代之后的一段时间，学术界对约翰逊政府对外政策的研究多集中于越南战争，着眼于对美国陷入越南战争的谴责，认为"越南战争削弱了美国的国际地位，是美国政治、经济总体实力衰退的原因及标志"[1]，"越南战争消弥了其国内改革的业绩"[2]，"约翰逊精通国内政治，但对外政策方面却不可靠、不自信"[3]。这一时期研究者对约翰逊的批评较多，认为他是使国家陷入越南战争的好战徒，另外，在对苏联政策以及对欧洲政策方面又是一个和解者。

20 世纪 90 年代以来，随着新文件的解档及约翰逊总统图书馆资料的部分开放，特别是约翰逊录音带公开以后，学术界对传统的观点提出质疑，可以称之为修正派，以 W. 科恩（Warren Cohen）、N. 塔科（Nancy Tucker）、H. W. 布兰茨（H. W. Brands）等为代表。他们的著作《关键十年的外交》（Diane B. Kunz, *The Diplomacy of the Crucial Decade: American Foreign Policy during the 1960s*）、《约翰逊面对的世界（1963—1968）》（Warren I. Cohen & Nancy Bernkopf, *Lyndon Johnson Confronts the World: American Foreign Policy, 1963 - 1968*）、《越南战争阴影下的约翰逊与欧洲》（Thomas Alan Schwartz, *Lyndon Johnson and Europe: In the*

---

① H. W. Brands, *The Wages of Globalism: Lyndon Johnson and the Limits of American Power*, New York: Oxford University Press, 1995, p. ii.

② Bruce J. Schulman, *Lyndon Johnson and the American Liberalism*, New York: St. Martin's Press, 1995, p. 125.

③ Doris Kearns, *Lyndon Johnson and the American Dream*, New York: Andre Deutsch, 1976, p. 256.

Shadow of Vietnam）、《约翰逊的对外政策：超越越南战争》（H. W. Brands，ed.，The Foreign Policies of John Policy：Beyond Vietnam）[1] 等相继问世。

　　修正派开始关注越南战争之外的约翰逊政府的外交，如美国对欧洲的政策、对拉美的政策、对中东的政策等，认为"约翰逊的对外政策是与越南战争联系在一起的，但任何关于他作为一个总统的全面评价，尤其是作为一个世界领袖，需要超越越南战争，考察其更广阔的海外事业及他面对的挑战与对危机的反应"。[2] 其中，《约翰逊的对外政策：超越越南战争》一书，汇集了约翰逊政府对北大西洋公约组织的政策、对苏联的政策、美国对加勒比国家特别是古巴和多米尼加共和国的政策等，并对之重新评价。这些研究认为：约翰逊政府的外交有其成功的地方，他"更好地完成了向不再由美国主导的世界的过渡。他谨慎而优雅地对待了戴高乐，与西德达成了一个令人满意的经济和政治问题的解决方案，阻止了土耳其与希腊走向战争，使第三次阿以战争短暂化、局部化，阻止了印巴战争，公正地完成了上届政府未完成的事，并在印尼摆脱了尴尬的境地，在加勒比海遏制了卡斯特罗"。[3] 他们认为约翰逊"不但关心富有的欧洲人，也关心亚洲人和拉丁美洲人，他认为这是对全球的新政"。[4]

　　在对欧洲的政策研究方面，施瓦茨的《越南战争阴影下的约翰逊与欧洲》，介绍了约翰逊政府的欧洲政策及其影响，认为约翰逊相当好地处理了与欧洲的关系，即：面对法国的独立倾向，以容忍的姿态成功对付戴高乐，防止了联盟的破裂；在德国问题上，借助"补偿原则"成功解决了在德驻军问题；成功地进行了国际经济体系的改革，达成肯尼迪回合，并帮助英国、德国和法国度过金融危机；在对待苏联方面实行

---

①　持这一观点的主要论著有：The Johnson Years，Volume Three：LBJ at Home and Abroad，Lawrence：University Press of Kansas，1994；Diane B. Kunz，The Diplomacy of the Crucial Decade：American Foreign Policy during the 1960s，New York：Columbia University Press，1994，等等。

②　Warren I. Cohen & Nancy Bernkopf ed.，Lyndon Johnson Confronts the World：American Foreign Policy，1963 – 1968，Cambridge，New York：Cambridge University Press，1994，pp. 447 – 448.

③　H. W. Brands ed.，The Foreign Policies of John Policy：Beyond Vietnam，Texas A&M University Press College Station，1999，pp. 7 – 8.

④　David Fromkin，Pay any Price：Lyndon Johnson and the Wars for Vietnam，Chicargo：Ivan R. Dee，1995，p. 95.

缓和。此著认为若越南战争不发生，约翰逊可能在国内改革和对外政策中取得重大业绩，他的缓和战略会取得重大成果，认为这些努力为尼克松时期的完全缓和打下了基础，并具有里程碑的意义。①

从评价的视角看，修正派主张将约翰逊政府的政策放置于20世纪60年代美国所处的特定时代背景及美苏力量对比的大背景下来评述。他们认为：美国势力的衰落并非是在约翰逊执政时期突然来临的，美国经济地位衰落的迹象在艾森豪威尔执政后期便已很明显了，美国地位转变所带来的与盟国关系的调整成为约翰逊执政时期的一项任务。约翰逊成功完成了美国主导的世界秩序向美国不再主导的世界秩序的过渡。②同时，他们主张摒弃对约翰逊传统的个人局限评判，认为约翰逊既典雅又残忍、既文雅又专横、既宽宏大量又深藏不露，并不像传统派所说的固守教条。③

（五）对20世纪60年代美欧关系和英国欧洲一体化政策的研究

对20世纪60年代特别是肯尼迪政府时期美国对欧洲一体化政策的研究，或对这一时期美国与英国和欧洲共同体关系的研究，散见于《宏伟计划：从共同市场到大西洋伙伴关系》《联盟的危机：美国、共同市场与大西洋伙伴关系》《大西洋危机：面对崛起的欧洲的美国外交》等。这些著作的一些章节涉及了60年代的危机，可以作为研究当时形势的参考。

国外学术界研究英国对欧洲一体化政策的著作较多，一定程度地涉及本论题，例如《英国和欧洲一体化（1945—1963）》《英国进入欧洲共同体的失败：扩展的谈判以及欧洲、大西洋和英联邦的危机》等。这些著作从英国的角度论述了英国第一次申请加入欧洲共同体的问题，涉及了美国的宏伟计划及美国对英国加入欧洲共同体的政策，但在从美国的角度分析这一政策方面尚有研究空间。

（六）对美英特殊关系的研究

国际学术界在论述英美关系的著作中涉及了美国对英国加入欧洲共同体的政策。英美特殊关系的著作很多，在此略举几例：《特殊关系：

---

① Thomas Alan Schwartz, *Lyndon Johnson and Europe*: *In the Shadow of Vietnam*, Harvard University Press, 2003, p. 225.

② H. W. Brands, *The Wages of Globalism*: *Lyndon Johnson and the American Power*, New York: oxford University Press, 1995, p. Ⅶ.

③ Robert Dallek, *Flawed Giant*: *Lyndon Johnson and His Times 1961 – 1973*, Oxford University Press, 1998, pp. 8 – 16.

1945 年之后的英美关系》《大英帝国和美国：二战之后的特殊关系》
《20 世纪的美英关系》《特殊关系：冷战中和冷战后的英美关系》《哈
罗德·威尔逊、林登·约翰逊与最高层会议上的英美关系（1964—
1968）》等。这些著作大多从宏观角度论述美英关系的演变过程，即使
涉及了 20 世纪 60 年代特别是肯尼迪政府对英国加入欧洲共同体的政
策，也仅仅述及美国支持英国加入欧洲共同体，而没有重视政策的条件
和美英两国政策的分歧。

　　可见，上述学术界的研究成果为本书的写作提供了重要的参考，但
国内学术界在 20 世纪 60 年代美国的欧洲一体化政策或肯尼迪政府的欧
洲共同体政策方面尚有一定的研究空间。国外学术界虽然对 60 年代美
国对欧洲一体化政策的研究和对英国加入欧洲共同体的研究成果相对较
多，但在政策出台过程、美国和英国在加入条件上的对立，以及对政策
系统的分析方面尚可深入。因而，本书尝试在以前研究的基础上，借助
原始资料系统地阐述政策的出台以及实施过程，尝试更为深入系统地分
析这一政策。

第二节　选题意义、创新点和研究方法

一　20 世纪 60 年代的特殊意义与该论题的典型性

　　20 世纪 60 年代特别是肯尼迪政府时期，无论对国际格局和欧美实
力结构来讲，还是对于美国的欧洲政策来说，都是一个过渡时期：它是
世界格局由两极向多极过渡的大动荡、大分化和大改组的时期，是欧美
联盟出现危机和欧美实力结构分化的时期，是美国的欧洲政策更加注重
大西洋框架的时期。而美国对英国加入欧洲共同体的政策是欧美实力分
化的结果，政策的实施又推动了国际格局的这一演变进程。所以，美国
的政策典型地反映并实践了欧美关系和国际形势的发展趋向，政策本身
也带有过渡性的色彩。因而，研究这一政策，对于透视 60 年代美国对
欧洲的政策以及欧美关系，都具有一定的意义。

二　主要论点及创新之处

　　首先，本书对 20 世纪 60 年代美国对英国加入欧洲共同体政策的出
台和实施过程进行了全方位与系统的分析。本书从美国、欧洲共同体、

英国以及冷战形势等各个角度分析政策产生的背景，详细考察肯尼迪政府内部政策产生过程中各个派别的争论，阐述政策实施过程及其间各方力量的较量。

其次，本书深入挖掘了这一政策的双重性，并对之进行全面的分析评价。本书在叙述美国支持英国加入欧洲一体化的同时，也详细叙述并深入分析了 20 世纪 60 年代特别是肯尼迪政府时期美国支持英国加入的条件。美国既支持英国加入欧洲共同体，又提出了系列条件；既支持欧洲一体化，又极力限制一体化对美国的不利影响。所以，美国的政策表现出"支持"和"限制"的双重性。"支持"反映了美国和英国在欧洲一体化政策上的一致，这与法国的欧洲政策明显对立；而"限制"则反映了美国与英国在欧洲一体化政策上的对立，并与共同体国家存在一致之处。这一双重性反映了美国出于冷战的需要支持一体化而出于自身经济利益的考虑又要限制一体化的矛盾心态。这一政策在美国的欧洲一体化政策史上具有过渡性的特点。这一政策标志着美国的欧洲一体化政策由支持转向限制性支持、由支持大陆一体化转向将一体化纳入大西洋框架，反映并实践了美欧实力结构及世界格局大分化的发展趋势。

最后，本书在深入分析美国 20 世纪 60 年代政策的基础上，拓展到第二次世界大战后至当今时代美国的欧洲一体化政策，总结其阶段性特征，提出下列论点：美国的欧洲一体化政策经历了"支持—规制—竞争—同化"的转变，即：冷战爆发到 20 世纪 50 年代末，美国基本全面支持欧洲一体化；肯尼迪政府提出"大西洋共同体计划"，将有独立倾向的欧洲共同体规制在大西洋框架之内，这是 20 世纪 60 年代到 70 年代末美国的欧洲一体化政策的基本特征；20 世纪 80 年代到 21 世纪初，美国致力于"美洲自由贸易区计划"，对欧洲一体化转向外部竞争；奥巴马政府提出"跨大西洋贸易与投资伙伴关系协定"，标志着美国的欧洲一体化政策转向内部同化。20 世纪 60 年代的政策是冷战时期美国政策的转折之作。

美国的欧洲一体化政策映射出第二次世界大战后美欧关系的变化轨迹：依附性同盟—冲突性依附同盟—相对平等性竞争—相对平等结盟。美欧之间始终存在一种特殊关系，而美国的欧洲一体化政策是美欧双方关系变动的主要线索之一。

三　研究方法

本书重视原始资料的运用，纵向研究和横向比较相结合，微观研究和宏观研究相结合。本书运用冷战史新研究中新资料微观书写的方法，从美国、英国和欧洲共同体方面，分析美国有条件支持英国加入欧洲共同体这一事件，并将之放到 20 世纪 60 年代美国的欧洲一体化政策和冷战的大环境中来考查，探求政策的继承和发展。

第一章　欧洲一体化的萌芽与美国支持欧洲大陆一体化

第一节　冷战爆发后美国开始支持欧洲一体化

一　冷战的爆发与美国转向支持欧洲一体化

第二次世界大战结束后，西欧失去了世界中心的国际地位，战争的摧残和战后的衰落使欧洲国家思考如何消除战争的根源——民族主义，而百废待兴的重建任务也使西欧国家前所未有地感到消除民族主义实行西欧联合的迫切性，所以，第二次世界大战结束后西欧国家开始尝试进行一体化。在战后初期，美国坚持"大国合作"的战略，主张通过大国合作来实现世界霸权。对于欧洲一体化的方案，以及英国防务集团的一体化建议，美国担心会引起苏联的怀疑而不利于大国合作，因为苏联十分担心这样一个联盟会为德国所控制。并且，美国也担心一体化会影响它寄予重望的战后世界组织的实现，担忧欧洲通过一体化会形成另一个保护性的区域经济集团，这种贸易保护主义的区域集团与第二次世界大战后美国寄予重望的自由贸易政策是背道而驰的，并且会破坏战后美国主导建立国际贸易组织的计划。因而，战后的最初时间里，美国并不支持欧洲一体化，其欧洲复兴政策的重点是提供优先的贷款和经济资助，并希望通过这些措施以及多边自由贸易体系和货币体系的运营，使欧洲能够复兴和稳定。

冷战爆发后，美国的"大国合作"战略宣告破产，继而走上了遏制苏联、全球扩张的道路。在欧洲，面对苏联的威胁、欧洲的百废待兴以及西欧国家共产主义实力的兴盛，美国政府认识到欧洲必须统一起来。在政治上，欧洲的统一将增强同盟的力量、加强欧洲的政治稳定，从而免受共产主义的侵袭，并可以遏制苏联；同时，通过西欧联合来恢复德国西占区的经济，将德国系于统一的西欧之中，可以遏制其军国主义的复兴。在经济方面，从当时的形势来看，欧洲经济的恢复和发展需要走联合的道路。对于美国来说，西欧历来是美国最重要的贸易伙伴，其经济的恢复和繁荣无疑可以为美国的剩余产品开拓市场，并会分担美国的全球负担；从长远来看，还可以为美国主导的多边自由贸易国际经济体系的运行创造条件。因此，出于冷战的需要，美国希望建立一个在它控制下的经济上发展、军事上强大、政治上稳定的统一的欧洲。所以，冷战爆发后，美国开始谨慎地支持欧洲一体化。

二 美国多方面支持一体化

美国政府以多种形式支持一体化。"马歇尔计划"的实施在无形中促进了欧洲一体化的发展。"马歇尔计划"是一揽子式的，要求西欧受援国达成协议后再与美国商讨援助问题，这促进了西欧国家在经济恢复过程中一体化的发展。1947 年 6 月 5 日，马歇尔在演说中就明确指出："这个计划必须是联合性质的，假设不能征得所有欧洲国家的同意，也应征得一部分国家的同意。"[1] 在拟订对欧洲的援助方案的过程中，助理国务卿克莱顿就曾在向华盛顿汇报时建议，"计划实施的必要条件是：欧洲各国经济一体化，逐渐降低关税壁垒，妥善使用美元，改善金融和财政状况，提高偿付美元的能力"。[2] 凯南的政策设计班子在 1947 年 7 月 23 日提出的报告，除了主张在西欧成立多边清算制度、削减关税壁垒外，还强调美国应集中"援助"几个对欧洲"复兴"有关键作用的煤、钢等部门，"援助"不按国家分配，而是分给欧洲的几个集团，由这些集团负责分配它所得到的美国物资。[3] 在国会辩论"马歇尔计划"的过程中，参议员富布赖特等人甚至提出，欧洲政治统一是美国对欧政策的核心，也是经济恢复的前提。他坚持在 1948 年对外援助法案中增加一条"鼓励欧洲政治上的统一"条目。但杜鲁门和艾奇逊觉得，欧洲政治统一是"长远目标"，应通过经济一体化来达到。[4] 最

---

① 《战后世界历史长编》编委会：《战后世界历史长编（1948）》，上海人民出版社 1978 年版，第 120—121 页。

② 《战后世界历史长编》编委会：《战后世界历史长编（1947）》，上海人民出版社 1977 年版，第 143 页。

③ 同上书，第 165 页。

④ Max Beloff, *The United States and the Unity of Europe*, Washington D. C.：Brookings, 1963, p. 27.

终，1948 年对外援助法开宗明义地写道："兹宣布：美利坚合众国人民的政策是，鼓励这些国家，通过一个联合组织，充分发挥 1947 年 9 月 22 日在巴黎成立的欧洲经济合作委员会的作用并共同努力，这将加速欧洲地区的经济合作，而欧洲对于持久和平与繁荣又有极其重要的意义。"① 这些一揽子式的援助计划，以及援助煤钢部门为主的建议，促进了欧洲一体化的起步。

西欧国家为了筹划和分配美国的援助，于 1949 年 5 月 5 日成立欧洲委员会，这一举措对于西欧的联合起了重要促进作用。欧洲委员会强调，委员会致力于实现成员国之间的密切联合，维护它们共同的理想和原则，以最终实现其经济和社会的发展。在 1949 年 10 月 31 日召开的欧洲经济合作组织部长理事会上，美国政府官员霍夫曼开门见山地强调欧洲国家必须实行经济一体化，指出欧洲一体化发展的速度将是决定美国进一步援助欧洲的重要考量。"建立一个彻底消除对货物流动的数量限制、撤销对资金往来的金融壁垒，以及最终消除所有关税的单一市场。"② 美国政府官员多次强调将一体化与美国的援助联系在一起，这大大推动了一体化的发展。

同时，美国还积极支持欧洲一体化的倡议和实践。1947 年 3 月，美国著名参议员富布赖特让国会通过一项决议，宣称"支持成立一个在联合国范围内的欧洲合众国"。杜鲁门、马歇尔、艾奇逊等美国决策人士也倾向于帮助欧洲组织起来。欧洲的统一成为美国外交政策的目标之一。③ 随着冷战日益明显，美国甚至表现出"策动"欧洲人走向联合和一体化道路的倾向。对于筹建欧洲一体化组织的 1948 年布鲁塞尔条约组织协商委员会会议，以及法国政要人员提出的建立欧洲议会的提议，美国均表示支持；英国外交部部长贝文不支持这些建议。美国政府对此反应强烈，马歇尔直接警告说："除非西欧进一步推动一体化，否则将会出现美国的援助付诸东流和美国国会不愿继续拨款的危险。"④ 8 月 27 日，美国国务院声明指出："本政府强烈支持西欧自由国家愈来愈

---

① *The Dynamics of World Power*, Vol. Ⅰ, Foreign Assistance Act of 1948, April 3, New York: Chelsea House Publishers, 1948, p. 72.

② 洪邮生：《英国对西欧一体化政策的起源和演变（1945—1960）》，南京大学出版社 2001 年版，第 61 页。

③〔法〕热尔贝：《欧洲统一的历史与现实》，丁一凡等译，中国社会科学出版社 1989 年版，第 59 页。

④ 洪邮生：《英国对西欧一体化政策的起源和演变（1945—1960）》，南京大学出版社 2001 年版，第 54 页。

紧密的一体化。我们相信，今天的世界需要采取那些在战前看起来不实际的那种政治步骤。"①

在政治和军事方面，美国积极组建大西洋联盟。1948年，西欧联合从经济领域发展到政治和军事领域，英、法、比、荷、卢成立了布鲁塞尔条约组织，美国积极地将其改组为超国家的防务一体化组织，即着手组建以该组织为核心的大西洋防御体系。1949年4月4日，北大西洋公约组织正式建立，这是美国第一次在和平时期与美洲大陆以外的国家缔结军事同盟条约，改变了其对外政策的传统原则。北约的建立标志着战后以美国为首的大西洋联盟的建立，美苏冷战也逐渐进入两大阵营对立时期。

通过对一体化的支持，美国达到了预期的目标。第二次世界大战结束后，向欧洲这块实力真空扩张，建立对西欧的主导地位，是美国政府的既定目标。早在战争还未结束时，美国便开始积极策划战后控制欧洲的问题。1945年7月22日，美国陆军部长施汀生就在送交杜鲁门的备忘录里提出控制西欧的具体建议，即美国打出"复兴欧洲"的旗号来建立霸权。通过援助欧洲的形式，使欧洲国家成为一个整体，美国通过其经济力量控制西欧，分裂苏联和东欧的关系，最终控制整个欧洲。对于英国联合法国的西欧集团计划，美国极力反对，"美国虽不能把东欧纳入它的势力范围，但绝不容忍英国成为西欧的盟主，同时警惕法国的野心"。② 因此，在波茨坦会议之前，美国政府已经确定了在战后要通过发放贷款与剩余物资，在经济上控制整个欧洲的计划。在支持一体化的过程中，美国确立了对西欧政治、经济和军事方面的全面主导地位，将西欧纳入冷战的轨道，西欧地区成为冷战的前沿和阵地。从而一体化深深打上了美国的烙印。进入20世纪50年代之后，欧洲一体化在新的意义上重新启动，美国对欧洲一体化的政策也在逐步发展。

第二节　20世纪50年代美国支持欧洲大陆一体化

整个20世纪50年代，欧洲一体化得到了较大的发展，美国逐渐确

① 洪邮生：《英国对西欧一体化政策的起源和演变（1945—1960）》，南京大学出版社2001年版，第54页。

② 《战后世界历史长编》编委会：《战后世界历史长编（1948）》，上海人民出版社1978年版，第88—89页。

立了支持法国领导的以法德和解为核心的欧洲大陆一体化的政策，而反对英国的一体化政策。欧洲大陆的一体化取得了较大的进展，而英国逐渐游离于大陆一体化之外。

一　支持以法德和解为核心的欧洲一体化

20 世纪 40 年代末 50 年代初，联邦德国经济已经恢复，对德国的处理成为西欧和美国共同关注的问题。随着 40 年代末冷战高潮的到来，将联邦德国融入一体化之中成为美国和西欧政治家看好的策略，这样既可以将恢复发展起来的联邦德国系于西方，又能够将之安置到冷战的旗帜之下。对于法国来说，武装德国已成为它无力阻挡的事实，因而，借助一体化来消除德国对法国的威胁，同时借助一体化来促进法国的发展，也成为法国政府的安全利益和经济利益的最好选择。50 年代初，以法国外交部部长罗贝尔·舒曼为主的法国政府放弃了传统的肢解德国、阻挠德国复兴的政策，寻求以一体化的方式来解决德国问题。经过一段时间的酝酿，1950 年 5 月 9 日，舒曼发表声明："20 年以来，法兰西总是通过倡导欧洲统一，把争取和平作为主要目标，因为欧洲没有统一便有战争的危险；要使欧洲国家统一起来，首先必须结束法德之间的宿怨。法国政府建议：'成立一个其他欧洲国家都能够参加的组织，把法德的全部煤钢生产置于它的高级联营机构的管制之下。'……煤钢生产的联合经营将直接保证经济发展的共同基础的建立，这种共同基础是欧洲联邦的最初形态；以这种方式建立起来的生产联营将清晰地表明，法德之间的任何战争不仅不可想象，而且实际上也不可能再发生。"舒曼指出："法国政府准备与接受上述计划的国家进行谈判。"① 法国政府的呼吁得到了联邦德国的响应，法德煤钢联营的一体化取得初步成功。"舒曼计划"的成功标志着第二次世界大战后经济一体化以重要战略物资的煤钢领域作为切入点的初步尝试的成功，标志着欧洲联合走上了实践和具体阶段，欧洲联合向一体化方向迈出了重大而坚实的一步。

"舒曼计划"正投美国心意，美国政府认为，通过法德和解将德国融入西方世界，这既可以将联邦德国的力量更好地投入冷战，又可以达到对西欧国家的制衡，同时，"舒曼计划"的联邦主义形式也是美国梦

---

① Foreign Relations of the United States (FRUS), 1950, Vol. Ⅲ: Western Europe, Secretary of State to Certain Dilomatic, Offices, June 2, 1950, Washington: United States Government Printing Office, 1977, pp. 692 - 694.

寐以求的。所以，在"舒曼计划"的酝酿过程中，美国就积极支持。"舒曼计划"宣布后，尽管美国政府对这个计划的某些方面有些怀疑，特别是美国的商业界怀疑"舒曼计划"会导致一个钢铁卡特尔而对美国的钢铁出口带来困难，但是美国政府还是几乎全面赞成"舒曼计划"，认为"'舒曼计划'为法德之间建立全新的关系提供了基础，并为欧洲开辟了新的前景"①，认为计划是"走向统一的欧洲共同市场和欧洲联邦的第一步，一个强大的欧洲，对于更好地维护西方阵营的安全是必不可少的"。② 美国政府不仅声明支持"舒曼计划"，并且积极防止英国破坏，从而保证了"舒曼计划"的顺利实施。③ 正是在美国的支持下，1951 年 4 月 18 日，法国、联邦德国、意大利、比利时、荷兰、卢森堡六国外长签订了以"舒曼计划"为基础而拟定的《欧洲煤钢联营条约》。

美国对"舒曼计划"的支持，标志着美国开始依靠法国领导欧洲一体化。在"舒曼计划"之前，美国曾经支持英国领导一体化。在战后初期的欧洲联合运动中，英国起了至关重要的作用，积极支持甚至领导了欧洲联合运动。从战时及战后初期丘吉尔积极倡导欧洲联合，特别是在 1946 年发表的"欧洲的悲剧"的演说所促成的欧洲联合高潮的到来，一直到贝文的西欧联盟思想所促成的英法协定——《敦刻尔克条约》，之后同比利时、荷兰、卢森堡和意大利等国签订的《布鲁塞尔条约》，都充分体现了英国对欧洲联合运动的支持和领导。鉴于英国的重要作用，以及英国此时也坚持遏制苏联的大西洋联盟战略，所以，在"舒曼计划"出台之前，美国政府曾支持英国领导一体化，并且，当时英国领导一体化也是西欧国家所希望的。

但是，在一体化的发展模式和战略目标上，英国与美国和欧洲大陆国家存在严重的分歧。英国一直坚持国家间合作的方式，反对国家主权的让渡，希望通过政府间的合作，与西欧国家签订双边条约，来确定英国对西欧的领导地位。战后初期丘吉尔所倡导的欧洲联合或贝文的西欧联盟的思想，都强调民族国家作为组织社会活动的基本单位或机构，反

---

① FRUS, 1950, Vol. Ⅲ: Western Europe, Secretary of State to Certain Diplomatic Offices, June 2, 1950, p. 714.

② 〔法〕热尔贝:《欧洲统一的历史与现实》，丁一凡等译，中国社会科学出版社 1989 年版，第 103—105 页。

③ 《战后世界历史长编》编委会:《战后世界历史长编（1950—1951）》，上海人民出版社 1985 年版，第 219—220 页。

对国家主权让渡，试图通过国家间的合作来实现英国对欧洲的控制。英国的这一思想遭到了美国和西欧国家的强烈反对，西欧国家希望建立超国家主义的一体化组织，来消除战争的根源、实现经济的复兴；美国则希望按照自己的模式建设欧洲，以确立对西欧的主导。美国和英国虽然在大西洋联盟战略方面达成一致，但是英国要控制欧洲，这必然为美国所不容。正是在一体化方式和战略目标方面的冲突，使得在 20 世纪 40 年代末的一体化进程中，英国和美国以及西欧国家经常发生矛盾。在援助问题上，英国认为超国家机构会损坏国家主权，并会将不少国家排除在欧洲复兴计划之外而扩大欧洲的分裂。他们建议欧洲复兴计划生效时，参加者发表一个联合声明即可，其内容仅为号召各国互助和自愿协商。这使美国所设想的通过“马歇尔计划”来推动超国家主义的一体化的目标在一定程度上失败了，欧洲经济合作组织在一定程度上被赋予政府间合作的性质，美国最终以双边协议的形式向各国提供援助。1947 年，法国提出的建立欧洲关税同盟的建议，也由于英国的反对而失败。在欧洲防务方面，英国与法国签订的《敦刻尔克条约》，以及组织建立的布鲁塞尔条约组织，都是各国政府间的合作。在政治方面，1948 年 9 月初，法国和比利时等欧洲大陆国家打算建立欧洲议会，英国反对这一超国家性质的组织，最后成立的欧洲委员会更多地反映了英国的观点。1949 年 5 月 5 日，欧洲委员会成立。之后的联邦主义和邦联主义的斗争继续进行，例如法国提出了改造欧洲委员会的建议，但在英国的反对下，建议失败，到 1950 年，欧洲委员会的作用已经微乎其微。这样，英国所坚持的邦联主义一体化方式和它要控制西欧的目标使一体化没有取得美国与西欧一体化主义者所设想的成就。

同样，“舒曼计划”所包含的主权让渡的一体化也遭到英国的反对。英国政府担忧煤钢联营计划会损害英国的经济利益，它们怀疑这一超国家主义的计划是否会成功，同时英国更加强调与英联邦和与美国的关系。所以，英国工党政府起先采取了“准备参加预备性谈判而不做承诺”的观望态度，之后直接拒绝加入。

对于欧洲一体化过程中英国屡屡坚持政府间合作并要求主导欧洲的行为，美国大失所望，美国政府也担忧英国担负不了领导一体化的重任，所以，美国转而促进以法德和解为核心的欧洲一体化，希望法国来领导。1949 年 10 月，美国国务卿艾奇逊致函舒曼，指出：“我们的德国政策——一个将德国约束在西欧框架之内的德国政策的实施，在这些问题上，将取决于由您的国家来领导欧洲。”“舒曼计划”标志着美国对欧洲一体化的希望从英国转移到了法国。① "舒曼计划"正式出台，法国崛起成为欧洲一体化运动的领袖，英国被迫接受了这一既定事实，承认六国在特定领域的一体化。之后，尽管在欧洲防务方面的"普利文计划"中英国算是小有收获，但这并未削弱在经济一体化方面美国对法国领导欧洲一体化的支持。

欧洲经济一体化的初步成功使一体化主义者考虑将一体化向军事领域和政治领域扩展。西欧国家进行了防务一体化的尝试。法国、联邦德国、意大利、比利时、卢森堡和荷兰六国外长于 1952 年 5 月 27 日在巴黎签署《欧洲防务集团条约》，即"普利文计划"，这一条约尝试建立以超国家主义原则为基础的欧洲防务集团。美国支持欧洲防务领域的一体化，所以，对此计划谨慎支持。英国仍然采取观望态度，之后又采取集团之外支持集团的政策，并未改变其邦联主义的路线。由于各国的不一致，《欧洲防务集团条约》未能被法国议会通过，1954 年 8 月 30 日宣告流产。

之后，英国不失时机地出面收拾残局，各方斡旋安排了 1954 年 9 月底在伦敦举行的国际会议。在会上，外交大臣艾登提出了"扩大布鲁塞尔条约组织，以吸收西德、意大利加入"的建议，从而为联邦德国加入北约铺平了道路。1955 年，布鲁塞尔条约组织演变成为政府性质的西欧联盟，由此英国实现了它在一个非超国家的组织里与六国保持联系的目标。

因而，如果"舒曼计划"的成功标志着西欧国家在经济领域一体化的初步成功的话，"普利文计划"的夭折则标志着欧洲防务一体化努力的失败，即西欧尝试将超国家主义的一体化从经济领域向其他领域（军事领域和政治领域）拓展的失败，从而使西欧一体化运动陷入低潮。

二 支持欧洲一体化的重新启动、反对英国抵制一体化

1955 年是欧洲一体化运动重大转折的一年，欧洲大陆国家摆脱了因《欧洲防务集团条约》夭折带来的一体化进程中的暂时阴影，尝试在经济一体化领域进一步发展，以墨西拿会议为开端，开始了重新启动的进程。为了扩大"舒曼计划"中经济合作的范围和领域，1955 年 6

---

① S. Greenwood, *Britain and European Cooperation since 1945*, Oxford: Blackwell, 1992, p. 35.

月，煤钢共同体六国在意大利的墨西拿召开会议，讨论扩大和加深欧洲一体化的问题，会议决定同时建立欧洲经济共同体和欧洲原子能共同体，并成立一个斯巴克（Paul-Henri Spaak）领导的由各国政府代表组成的委员会（被称为斯巴克委员会），负责向外交部部长提供研究报告。1956 年 5 月 29 日，六国外长在威尼斯的会议上决定就建立欧洲经济共同体和原子能共同体展开政府间的谈判。各国经过谈判，1957 年 3 月 25 日，煤钢共同体六国（法国、联邦德国、意大利、比利时、卢森堡和荷兰）在罗马签署《欧洲经济共同体条约》和《原子能共同体条约》，这两个条约与之前的《欧洲煤钢联营共同体条约》合称为《罗马条约》，该条约于 1958 年 1 月 1 日开始正式运转。《罗马条约》规定了建立共同体的对外关税和建立共同农业政策的目标，最终"分阶段地建立一个免除一切关税障碍、不受任何数量限制的欧洲共同市场"。《罗马条约》具体规定：第一，取消各共同体内部的一切关税及配额限制，建立一个自由贸易区；第二，确立统一的对外关税并建立一个完全意义上的关税同盟；第三，禁止实施妨碍成员国间公平竞争的一切措施；第四，实现共同体内人员、服务、资本及货物的自由流通。① 《罗马条约》的签订促成了欧洲经济共同体的诞生（欧洲经济共同体又被称为欧洲共同市场），而欧洲经济共同体的成立则标志着欧洲一体化真正意义上的启动。

对于墨西拿会议，英国采取了观望态度，派代表参加了斯巴克委员会。一方面，英国政府人员对一体化中的超国家主义色彩心存疑虑；另一方面，英国外交部认为，加入共同市场与英国的世界强国地位不相适应，并会导致对外政策向欧洲一边倾斜，破坏"三环外交"，影响英联邦国家对英国领导地位的信心，甚至危及英联邦的存在。同时，英国经济部门也强烈反对英国加入共同体而损害英国与英联邦国家的贸易。再则，英国政府对于共同市场能否成功也心存疑虑，"六国共同市场的幽灵不久就会消失"，"即使我们不过于强烈地反对，共同市场计划也极有可能垮台"②，这是当时英国政府大部分人的想法。重重疑虑之下，英国内阁经济委员会于 1955 年 11 月 11 日决定退出斯巴克委员会。

英国退出后，六国克服困难，迅速达成一致。面对这一现实，英国

---

① 贾文华：《欧洲一体化进程中的超国家主义与政府间主义之争（1945—1972）》，博士学位论文，中国人民大学，2002 年，第 78 页。

② Wolfram Kaiser, *Using Europe, Abusing Europeans*: *Britain and European Integration 1945 – 1963*, New York: St. Martins Press, 1996, p. 43.

担忧法德两国过分接近，更担忧被排斥于欧洲一体化之外，因而争取美国的支持，但未成功。1956年7月，麦克米伦政府开始主动发起进攻。20日，麦克米伦在下院宣布了英国政府酝酿两个多月之久的欧洲自由贸易区计划（G计划），即建立一个整个西欧地区的、包括17个国家的自由贸易区计划（煤钢联营六国也包括在内），自由贸易区成员国在10年的期限内逐步取消相互间的关税和其他保护性贸易障碍，自由贸易区不实行针对第三国的统一的对外关税，而且不包括成员国间的农产品贸易。麦克米伦声称："我们已经把我们的工作导向促进两部分国家——墨西拿计划以内和以外的国家之间的有效合作。"① 这一计划实质上是一个没有关税同盟的工业品自由贸易区，目的是把将要建立的共同市场淹没在大的共同体中，以尝试争取对大陆一体化发展态势的控制。这也是英国两全其美的选择，因为计划不包括农产品，从而英国可以继续保持在英联邦中的特殊地位；农业排除在外，这可以销蚀共同体计划的超国家性质；计划包括整个西欧地区，从而将大陆六国的计划融入其中，英国可以掌握一体化的主动权。这清晰地反映了战后英国政府所希望的欧洲：在政治上，是一个主权国家联合的欧洲，作为美国的忠实盟友；在经济上，是一个没有中央机构干预的自由贸易区的欧洲，并且这个自由贸易区将向世界其他地区开放。1956年12月，英国外交部部长在北约理事会上正式公布了自由贸易区计划。欧洲经济合作组织决定并成立了以英国内阁主计大臣雷金纳德·莫德林（Reginald Maudling）为主席的委员会负责研究这一问题。1957年下半年，自由贸易区谈判在欧洲经济合作组织内展开，一直到1958年，大自由贸易区计划成为欧洲经济合作组织的焦点问题。六国认识到了这一建议的实质，法国强烈反对这一计划，六国中的其他国家也不支持这一计划。这一计划反而促进了六国的团结，它们加速自身的一体化进程。1958年11月，法国、联邦德国等六国相继退出谈判，自由贸易区计划宣告失败。这样，1955—1958年，英国企图阻挠欧洲经济共同体的努力失败。如果说退出斯巴克委员会使英国丧失了参加欧洲一体化重新启动的机会的话，那么，大自由贸易区计划的破产则使英国背上了"反对者"和"破坏者"的罪名。

　　大自由贸易区计划失败后，麦克米伦担忧英国会陷入孤立的境地，他指出："由于当时存在一种严重的危险，就是这些欧洲国家中的每一

① 〔英〕哈罗德·麦克米伦：《麦克米伦回忆录（四）：乘风破浪》，余航等译，商务印书馆1982年版，第79页。

个国家都可能分别与六国谈判，从而使我们陷入孤立，并使我们的经济力量愈来愈受到损害，因此，我的同僚们于5月同意我们采取瑞典的建议（七国自由贸易区的建议）。"① 于是，英国积极组织奥地利、丹麦、挪威、葡萄牙、瑞典、瑞士，于1960年1月4日签订了《斯德哥尔摩条约》，成立了欧洲自由贸易联盟（EFTA，以下简称"欧自联"）。1960年5月3日，条约生效。条约规定到1970年实现工业品的自由贸易而不是一体化，欧自联没有明确的政治目标，完全是一个政府间的机构。英国成立欧自联是出于以下考虑：与六国共同体对抗，并以此为手段，迫使六国重新同英国进行谈判，借此改善英国同六国讨价还价的地位；同时可以防止更多的欧洲经济合作组织国家被纳入六国的轨道，并尽量扩大英国对小自由贸易区各国的投资和出口，以弥补英国在六国市场上可能遭受的损失。正如当时的英国财政部长阿莫理（Mr Heathcoat-Amory）所说的，"欧自联的目标是：使英国更容易与六国共同体进行谈判，欧自联会增加共同市场在更广泛的安排中进行谈判的动机，同时简化了谈判的程序。欧自联的另一个优势是，它可以阻止欧洲小国与共同市场双边的优先性交易；在政治方面，它不会使英国在政治和经济上被排除在欧洲之外"。② 这样，欧自联成立后，为了避免孤立于大陆一体化之外，英国政府尝试要求六国与七国合并，或要求英国甚至七国与六国联系，即"搭桥"（building bridge）。

英国对欧洲一体化的政策继续有待于美国的支持，而美国支持欧洲大陆的一体化。从《罗马条约》的酝酿到签订，美国都给予其言论和行动上的支持，并阻止英国对组建共同体的破坏活动，从而保证了共同体的顺利建成。

1955年11月21日，美国总统艾森豪威尔在马里兰州的戴维营召开国家安全委员会议，他高度评价了战后美国参与西方国家组织。他说："西方国家今天的联合将解决世界和平问题。一个巩固的西方实力集团最终会把苏联的所有卫星国吸引过来，对和平的威胁将会消除。这个集团发展后，美国就能坐下来歇一歇。"他强调必须向所有欧洲国家表明："每一个国家都无一例外地能从他们的大联合中得到好处。"他

① 〔英〕哈罗德·麦克米伦：《麦克米伦回忆录（五）：指明方向》，商务印书馆翻译组译，商务印书馆1975年版，第69页。

② Foreign Relations of the United States（FRUS），1958－1960，Vol. Ⅶ，Part 1：Western European Integration and Security，Canada，Memorandum of Conversation，December 8，1959，Washington：United States Government Printing Office，1993，p. 175.

要求出席会议的国家安全委员会成员利用一切公开场合宣传深化欧洲联合的巨大利益。① 1957 年初，总统艾森豪威尔在会见法国代表团时说："共同市场建成的那一天，将是自由世界最美好的日子之一，甚至要比赢得战争胜利的那一天更加美好。"② 他甚至还表示：希望能够在有生之年看到欧洲合众国的诞生。杜勒斯和国务卿胡佛也积极支持一体化。杜勒斯也指出："美国人坚定地认为欧洲的分裂是以往欧洲多次爆发战争的总根源，欧洲有责任和义务把大家联系在一起，组织起来。"③

艾森豪威尔政府也支持欧洲一体化从经济一体化入手，进而逐步向政治、外交和安全防务一体化发展的道路，认为一体化的欧洲更容易与美国接近。他们认为："西德在其中起着作用的欧洲一体化将是对世界和平的重大贡献；一个联合起来的欧洲，通过加强北约、布鲁塞尔条约和煤钢联营组织，再扩展到其他领域，这将构成美国和苏联之外的一个力量中心，它将非常有利于欧洲各国人民的物质和道德福祉以及美国的利益。"④

其实，从"马歇尔计划"开始，一直到《罗马条约》的签订，在整个欧洲一体化早期发生发展的过程中，美国给予了多方面的援助和支持：舆论宣传、经济支持甚至直接参与计划的酝酿，反对英国的破坏。正如莫内在回忆中指出的："共同体刚成立，美国便与我们保持更密切的关系，具有更浓厚的政治色彩，而且是一种更慷慨、更宽宏大度的新型关系。在我们工作开始的当天，我们便收到艾奇逊的贺电，其中写道：'鉴于欧洲政治经济统一的重要意义，美国政府愿意根据欧洲煤钢共同体条约共同处理与煤钢有关的各项事宜。'这一正式承诺表明，共同体高级机构作为国际性权力机构的一个实体，已经得到了美国的承认。"⑤ 同时，美国还尽可能地参与其中。在欧洲经济共同体的建立过程中，美国毫不犹豫地支持六国团结，还给予欧洲煤钢联营共同体 1 亿

---

① Foreign Relations of the United States（FRUS），1955 – 1957，Vol. Ⅳ：Western European Security and Integration，Editorial Note，December，1955，Washington：United States Government Printing Office，1988，pp. 248 – 249.

② FRUS，1955 – 1957，Vol. Ⅳ：Western European Security and Integration，Memorandum of Conversation Dulles-Erhard，June 7，1955，pp. 291 – 292.

③ Ibid.

④ FRUS，1955 – 1957，Vol. Ⅳ：Western European Security and Integration，Memorandum of Conversation，December 6，1955，p. 355.

⑤ 叶江：《解读欧美：欧洲一体化进程中的欧美关系》，上海三联书店 1999 年版，第118 页。

美元的经济援助，并在关贸总协定中支持欧洲经济共同体。

对于英国提出的大自由贸易区计划，美国并不支持，认为这会在西欧建成一个更大的贸易集团，而失去遏制德国和抵抗苏联的政治意义。对于英国在一体化重新启动时的抵制态度和破坏行为，美国很反感并且极力阻止。对于欧洲经济共同体和欧洲自由贸易联盟，美国政府特别是国务院欧洲派对前者的支持和对后者的冷淡甚至反对显而易见。艾森豪威尔政府一开始就强调欧自联这一组织绝不能与关贸总协定的原则相抵触。1959 年 6 月 27 日，国务院给有关驻欧使馆发布的一份指示，表明了对正在拟议中的"外部七国"自由贸易联盟的态度。指示指出，由于对七国的计划尚没有详细了解，政府还未形成具体的观点，但对它的立场是——对七国的任何计划应该从是否符合关贸总协定的原则来看待，如果七国的安排能够符合关贸总协定第 24 款有关自由贸易区的标准，具有消除一切内部贸易壁垒的明确计划和时间表等，美国将予以支持，否则美国将郑重关注并充分保留自己的态度。至于欧自联的政治地位，指示明确指出：欧自联不能与六国经济共同体相提并论。对英国"搭桥"计划的可能性，国务院表示了怀疑："外部七国自由贸易区有助于为共同市场和欧洲经济合作组织其他国家之间的和解提供更多的机会，还是易于导致他们的分裂？"① 国务卿赫脱于 1959 年 10 月向有关大使馆人员说："既然欧自联不久将要签约，这是反生产性的……它对欧洲经济共同体不得有任何消极的情绪。"② 可见，从一开始，美国就没有将共同体和欧自联同等看待。

欧自联成立后，英国寻求与共同体建立关系，甚至要求六国和七国合并，这使美国政府特别担忧英国甚或欧自联国家与共同体达成排除美国在外的或者有损美国利益的协议。1959 年 6 月 4 日，时任副国务卿的狄龙在与联邦德国经济部部长艾哈德会晤时就提醒说："美国所关注的一件事就是反对共同市场和英国做出'不利于包括我们和其他国家的'特殊安排。"③ 几天后，在与欧洲经济共同体委员会主席哈尔斯坦

---

① FRUS, 1958 – 1960, Vol. Ⅶ, Part 1: Western European Integration and Security, Canada, Circular Telegram from Department of State to Certain Diplomatic Missions, June 27, 1959, pp. 138 – 139.

② FRUS, 1958 – 1960, Vol. Ⅶ, Part 1: Western European Integration and Security, Canada, Circular Telegram from the Department of State to Certain Diplomatic Posts, October 13, 1959, p. 162.

③ FRUS, 1958 – 1960, Vol. Ⅶ, Part 1: Western European Integration and Security, Canada, Memorandum of a Conversation, June 4, 1959, pp. 121 – 123.

会晤中，狄龙进一步强调美国的这一立场，说："美国关注可能对非欧洲地区经济利益产生相反后果的欧洲优先安排。"①

狄龙访问英国，再次强调了艾森豪威尔政府对六国的支持和对七国的要求，并否定了英国"六国和七国合并"或"搭桥"的建议。他明确表示艾森豪威尔政府能够容忍欧洲经济共同体作为一个歧视性的贸易集团的存在，是因为它政治上的好处，即可以更大程度地促进法德和解，并加强西欧对抗苏联威胁的能力。他指出："美国出于政治原因支持六国。而欧自联在经济上使美国付出代价，却又不能像欧洲经济共同体那样给美国带来政治上的利益。因此，在美国看来，组建欧自联完全没有必要，而且会使形势更加复杂。如果它完全区别于欧洲经济共同体，它就有可能造成西欧的分裂，而达成欧自联和欧洲经济共同体的安排又会对美国经济带来不利影响。"狄龙还强调："七国若要形成，必须与关贸总协定的原则一致，不能伤害共同市场。欧自联只是对共同体成立的一种商业集团式的反应，只存在对美国的经济歧视而没有共同市场所具有的政治优势。"在与奥地利外交部部长就七国问题的会谈中，狄龙说："若七国成为现实，对于英国所试图的要六国和七国合并到大的欧洲自由贸易区内，美国是不欢迎的，因为这会形成对美国歧视的大的贸易区。"② 对于"搭桥"计划，狄龙表示美国对此并不欢迎，并规定了具体的要求：各种六国与欧洲其他国家"搭桥"的有关努力，必须从美国的利益来仔细考虑，它必须与关贸总协定的原则一致，并且不进行贸易歧视，不会歧视美国。美国主要关注的是：是否和怎样找到一条道路，既能避免欧洲的分裂，同时又不会使美国、英联邦和拉丁美洲的利益受到损害。③

三　支持欧洲大陆一体化而反对英国政策的原因

美国政府支持欧洲大陆一体化，主要是从冷战角度来考虑的。当时，艾森豪威尔政府内部存在一种普遍的忧虑，它从当时苏联国民经济快速发展的现实中得出：到 20 世纪 70 年代，苏联的总体经济实力将会

① FRUS, 1958 – 1960, Vol. Ⅶ, Part 1：Western European Integration and Security, Canada, Memorandum of a Conversation, June 9, 1959, p. 128.
② FRUS, 1958 – 1960, Vol. Ⅶ, Part 1：Western European Integration and Security, Canada, Memorandum of Conversation, September 23, 1959, p. 147.
③ FRUS, 1958 – 1960, Vol. Ⅶ, Part 1：Western European Integration and Security, Canada, Memorandum of Conversation, September 29, 1959, pp. 150 – 152.

超过欧洲和美国，苏联的这一发展会吸引东欧国家和第三世界国家，它们会以苏联的模式来进行经济建设，并走上共产主义道路。当时艾森豪威尔政府的重要人员、经济学家华·罗斯托（Walt Rostow）特别坚持这一观点，政府其他人员也不同程度地认同。因而，他们认为，统一强大的欧洲才能对抗苏联，正如国务院的政策报告指出的："尽管欧洲国家目前表面上复苏和繁荣，但除非做出政治和经济决策以增强其实力和加快其发展，否则，到 1975 年苏联将超过西欧的国民生产总值。此外，除非美国和西欧开发新的资源并实施某种计划使世界大部分地区能够获得这些资源，否则这些地区将很可能会以共产党集团而不是以资本主义集团为榜样和模式，并依靠共产党集团的领导和援助。欧洲一体化正应该在这些可能性和威胁的背景下来考虑。"[1]

出于冷战的需要，美国支持一体化，希望欧洲统一和强大。美国支持欧洲大陆一体化而反对英国的一体化政策，这也同样基于冷战的考虑。大陆六国地处西欧的中心，直接与苏联和东欧搭界，从而成为冷战的前沿阵地，这是欧自联七国无法超越的；并且，欧洲共同体六国成员都是北约组织的成员国，是美国的冷战同盟；同时，欧洲共同体在政治上是美国所希望的联邦式的一体化组织，在这一超国家主义的组织中，可以将联邦德国系于一体化并纳入冷战之中，从而更好地解决德国问题。所以，美国能够容忍欧洲大陆一体化潜在的对美国经济的不利影响，而积极支持欧洲大陆一体化。

英国政府的欧洲自由贸易联盟计划本质上是一个缺乏政治目的的工业品自由贸易区，会将共同体消释在其中，形成排除美国在外的更大的保护主义集团，而缺乏共同对抗苏联的冷战目标，这是美国政府极力反对的。之后成立的欧洲自由贸易联盟，同样也只是一个松散的经济团体，没有共同的政治目标，这一组织的最终目标仍然是"不仅创立自己成员的自由市场，而且要最终建立作为一个整体的欧洲一体化，一个包括 3 亿消费者、对外界采取自由政策的欧洲经济一体化"[2]，英国寻求六国和七国的合并或与六国建立关系仍然是基于这一目的，这更为美国所不容。并且，欧自联七国大部分是地处欧洲边缘的小国，这在战略价值上远远不能与六国相提并论；欧自联的成员国中的瑞典、瑞士和奥

① FRUS, 1955 - 1957, Vol. Ⅳ: Western European Security and Integration, Memorandum Prepared in the Office of European Regional Affairs, December 6, 1955, pp. 355 - 360.

② Current Affairs 1961, *Communique Issued at London by the Ministerial Meeting of the Couincil of the EFTA*, June 28, 1961, pp. 512 - 513.

地利是三个中立国家，这更不利于建立冷战的统一战线。所以，在美国人看来，欧自联只是一个给美国带来经济歧视的地区保护主义集团，缺乏冷战的政治意义，是他们所坚持的一体化的障碍。

因此，美国政府极力支持欧洲大陆一体化而反对英国的一体化政策。正如狄龙在访问伦敦时对英国官员所说的："欧洲经济共同体显然比欧自联有更多的政治内容，它会把德国更紧密地系于西欧。美国强烈支持共同市场基本是源于这一政治考虑，这克服了共同体对美国经济上的不利。……欧洲经济共同体，是我们的国家利益所在。……美国公众对欧自联没有像对共同市场那么热情，因为欧自联没有明显的政治意义。"① 赫脱也认为："美国强烈支持欧洲经济共同体的原因既有政治上的，也有经济上的。……美国国际支付的状况也因此而使美国对英国的自由贸易区计划以及欧自联产生了怀疑，但并不怀疑欧洲经济共同体……特别是欧自联的主张对美国并不附带任何政治上的有利条件，而仅是实行经济上的贸易歧视。"②

综上所述，冷战爆发后，美国开始支持欧洲一体化，整个 20 世纪 50 年代，美国基本上支持欧洲大陆的一体化，反对英国的一体化政策。通过对一体化的支持，美国建立了它主导的大西洋联盟，将西欧纳入冷战的轨道。但是，20 世纪 50 年代末 60 年代初，一体化的发展及世界形势的变化，使美国支持大陆一体化的政策遇到了挑战。

---

① FRUS, 1958 – 1960, Vol. Ⅶ, Part 1: Western European Integration and Security, Canada, Memorandum of Conversation, December 8, 1959, p. 180.

② FRUS, 1958 – 1960, Vol. Ⅶ, Part 1: Western European Integration and Security, Canada, Telegram from the Department of State to the Embassy in France, August 22, 1960, pp. 294 – 296.

第二章 欧洲共同体的成立、英国的
转变与美国政策遭遇挑战

第一节 欧洲一体化的发展对美国一体化政策的挑战

20 世纪 50 年代末 60 年代初，西欧一体化的发展在政治经济等方面给美国的一体化政策带来挑战，并使大西洋联盟面临危机。

一 西欧经济日趋独立

在美国的援助下，20 世纪 50 年代初，西欧国家经济基本恢复，到 1960 年，西欧在经济上对美国的依赖基本消除。[①] 而欧洲一体化运动也步入实践，特别是 1958 年《罗马条约》的生效标志着欧洲经济共同体的诞生，六国在一体化的方向上迈出了有重大意义的一步。若西欧经济的复兴能为美国产品提供更多市场的话，共同体的成立则意味着西欧经济上的独立和保护主义。

经济共同体的成立改变了过去单个欧洲国家与美国谈判实力悬殊的状况，美欧力量对比发生了变化。1950—1957 年，美国在世界出口中所占的比例由 16.7% 下降到 13.7%，六国共同体却由 15.4% 上升到 28.8%。同一时期，美国在世界储备中占的份额由 49.9% 锐减到 15.7%，西欧六国却由 6.1% 猛增到 32.5%。[②] 从 1959 年至 1960 年，共同体六国生产总值平均增长率为 5.5%，高于同期美国的 4.35% 和英国的 3%。到 1960 年，在共同体的贸易总额中，共同体出口额为美国

---

① 〔美〕小阿瑟·M. 施莱辛格：《一千天——约翰·菲·肯尼迪在白宫》，仲宜译，三联书店 1981 年版，第 583 页。

② 伍贻康、戴炳然：《理想、现实与前景：欧洲经济共同体三十年》，复旦大学出版社 1988 年版，第 72 页。

的 1.46 倍，进口额为 1.96 倍。[①] 到 20 世纪 60 年代初，一个统一强大的西欧，在经济上甚至其他领域日益独立于美国。

共同体的共同原则取得进展。《罗马条约》规定了建立共同体的对外关税和建立共同农业政策的目标。在关税同盟方面，《罗马条约》规定，关税同盟从 1958 年 1 月 1 日起分三个阶段实现，到 1970 年 1 月 1 日建成。前两个阶段（1958.1—1962.1；1962.1—1966.1）各削减 30% 的关税，与此同时，还要建立共同的对外关税。结果，共同体的第一阶段和第二阶段的任务提前完成，关税同盟超过了预期的速度，在第一阶段的第一年，共同体的贸易额就比前一年增长了 20%（实际上，整个削减内部关税的进程在 1968 年 7 月 1 日就全部完成）。共同农业政策是成员国经济一体化程度最高的领域，1961 年 12 月，共同体确定了实施共同农业政策的三项基本原则——单一市场原则、共同体优惠原则、建立共同农业基金的财政一致原则，这对共同体农业甚至整个国民经济的发展起了促进作用。

关税同盟及共同农业政策的实施，必然对美国极大丰富的工农业产品实行不公平待遇。从一开始，美国就有意识地接受了欧洲一体化的贸易歧视，即西欧的贸易壁垒。美国支持西欧一体化，主要是基于冷战的政治考虑，希望通过一体化来复兴西欧、牵制联邦德国、对抗苏联；同时，美国政府还希望通过关贸总协定的谈判来避免西欧保护主义对美国经济的不利影响，以此来扩大市场，正如在一份关于美国对六国和七国政策的文件中指出的：致力于欧洲政治经济一体化是美国的长期目标，相信通过减少关税壁垒，欧洲大陆的经济、社会和政治形势会更好。这有助于遏制历史上的法德敌对，将德国在政治经济上系于西欧，并产生一个在大西洋共同体内更加强大的欧洲大厦，这是美国政策的主要政治动因。[②] 所以，艾森豪威尔政府两任期间一直支持欧洲大陆一体化，给予原子能共同体、经济共同体和煤钢联营共同体以支持。

欧洲经济一体化所表现出的保护主义日益引起了美国政府的担忧和不满。狄龙与财政部长梅金斯（Sir Roger Makins）在 1959 年 10 月讨论六国与七国问题时就指出："许多统计数字就证明了共同市场对美国的贸易歧视……存在这种可能，即近几年我们的贸易进展可能会出现严重

---

① 李世安、刘丽云：《欧洲一体化史》，河北人民出版社 2003 年版，第 83 页。

② FRUS, 1958–1960, Vol. Ⅶ, Part 1: Western European Integration and Security, Canada, Airgram from the Mission at the North Atlantic Treaty Organization and European Regional Organizations to the Department of State, July 23, 1959, p. 141.

的困难。如果欧洲一体化存在新的、广泛的对美国向欧洲出口的贸易歧视的话，我们会重新评价这一问题，并考虑世界贸易对新的欧洲的意义，如果地区主义传到其他地方，可能会导致世界市场的分裂。共同市场潜在的保护主义倾向会使西欧国家受益，对美国产品的需求却很少。"①

同时，《罗马条约》的签订，特别是共同对外政策的实施，对美国经济形成了歧视，引起了美国很多经济部门的反对。1960年1月8日，农业部长莫尔斯（Morse）写信给狄龙，阐明了欧洲共同体共同农业政策的保护主义对美国农业的不利影响，他指出："我们长期致力于非歧视的自由主义多边贸易方案。但现在考虑中的具体建议正向相反的方向发展。至今，共同体主要农业团体的建议似乎是简单地将各国的限制性体系合并为一个，作为此区域的'共同政策'。共同体至今的发展不能保证第三国的利益，特别是美国的利益，无论它有多大的政治意义。我们希望您要求进一步的贸易自由化，只有这样，互惠贸易方案对美国农业才真正有意义。"②

所以，美国政府虽然出于政治原因支持欧洲一体化，并有意识地接受了一体化在经济上对美国的歧视，但随着一体化的不断深入，特别是欧洲经济共同体的保护主义政策对第三国尤其是对美国经济产生的巨大冲击，美国政府开始重视一体化的负面影响。因而，采取必要的策略来减轻或者消除这种歧视并加强对一体化的控制，成为新政府的当务之急。

二　法德轴心的渐趋形成

在大陆一体化运动中，法德轴心正在形成，这打破了西欧原有的实力均衡，使美国更难驾驭西欧。20世纪50年代以来，美国支持欧洲一体化，希望通过法德和解来领导欧洲一体化，也正是在美国的支持下，法德和解迅速进展，从"舒曼计划"到《罗马条约》，法国和德意志联邦共和国占据了欧洲一体化的主导地位。1958年戴高乐再次执政，使法德友好达到高潮，从而法德和解向轴心转化。出于担忧"戴高乐会

---

① FRUS, 1958 – 1960, Vol. Ⅶ, Part 1: Western European Integration and Security, Canada, Memorandum of Conversation, October 6, 1959, pp. 159 – 160.

② FRUS, 1958 – 1960, Vol. Ⅶ, Part 1: Western European Integration and Security, Canada, Letters from the Under Secretary of Agriculture (Morse) to the Under Secretary of State (Dillon), January 8, 1960, pp. 224 – 226.

拒绝北约和欧洲一体化，或拒绝与德国的和解"，为了依靠联邦德国约束戴高乐的独立倾向，艾森豪威尔政府鼓励法德和解。这对法德两国密切合作营造了良好的氛围。在美国的支持下，更出于本国利益的需要，法国总统戴高乐和联邦德国总理阿登纳建立了较为密切的个人关系，从1958年9月14日两人第一次会晤到1962年年中，两人通信40多次，会晤15次……会谈总共进行了100多小时。① 两人对世界问题特别是欧洲问题进行了广泛的协商，并在很多问题上达成一致。特别是，戴高乐提出的欧洲政治联盟建议得到了阿登纳的支持。

欧洲经济一体化的成功发展使政治一体化提上日程，戴高乐提出了建立欧洲政治联盟的建议，到处兜售并积极推进其政治联盟计划。1960年夏，戴高乐提议"西欧国家在政治、经济、文化和防务方面经常合作"。1961年2月9日，戴高乐和阿登纳在巴黎会晤，双方达成协议：各国首脑定期每三个月开一次会，成立一个特别委员会负责安排，作为使共同市场有一个正式上层建筑的第一步。政治联盟计划大有排斥美国和英国、实现法国主导的意味。从当时的形势看，英国已处于欧洲大陆一体化之外并且开始衰落，因而无力觊觎欧洲大陆的领导权；比、卢、荷等小国更无心也无力领导西欧；联邦德国虽然经济实力强大，但是由于其分裂的政治局面而无权问鼎欧洲的领导权。法国正想凭借在一体化中的领导地位来实现法国的大国地位；联邦德国也想凭借在一体化中的重要影响来争取与主权国家平等的地位，并争取最终实现德国的统一。因此，法德两国虽然目的不同，但都致力于法德和解与一体化，这样，法德轴心渐趋形成。法德轴心特别是法国企图主导大陆一体化，从而对美国的欧洲主导地位形成挑战。

国务院和国家安全委员会虽然公开赞扬戴高乐和阿登纳的团结，但美国政府还是感到了法德友好的危险，特别是总统艾森豪威尔和顾问杜勒斯担忧法国的独立倾向。杜勒斯曾嘲讽地说："当然，你不做戴高乐他们不喜欢的，很容易使戴高乐高兴。"国务院也质疑戴高乐是否会接受美国的领导，预言他可能组织以法德政治和军事联盟为基础的北约范围内的大陆集团，以创立"中立的欧洲的第三种力量"。美国的巴黎观察者认为，戴高乐可能利用法德关系来改变共同市场自由经济的政策，并创立敌视美国和其他国家利益的保护主义的经济集团。麦克米伦也感

---

① 〔法〕夏尔·戴高乐：《希望回忆录》，《希望回忆录》翻译组译，中国人民大学出版社2005年版，第184页。

到了法德亲善的威胁，抱怨"德国人和法国人已经结成了反对英国的非神圣同盟"，指出："轴心对北约不利，英国保持在德国的驻军，而陷入与德国和法国的经济竞争之中，这是不公平的。"①

三　戴高乐的挑战

1958年，在第二次世界大战中就与美国总统罗斯福和英国首相丘吉尔存在积怨的法国独立运动领导人戴高乐再次执政。执政后，他建立了稳固的第五共和国。在对外政策上，他以民族利益为重，力主在新的时代重塑法国的大国地位，先后对美国的世界秩序方案和欧洲方案以及欧洲一体化等问题提出挑战，从而在大西洋联盟内部造成危机。

戴高乐上台后，要求法国同美国完全平等，他写信给美国总统艾森豪威尔说："在法国看来，应该成立一个由美、英、法组成的世界范围的组织，在世界政治和战略的高度上发挥作用。"② 建议被美国拒绝后，法美之间开始有冲突。法国先后宣布撤出北约的地中海舰队，拒绝接受在其领土上存储美国武器。1960年法国第一颗原子弹试爆成功，这遭到美国的强烈反对，而法国谴责英美大国主宰核武器的方案，继续建立自己独立的核力量。同时戴高乐还批评了美国对亚、非、拉等第三世界的政策，主张非殖民主义。在东西方关系问题上，戴高乐在立足西方的同时，主张与苏联缓和，以此增强法国在世界的影响。

戴高乐对欧洲一体化一直持怀疑态度，再次执政后，他接受了共同体这一既成事实，但坚持尊重法国的领导地位和国家主权，要求"建立一个由法国领导的带有一些保护主义色彩的、建立在民族主义和国家主义基础上的欧洲共同体"。戴高乐提出建立"从大西洋两岸到乌拉尔山脉"的大欧洲的建议。戴高乐的挑战使美国的欧洲主导地位面临困境。

四　一体化的联邦主义面临危机

第二次世界大战后初期的欧洲一体化存在着联邦主义和邦联主义的争论。联邦主义在法、德、意、荷、比、卢等国影响较大，较为著名的

---

① Jeffrey Glen Giauque, *Grand Designs and Visions of Unity*, *the Atlantic Powers and the Reorganization of Western Europe 1955 – 1963*, Chapel Hill: University of North Carolina Press, 2002, pp. 92 – 99.

② 〔法〕夏尔·戴高乐：《希望回忆录》，《希望回忆录》翻译组译，中国人民大学出版社2005年版，第157页。

代表人物有法国的让·莫内、舒曼，德国的哈尔斯坦、阿登纳，意大利的德加斯佩里，比利时的斯巴克，等等。联邦主义的代表人物强调，现代民族国家、历史上的城邦国家，以及封建国家，这些国家形式都只是一种历史现象，都是暂时的。因为民族国家间经常发生战争，而且市场太小限制了经济发展，因此这种组织形式已经过时。所以，为了和平和经济发展，应当放弃民族国家这种组织形式，国家主权应当让渡给更高一级的组织，即欧洲联邦或欧洲合众国。同时，他们还指出，欧洲统一是一个缓慢的长期的历史过程，不能一蹴而就，而应逐步通过各国间职能部门的联合来实现，这种部门之间的联合就是一体化，然后在经济一体化的基础上实现政治一体化。①

邦联主义的市场主要在英国和斯堪的纳维亚国家中。邦联主义者认为，欧洲国家虽然关系密切，但历史文化传统、社会政治经济结构以及发展程度各不相同，因而，民族国家不能被替代。所以，他们反对主权国家间的主权让渡，反对超国家机构，支持西欧国家间政府形式的"邦联式"合作。②

美国支持的欧洲一体化是联邦主义的一体化，希望在欧洲建成"欧洲的美国"。而戴高乐再次执政后一直积极致力于政治联盟计划，这种政治联盟是一种国家间合作的形式，是邦联主义的一体化。而法德轴心的渐趋形成以及戴高乐领导下的法国的反美独立意识，更增加了美国对欧洲一体化前程的担忧。出现法国主导的独立于美国的邦联主义的欧洲，这会使美国更加难以驾驭西欧，这是美国不愿看到的。

五　欧洲共同体与欧洲自由贸易联盟的分立

1958 年欧洲共同体的成立和 1960 年欧洲自由贸易联盟的形成使西欧出现了两个地区集团并立的局面，引起了美国政府的担忧。两个团体平行发展，都规定在 1960 年 7 月 1 日减少关税 10%，并加速内部一体化的进程。这一方面威胁到大西洋联盟的团结，特别是英国和共同市场六国都是北约的重要国家（欧自联的葡萄牙、丹麦和挪威也属于北约组织国家），而它们分属于两个不同的甚至敌对的地区集团，这使北约面临着分裂的危险。另一方面，这也给美国的经济发展带来反面影响，两个集团保护主义的发展给美国经济带来歧视。并且，英国政府正在致

---

① 王双静：《战后西欧热点问题研究》，陕西人民出版社 2000 年版，第 134—135 页。
② 同上书，第 135 页。

力于六国与七国的"搭桥",美国政府认识到：若六国和七国达成有损美国利益的协议,或者结成排除美国的更大的地区贸易集团,都会更大程度地歧视美国的经济。这两种结果都是与美国对一体化支持的目标背道而驰的,正如时任国务卿的赫脱向艾森豪威尔提醒的："美国由于政治原因对欧洲经济共同体六国的强烈支持,正受到英国领导下的新的七国欧洲贸易联盟的挑战。一方面,六国和七国之间的敌对可能引发贸易战,可能在政治和安全问题上分裂我们的北约伙伴。另一方面,六国和七国通过贸易交易处理他们的分歧,这会对美国及其他友好国家的出口造成歧视。"[①]

总之,20 世纪 50 年代末 60 年代初,西欧的经济保护主义和政治上的独立倾向使战后初期建立起来的大西洋联盟陷入危机,进一步使美国对西欧的一体化政策面临挑战。而美国的国内外形势加剧了这一危机局面,从而加强了改变对欧洲一体化政策的迫切性。

第二节　冷战的形势与美国的危机

一　冷战的有限缓和与美苏互有攻守

20 世纪 50 年代末,冷战的缓和局势和美苏战略平衡的冷战态势,使西欧国家对美国的依赖和信任程度降低;而美国继续扩展冷战,国内经济形势又不容乐观,使之更加需要盟国的支持。

50 年代中期之后,冷战处于有限的缓和中。斯大林去世后,1953年 9 月出任苏共第一书记的赫鲁晓夫提出"和平共处",美国和苏联双方在核问题、德国问题、欧洲安全问题等方面进行会谈,从而,"戴维营精神"成为东西方缓和的代名词。英国和法国领导人也在美苏之间积极调解,并积极斡旋以准备东西方首脑会议,从而使冷战出现了解冻的倾向。而 U-2 飞机事件和之后的柏林危机又使冷战形势恶化,美苏出现了新的僵局。冷战的相对缓和与苏联入侵西欧可能性的降低,使西欧国家不再那么依赖美国的保护;苏伊士运河事件后美国与盟国关系的

---

① FRUS, 1958 - 1960, Vol. Ⅶ, Part 1: Western European Integration and Security, Canada, Memorandum from Secretary of State Herter to President Eisenhower, November 24, 1959, p. 172.

松懈以及核武器的发展，也使西欧国家对美国的信任下降。正如肯尼迪政府的顾问施莱辛格所认识到的："欧洲国家不再心甘情愿地充当美国在经济或军事上的卫星国。"①

50 年代中期之前，在冷战中美国处于优势地位，美苏在全球的战略态势是美攻苏守。赫鲁晓夫上任后，他对外政策的基本目标就是争取同美国平起平坐，共同主宰世界。所以，苏联大规模扩充军备，军事力量大大增强，特别是在核武器方面进展迅速。1957 年 10 月 4 日，苏联成功发射了第一颗人造地球卫星，11 月 3 日，苏联又发射了重达 1120 磅的第二颗卫星，这标志着美国在核武器方面的绝对优势已被打破，这在整个西方世界引起了很大的震动。苏联发射原子弹成功的消息更震撼了美国，使艾森豪威尔政府受到广泛的批评，舆论认为苏联在战略武器方面超过了美国，使美苏之间出现"导弹差距"。苏联利用远程导弹和卫星研制成功的有利气氛，在全球范围内，尤其是在欧洲向美国发起新的外交攻势。在苏联的努力下，到 50 年代末，尤其在军事领域，美苏战略趋向平衡，冷战出现了美苏互有攻守的战略态势。

二　美国加大扩张力度与国内形势的吃紧

第二次世界大战后，"杜鲁门主义"吹响了冷战的号角，杜鲁门政府积极地进行冷战：抛出"马歇尔计划"，并建立北大西洋公约组织，以遏制苏联；在第三世界实行"第四点计划"和扶蒋反共，积极开展全球扩张。艾森豪威尔政府依然实行全球扩张，并建立了遍布全球的条约网，但是艾森豪威尔政府时期美国不得不由独霸世界转向与苏联争霸世界。美国的全球扩张特别是在第三世界的扩张，巨大的军费开支及援助计划，都影响到美国的实力，国内民权主义运动的兴起也影响到了对外事务。而以"和平战略"闻名的肯尼迪，在竞选中就谴责艾森豪威尔政府对抗共产主义不利，执政后进一步扩展冷战，重点指向第三世界，将美国的全球扩张发展到极限。美国继续扩展冷战，全球扩张的负担加重，从而更需要盟国的支持。

美国大力进行冷战需要雄厚的经济实力作为后盾，但是美国此时的经济形势并不乐观。这一时期美国的国内经济相对衰落。继 1954 年和 1958 年的经济衰退之后，1960 年，美国经济又进入另一个衰退期。20

---

① 〔美〕小阿瑟·M. 施莱辛格：《一千天——约翰·菲·肯尼迪在白宫》，仲宜译，三联书店 1981 年版，第 584 页。

世纪50年代末，美国出现了战后第一次国际收支的赤字，之后多次反复。1958—1959年，赤字数额猛增，到60年代形势恶化。1960年1月爆发了战后第一次大规模抛售美元、抢购黄金的危机，之后随着对外扩张的拓展，形势愈加严峻。肯尼迪执政初期美国经济增长率继续停滞，每年的经济增长率是2.5%—3%，国民生产总值的增长不足以维持日益增长的人口和就业的需要，到1960年末，美国失业率达到6%。最可怕的是黄金流失和国际收支的赤字，1952—1962年，黄金外流总数达到80亿美元，1958—1961年，美国国际收支赤字总共是34亿美元。[①] 肯尼迪总统想要同时促进国内经济增长并减少失业、通过消除美国国际支付赤字来巩固美元，这就需要盟国的支持，特别是像联邦德国那样经济实力雄厚的西欧国家，鼓励它们在美国投资，以消除美元出口流动的障碍，为大部分的对外援助和军事开支负担费用。支付赤字问题和金融危机显示了美国经济的相对脆弱，美国需要扩大欧洲市场来缓解危机，需要盟国的支持以度过危机。因而，在冷战不断拓展的情况下，后方基地——西欧同盟的力量显得尤为重要，而联盟的危机使美国更加焦虑。

　　面对西欧一体化的发展和六国与七国的即将对立，为了摸清英国及共同体六国的态度，狄龙在1959年12月7—14日访问西欧各国，主要是英国、联邦德国、比利时和法国，他与被访问国家和组织的领导就欧洲一体化问题进行了广泛的讨论。[②] 狄龙表达了美国对欧洲经济一体化保护主义的不满，并表示希望用关贸总协定的谈判来解决问题；狄龙强调美国希望参加未来有关经济共同体国家和欧自联国家之间的讨论。[③]他告诉欧洲经济委员会主席哈尔斯坦说，在美国，反对区域集团化的呼声日益高涨，他希望共同市场采取自由贸易的政策，以确保美国人民认为共同市场不是一个贸易集团。他建议："低关税是共同市场要进行自由贸易的证据，对于六国之外的国家来说，没有保护主义的非歧视方案是非常重要的。因为随着六国经济一体化的进一步发展，欧洲共同体在经济上会更强大。所以共同体可以单边降低关税。"[④] 在与法国首脑的

① Pascaine Winand, *Eisenhower, Kennedy, and the United States of Europe*, Basingstoke, Hampshire: The Macmillan Press, 1993, pp. 168 – 169.

② FRUS, 1958 – 1960, Vol. Ⅶ, Part 1: Western European Integration and Security, Canada, Editorial Note, p. 174.

③ 〔联邦德国〕阿登纳：《阿登纳回忆录（1959—1963）》，上海人民出版社编译室译，上海人民出版社1973年版，第16页。

④ FRUS, 1958 – 1960, Vol. Ⅶ, Part 1: Western European Integration and Security, Canada, Memorandum of Conversation, December 10, 1959, p. 186.

谈话中，狄龙表示了对农业保护主义的担忧，他说："农业问题是一个特殊的问题，美国存在同样的问题，我们在关贸总协定的框架内对农产品做出安排。我们的根本利益是阻止欧洲政治分裂。基本问题与英国有关，我们阻止英国与共同市场国家的分裂。"① 在西欧的访问使狄龙认识到了欧洲形势的严峻，他指出："六国和七国不同观点的出现……关系到联盟的未来。"②

因而，面对西欧独立的倾向和挑战，出于冷战的需要，美国必须调整甚至改变对欧洲一体化的政策。此时英国政府政策的变化和英美特殊关系的相对和谐为肯尼迪政府支持英国加入欧洲共同体提供了契机。

第三节 孤立而求变的英国与相对和谐的美英特殊关系

一 英国在一体化中陷入孤立

如上所述，20世纪50年代初以来，英国长期排斥甚至破坏欧洲大陆的联邦主义一体化。战时和战后初期，英国虽然是西欧联合运动的积极领导者，但由于其世界大国理念所决定的"三环外交"政策，使之从未真正融入欧洲一体化之中，同时美国和欧洲大陆坚持的联邦主义的一体化也为英国所不容。因而，英国拒绝了"舒曼计划"，失去了领导一体化的机会；面对一体化重新启动的墨西拿会议和欧洲共同体的成立，英国政府又提出欧洲自由贸易区计划，失败后旋即提出并组建了欧自联，从而背上了一体化的"破坏者"的罪名。英国的欧洲一体化政策很大程度上是希望得到当时西欧的盟主——与之有着特殊关系的美国的支持，而美国的反对使英国更加孤立于大陆一体化之外。

加速风波使英国"搭桥"的希望破灭，从而使英国政府更加意识到孤立的处境。六国经济一体化加速发展，在1960年3月通过了共同市场加速减税计划，这导致欧洲大陆与英国关系的紧张。当时的情况是，按照《罗马条约》规定，共同市场将在1960年7月1日前进行第

---

① FRUS, 1958 – 1960, Vol. Ⅶ, Part 1: Western European Integration and Security, Canada, Memorandum of Conversation, Paris, December 14, 1959, p. 216.

② FRUS, 1958 – 1960, Vol. Ⅶ, Part 1: Western European Integration and Security, Canada, Memorandum of Discussion at the 429th Meeting of the National Security Counil, December 16, 1959, pp. 218 – 219.

二次削减关税，即届时再次降低内部关税 10%。^① 1960 年 2 月 26 日，欧洲经济共同体执行委员会部长理事会提出加速实行《罗马条约》的建议报告。3 月 3 日，经济共同体委员会主席哈尔斯坦公布了一系列加速实施共同体条约条款的建议：（1）欧洲经济共同体成员国之间的内部关税在 1960 年 7 月 1 日和 1961 年 12 月 31 日关税各削减 20%，而不是《罗马条约》所规定的削减 10%，这样到 1961 年 12 月 31 日欧洲经济共同体内部共削减关税 50%，比《罗马条约》的规定提高了 20 个百分点；（2）将从 1960 年 7 月 1 日起开始实施共同对外关税，而不是《罗马条约》所规定的从 1961 年 12 月 31 日起实施，为了参加将要进行的关贸总协定新一轮的削减关税的谈判，临时性降低共同对外关税 20%，以后的削减视关贸总协定的谈判情况而定；（3）至 1961 年 12 月 31 日前取消欧洲经济共同体内部所有工业品配额，同时在互惠基础上取消对非欧洲经济共同体成员国的所有配额。此外，执委会建议，凡没有时间表规定的条款，也必须加速实施，例如制定共同的社会、商业和农业政策。^② 1960 年 12 月，共同体六国共同决定，加快共同农业政策的实施，这标志着欧洲一体化在让渡国家经济主权方面的新进展。并且，《罗马条约》规定的第一阶段的减税任务在 1961 年提前完成。

美国支持六国的加速减税计划，在建议公布后的第二天，即 1960 年 3 月 4 日，美国政府在国务院公报上就表示支持欧洲经济共同体的建议。艾森豪威尔总统还与阿登纳总理发表联合宣言，宣布支持加速建议。同时，美国在对外经济交往中也更加关注欧洲经济共同体，1960 年，美国对外投资的 50% 直接投向共同体，这是历史上的第一次，而向英国的投资仅占其投资的 40%。这一变化曾使希思痛心疾首，担心英国长期被排除在欧洲经济共同体之外，即使共同体的不利关税条件对英国工业影响不大，那么对整个经济的影响将是灾难性的。^③

这一计划引起了英国的愤怒。英国原准备使欧自联与欧洲共同体同期削减内部关税 20%，以与共同体的进展保持同步，从而做好与共同

---

① FRUS, 1958 – 1960, Vol. Ⅶ, Part 1: Western European Integration and Security, Canada, Memorandum from Secretary of State Herter to President Eisenhower, February 21, 1960, p. 253.

② 洪邮生：《英国对西欧一体化政策的起源和演变（1945—1960）》，南京大学出版社 2001 年版，第 371—372 页。

③ 张瑞映：《疏离与合作——英国与欧共体关系研究》，中国社会科学出版社 2007 年版，第 118 页。

体谈判和接轨的准备。这样，加速减税计划使英国的"搭桥"计划落空，因而，麦克米伦政府非常愤怒。在建议发布的一周时间里，希思和劳埃德强烈批评共同体的加速减税计划和美国对计划的支持。劳埃德声明说："美国的支持会导致英国和德国之间的贸易战，这反过来可能需要英国撤军，甚至导致北约的分裂。"① 1960 年 3 月 28 日，美国国务卿赫脱和副国务卿狄龙与英国首相麦克米伦和英国大使萨希亚（Harold Caccia）会谈，讨论了双方对于加速建议的分歧问题。首相指责艾森豪威尔—阿登纳公报，要求美国不要支持加速建议，并以英镑贬值和撤出在德国的驻军相威胁，他继续要求拖延加速的任何步骤。麦克米伦认为，18 个月能发生很多事情，一直存在与苏联缓和的倾向，因而要求 7 月 1 日之前不加速。他确信，如果他们能得到一点时间，问题的政治方面会变得有利。而美国政府坚决支持加速减税，狄龙说："美国真正支持的正是这 20% 的关税减少。"麦克米伦进一步以这一加速对英国的后果相威胁，指出："如果出口下降导致必须以特别行动来应对的危机的话，那就不是一种简单的政治态度能解决的问题了。那时英国必须慎重应对，会尝试控制进口或控制美元，或从欧洲撤军来节约六千亿英镑，并减少致力于东南亚条约组织的开支和防务支出，无论如何我们不能挨饿。我们通过平衡贸易来生存，并且必须生存。英国的处境仍然极其危险，一丁点的风吹草动都会对它产生巨大的影响。我们没有原料，所以低关税对我们没有帮助。即使会有巨大的政治受益，但代价也太大了，因为那样会导致欧洲的分裂。"②

英国的威胁未能说服美国，英国的反对也没有吓倒六国，相反，却激起了六国加速一体化的信念。欧自联的建立和麦克米伦发表的反对共同体加速减税的观点泄露给了新闻界并被广泛报道，导致西欧新闻界的愤怒，并影响了六国的态度。英国的反对反而加强了六国的团结，提高了它们接受加速概念的可能性。加速建议如期实施，进而使美国面对的西欧六国和七国之间又蒙上了一种不安的气氛。英国的建议屡遭失败，孤立已成事实。

"搭桥"计划的失败使英国政府认识到：任何在共同体之外寻求与

---

① FRUS, 1958 – 1960, Vol. Ⅶ, Part 1: Western European Integration and Security, Canada, Telegraph from the Embassy in the United Kingdom to the Department of State, London, March 24, 1960, p. 263.

② FRUS, 1958 – 1960, Vol. Ⅶ, Part 1: Western European Integration and Security, Canada, Memorandum of Conversation, March 28, 1960, pp. 271 – 277.

共同体的联系并希望对之影响的倡议都不会得到支持，要避免孤立就必须加入共同体。而欧洲共同体的加速一体化计划显示了大陆集团化的快速进展，更令英国担忧的是，戴高乐正在采取行动，企图把欧洲经济共同体发展为一个欧洲政治联盟。欧洲共同体的加速发展增强了英国政策转变的迫切性。

在国际问题上，东西方会议的流产也使英国的作用进一步减退。在东西方缓和的情况下，麦克米伦在坚持联美抗苏的同时，极力在美苏之间充当调解人，推动欧洲局势的缓和，以此提高英国在国际的影响。麦克米伦的外交取得了一定的成绩，先后在柏林问题上协调美英双方的政策，并积极促动美国、法国和联邦德国等各方在柏林问题以及整个德国问题和欧洲安全问题上进行会谈，促动美苏双方就核问题进行协商，东西方的协商逐渐发展到举行首脑会议的地步。

麦克米伦斡旋各方积极准备东西方首脑会议，用了将近一年半的时间积极奔走反复酝酿才最终敲定于 1960 年 5 月在巴黎召开美、苏、英、法首脑会议。但是，1960 年 5 月 1 日的 U-2 飞机事件使会议流产，苏联宣布取消对艾森豪威尔访苏的邀请，"戴维营精神"烟消云散，美苏关系出现新的僵局。新的东西方危机的到来宣告了麦克米伦进一步缓和东西方关系并在美苏之间充当调解者的策略暂时破产。尤其是，麦克米伦在 U-2 飞机事件发生后一直从中斡旋，试图挽救首脑会议，但美苏两国都不愿妥协，会议最终夭折。会议的流产使麦克米伦政府进一步认识到"三环外交"的不可依靠，从而必须寻求避免孤立的新的世界角色。并且，从冷战的形势看，会议的流产所带来的美苏新一轮的冷战使麦克米伦政府更担忧联盟的分裂和英国被孤立，正如麦克米伦感到的："这次悲剧性的失败可能很快就使我们面临俄国人的积极侵略活动。在这种情况下，不要使欧洲陷于分裂就越发重要了。与此同时，我愈来愈觉得英国仍然留在共同体外面是危险的，因为这个共同体控制了还剩下的自由欧洲的中心。我们会不会被夹在敌对的（甚至是愈来愈不友好的）美国和矜夸的、强大的'查理曼帝国'之间呢？这个帝国现在虽然在法国的支配之下，但以后必然是要受德国控制的。难道因此就要'加入'共同市场（如果我们能够被接受的话），并放弃七国、英国农业和英联邦吗？这是一个不易做出的抉择。"①

---

① 〔英〕哈罗德·麦克米伦：《麦克米伦回忆录（五）：指明方向》，商务印书馆翻译组译，商务印书馆 1975 年版，第 392—393 页。

二 英国对外政策向欧洲靠拢

从 1959 年下半年开始，英国改变了反对共同市场的态度，在对外公开声明中指出：认识到共同市场的重大政治意义，即将联邦德国系于西欧，所以支持共同市场。它寄希望于美国的支持，希望美国从中斡旋，或至少是不反对。这一态度在狄龙访问伦敦以及麦克米伦与阿登纳的会谈中都明显地表现出来。

英国的大自由贸易计划和欧自联计划很大程度上需要美国的支持。由于美国不置可否的态度和对欧洲经济共同体的偏爱，加上大陆六国的反对，以及英国对欧洲分裂的担忧，在欧洲自由贸易联盟还在筹建时，麦克米伦政府就开始思考英国对西欧的政策。1959 年 10 月，麦克米伦指示外交大臣劳埃德研究"为了在经济上与欧洲经济共同体保持联系而值得付出的代价"。[①] 1960 年初，以弗兰克·李维为主席的"经济筹划委员会"成立，研究英国与共同体六国的关系。4 月 22 日，上述委员会得出结论："基于政治上的原因——为了确保西欧政治上的稳定和团结——（英国）有强烈的理由加入共同市场。"报告认为，英国加入欧洲经济共同体还有利于维持它在世界上的地位。这一点特别重要，因为英国当时担心美国会越来越把欧洲经济共同体，而不是把英国作为它在欧洲的最主要的伙伴。经济因素被视为是次要的，但研究报告也认为，英国加入经济共同体有可能刺激英国经济的增长，促使英国工业更加有竞争力。从纯经济的观点看，加入欧洲经济共同体几乎是最好的解决办法。研究报告尽管未能否定英国对欧战略依然正确，但却向政府清楚地表明：欧洲经济共同体的出现，意味着英国如果不参加进去的话，其战略目标将不会实现。这份报告对麦克米伦政府来说是一个转折点。[②]

在 1959 年底狄龙访问伦敦时，英国首相麦克米伦和外交部部长劳埃德表示了对欧洲共同体的态度。狄龙与劳埃德就六国和七国问题进行会谈。劳埃德指出，他完全意识到共同市场的优势，特别是它会将德国和意大利更密切地拉入西欧与北约；他反对的是欧洲经济共同体排他性的方面。[③] 狄龙也认识到麦克米伦态度的变化，他说："在与麦克米伦的谈话

① 〔英〕哈罗德·麦克米伦：《麦克米伦回忆录（五）：指明方向》，商务印书馆翻译组译，商务印书馆 1975 年版，第 54—56 页。
② 赵怀普：《英国与欧洲一体化》，世界知识出版社 2004 年版，第 124 页。
③ FRUS，1958 - 1960，Vol. Ⅶ，Part 1：Western European Integration and Security, Canada, Memorandum of Conversation, December 8, 1959, p. 176.

中可以看出，他（麦克米伦）对共同市场的态度与半年之前与我会谈时相比大不相同，这使我非常惊讶。那时他坚持认为共同市场对英国不利，凭借共同市场，德国能够在世界市场上比英国销售更多的商品，会更具竞争力。今天，他强调他相信共同市场的政治价值，即可以将德国系于西方。"狄龙断定："通过与麦克米伦以及他的部长们的谈话，我相信英国的对外政策已经发生了根本变化，现在，他们采纳了与共同市场和美国非常相似的态度……他们现在认为共同市场是控制德国政府的有效方式。"①

　　1960年夏，英国外交部的一份报告认为英国应该加入共同体，认为尽管要付出巨大的代价，但是值得。外交部支持英国加入共同市场，强调政治受益，特别是制止大陆的中立主义和第三种势力倾向，它们强调美国支持英国进入共同体的可能性以及英国作为共同市场的领导者保持与美国特殊关系的可能性。它们认为，通过促进欧自联其他成员的共同市场成员身份或联系地位，英国能获得反对法德统治的力量的支持，遏制超国家主义，并获得在欧洲的主导地位。但是，如果英国仍然避开法德，将会出现一个更大的大陆集团，它将代替英国成为美国的主要伙伴，而一个更弱的英国将对于英联邦和欧自联不再那么有吸引力。英国外交从英联邦转向欧洲以及帝国的其余部分，与欧洲更多的联系会促进经济发展，一个新的世界角色将代替一个衰落的角色。同时报告认为：英国要作出巨大的让步以适应大陆支持的农业价格标准，并解除它与英联邦和欧自联优先的经济联系，即使要建立与六国松散的联系，也必须做出这些让步，英国可以获得完全成员身份，包括为商品提供更大的市场，以振兴经济，并提高英国在大陆和世界的政治经济地位。报告敦促立即申请，认为大西洋共同体和自由贸易区在短时期内是不可能实现的，在以最好的条件加入共同体和保持半孤立状态之间不存在回旋的余地。但内阁不愿接受这一大胆的倡议，拒绝切断与英联邦的经济联系，坚持争取更大的特殊利益，希待一种允许英国保持其全球利益的方法，所以报告被搁置一边。麦克米伦个人支持完全进入共同体，但是又受到内阁和各种利益集团的限制。② 这样，外交部的报告提出了英国完全加

---

① FRUS, 1958 - 1960, Vol. Ⅶ, Part 1: Western European Integration and Security, Canada, Telegram from the Embassy in the United Kingdom to the Department of State, December 9, 1959, pp. 185 - 186.

② Jeffrey Glen Giauque, *Grand Designs and Visions of Unity: The Atlantic Powers and the Reorganization of Western Europe 1955 - 1963*, Chapel Hill: University of North Carolina Press, 2002, pp. 150 - 160.

入欧洲共同体的激进思想，但没有得到内阁的批准。

1960 年 7 月，英国政府进行改组，把英国对欧洲经济集团的关系改为由外交部负责，原来是由商务部和财政部负责，欧洲派掌玺大臣艾德华·希思将着重参与欧洲问题。1961 年 1 月 28—29 日，麦克米伦在与戴高乐会晤时开始探测法国人的意见。英国政府发言人开始公开表明官方的意见。2 月 16 日，麦克米伦在下院回答一个问题时说："如果我们能够接到六国的邀请，要我们和它们一起参加会议，目的在于政治协商，那么我们当然准备接受。"这就清楚地暗示他愿意得到这种邀请。接着，英国与共同体国家之间就英国与共同体的关系问题进行会谈。在 1960 年 11 月与联邦德国官员会谈结束后，英国官员又于 1961 年 2 月初与意大利官员进行会晤。1961 年 2 月 27 日，希思在西欧联盟理事会上指出："如果六国能理解它们在英联邦和农业方面的困难，那么，英国就考虑一种制度，其基础是对于七国以外的国家输入的原料和制成品采取共同的或者协调的关税。"他强调说，这是"英国立场的一种根本的改变"。他甚至宣称："对于不包括与六国的政治关系和经济关系的任何协议，政府都不会满意。"① 所以，到 3 月初，形势已经很明显，除了英国加入欧洲共同市场或者与共同市场协作之外，没有别的路可走。英国态度的转变为肯尼迪政府支持英国加入欧洲共同体政策的提出提供了契机。

三　相对和谐的美英特殊关系

1957 年上任的英国首相麦克米伦一直致力于苏伊士运河事件后英美特殊关系的修复，且取得了一些成绩，麦克米伦和艾森豪威尔建立了良好的个人关系，两国在军事和政治领域达成了一系列的友好条约。肯尼迪上任后，麦克米伦一直在寻求与美国新政府之间的特殊关系，在肯尼迪当选之初，英国方面就积极地联系。1960 年 12 月 19 日，首相麦克米伦写了一封六页的信给当选总统肯尼迪，讨论两国面对的问题，并建议与总统会晤。在 1961 年 1 月 26 日的回信中，肯尼迪重申了英美协议。麦克米伦接到信后立即回复，在回信中表示"对此感到高兴，并要求两国在核领域、防务领域继续合作"。② 并且，在麦克米伦的有意

---

① 〔英〕瓦特：《国际事务概览（1961 年）》（上），于树生等译，上海译文出版社 1988 年版，第 142—146 页。

② Foreign Relations of the United States（FRUS），1961 – 1963，Vol. XIII：Western Europe and Canada，Message from Prime Minister Macmillan to President Kennedy，January 26，1961，Washington：United States Government Printing Office，1994，p. 1030.

安排下，也是在肯尼迪的要求下，肯尼迪的妹夫，也是肯尼迪的英国密友戴维·奥姆斯比·戈尔担任英国驻美大使，同时，奥姆斯比也是麦克米伦的一个远亲。这种亲戚关系使他们之间的关系更加密切，据奥姆斯比回忆："当我们在一起的时候，几乎就像开一个家庭讨论。"甚至当时的报界称：英美两国领导人之间的个人关系只能用家庭内部关系来描述。① 美英两国相对和谐的特殊关系和两国领导人较为密切的个人关系，为两国在英国加入欧洲共同体方面基本达成一致提供了便利。

所以，在西欧独立倾向不断增强、大西洋联盟面临危机的情况下，美国必须调整对一体化的政策来加强美国对西欧的主导。而冷战的有限缓和、美苏战略均势的形成，以及美国不断扩展冷战战略和国内经济形势的窘迫加强了这一政策调整的迫切性。英国政策向欧洲的靠近与美英特殊关系的相对和谐，则为以支持英国加入欧洲共同体为切入点来调整美国的一体化政策提供了契机。支持英国加入欧洲共同体，通过英国在欧洲共同体的领导作用、以特殊关系为桥梁，来团结联盟并加强美国的主导，成为美国政府的最好选择。

---

① 赵怀普：《战后英美关系（1945—1990）》，西南师范大学出版社1993年版，第163页。

第三章　肯尼迪政府支持英国加入欧洲共同体

第一节　肯尼迪政府基本支持英国加入欧洲共同体

肯尼迪政府初期，肯尼迪本人和国务院的欧洲派大都支持英国加入欧洲共同体，虽然政府内部存在对支持英国加入欧洲共同体的异议者，但不足以对政策构成障碍。

一　肯尼迪对危机形势的审视与支持一体化

约翰·F. 肯尼迪（John F. Kennedy）出生于波士顿一个爱尔兰后裔的百万富翁家庭，父亲约瑟夫·肯尼迪在弗兰克林·罗斯福时代曾任美国驻英国大使。肯尼迪于 1946 年当选为参议员，1952 年进入参议院，1961—1963 年任美国第 35 任总统。他在任期间认识到联盟的危机形势，出于冷战的需要而支持一体化。肯尼迪执政之初便认识到了国内形势的吃紧和冷战形势的严峻。在上任 10 天之后的国情咨文中，肯尼迪便向国会致辞指出："我们国家正面临着危险和机会……美国经济处于困境，七个月的衰退，三年半的停滞，七年经济增长速度的放慢，九年农业收入的下降。"[①] 严峻的经济形势支付不了美国继续全球扩张的负担，而肯尼迪政府继续扩展冷战。肯尼迪属于冷战的一代，上任后极力扩展冷战。他强调共产主义的威胁，指出："在亚洲，共产党中国无情的压力威胁着整个地区——从印度和越南的边界到为保卫自己独立而奋斗的老挝的丛林——的安全。在非洲，刚果陷于内争、政治动荡和社会骚乱中，痛苦不堪。在拉丁美洲，共产党代理人力求利用这一地区进行

[①]　梅孜：《美国总统国情咨文选编》，时事出版社 1994 年版，第 310 页。

和平革命，在距我国海岸不过 90 里的古巴建立了基地。我们努力的目标是，从合恩角到北极圈实现一个由自由政府组成的自由的半球。"①在这种情况下，美国就更加需要西欧盟国的支持。

肯尼迪认识到了大西洋联盟的危机。他上任前后联盟的危机依然如故，西欧日趋独立、西欧两大集团分立、法德轴心渐趋形成，这些都危及联盟的团结；在北约的组织问题上，也存在着种种分离的倾向：北约秘书长斯巴克希望所有北约组织国家进行协商，戴高乐则坚持法国作为大国应该在与英美两国平等的基础上参与制定北约组织政策的协商程序，主张全球范围的协商应该在盟国之间进行。同时，苏伊士运河事件之后的美国和盟国关系的恶化，以及冷战有限缓和的到来，使大西洋联盟危机增长。肯尼迪认识到需要对北约和大西洋联盟进行改组，在国情咨文中他就说："在欧洲，我们的联盟有真空，而且有点混乱。北大西洋公约组织的团结由于经济上的竞争而遭到削弱，部分地受到了国家利益的侵蚀。它还没有充分动员它的力量，也还没有完全取得共识。但是没有一个大西洋国家能够独立应对我们现在在防务、对外援助、货币储备以及其他许多方面所面临的种种问题；我们同那些与我们有共同希望和利益的国家的密切联系，是这个国家最强有力的资产之一。"②肯尼迪认为西方最大的危险来自西方阵营内部的竞争性集团，苏联在此基础上可以利用北约的分裂轻而易举地达到自己的目的。所以，肯尼迪比艾森豪威尔更加意识到需要联盟团结，需要加强美国在西方的领导地位。③

肯尼迪本人是欧洲一体化事业的同情者和支持者。执政之后，出于冷战的考虑，他支持欧洲一体化，并提出要加强大西洋共同体。在就职不久的 1961 年 2 月 12 日向大西洋委员会的致辞中，他指出："在我成为总统的三周里，我越来越感觉到美国和自由世界面临的巨大危险。但是我也有信心：如果我们动员起统一的力量以及大西洋共同体国家的意志，我们能克服这些危险。但是北约的利益以及大西洋共同体作为一个整体的利益，不仅仅是军事上的。对我们安全的威胁以及对我们世界的挑战会采取许多形式——经济、意识形态和政治。大西洋共同体必须武装自身，以对各种敌对做出快速的反应和制订统一的目标——通过提高我们协商的进程，通过扩展我们合作的区域，包括贸易和货币等共同面

---

① 梅孜：《美国总统国情咨文选编》，时事出版社 1994 年版，第 315 页。
② 同上。
③ Constantine A. Pagedas, *Anglo-American Strategic Relations and the French Problem 1960 – 1963: A Troubled Partnership*, London, Portland, OR: Frank Cass, 2000, p. 129.

对的问题，以及通过共同努力创造一种非共产主义世界的健康的、日益增长的经济……我们也支持和鼓励欧洲一体化运动。这一运动是有利的统一的力量，能够扩大自由欧洲的力量和威望，能够确保欧洲人民日益增长的安全和进步，能够大大地致力于更广泛的大西洋共同体的目标。"[1] 面对西欧分裂成欧洲共同体和欧自联两大集团，肯尼迪也十分焦虑，希望避免联盟的分裂，加强大西洋共同体的力量。肯尼迪本人对危机形势的认同提高了美国政府支持英国加入欧洲共同体的可能性。

二　国务院欧洲派在欧洲一体化问题上的重要作用

在美国，除了总统、白宫幕僚和行政机构之外，其他各种力量，如国会、政党、利益集团、新闻媒体、民意、思想库等同样参与或影响决策。因而，肯尼迪政府对欧洲一体化的政策受各种力量的影响。特别是，肯尼迪上任后，建立了各种形式的工作组，并设置了许多顾问，他们对肯尼迪的欧洲政策产生了重要影响。肯尼迪的欧洲政策主要受以下几个因素的影响：首先，以乔治·鲍尔为核心的欧洲派，与莫内、哈尔斯坦、莫捷林等欧洲重要的一体化主义者形成了工作网，他们不但是同事，而且是致力于一体化事业的朋友，他们成为影响肯尼迪政府政策的重要团体。其次，政策计划理事会对肯尼迪政府的欧洲政策也产生了相当大的影响。政策计划理事会主席华·罗斯托，以及他的助理亨利·欧文（Henry Owen），在欧洲事务中起了关键作用。财政部部长道格拉斯·狄龙和杜希尔（从 1962 年 10 月起任美国驻欧洲共同体大使）等人，也在肯尼迪政府的欧洲政策中起了重大作用。前任国务卿艾奇逊也相信欧洲统一对西方稳定的重要性，特别想将联邦德国系于西方，他主张欧洲统一应该在更广阔的大西洋框架内进行。同时，肯尼迪本人还受"欧洲之父"莫内的影响。

在上述有影响的力量中，国务院以及驻欧大使在肯尼迪政府支持英国加入欧洲共同体政策的制定和实施过程中起了关键作用。国务院在美国对欧洲一体化政策中的主导地位在艾森豪威尔政府时期就已经确立，肯尼迪政府继承了这一特色，留用了前任政府中的很多欧洲派人员，并且在国务院形成了支持英国加入欧洲共同体的欧洲派人员，他们与欧洲的一体化主义者和西欧重要人员保持密切的联系，对政策的制定和实施

---

① *The Dynamics of World Power*, Vol. Ⅰ, President Kennedy's Message to the Atlantic Council Pledging United States Support to the Organization, February 12, 1961, pp. 685–686.

起了重大作用。

　　这里有必要提一下乔治·鲍尔（George Ball）。鲍尔是国务院欧洲派的核心人物。在肯尼迪政府的大部分时间里，鲍尔负责欧洲事务，在欧洲政策问题上受到肯尼迪的青睐。鲍尔曾指出，在同英国政府人员就英国加入欧洲共同体问题的谈话时，他不清楚是在转述美国的对外政策，还是在制定美国的对外政策。肯尼迪多次在与英国和欧洲政府要员谈话时说："有关美国对欧洲一体化的政策，副国务卿鲍尔已经作出说明。"鲍尔的思想和地位，与欧洲之父莫内紧密地联系在一起。在第二次世界大战之中以及之后，他曾和莫内亲密合作，先后致力于第二次世界大战中欧洲的救援工作、战后"马歇尔计划"的实施工作，以及法国的复兴计划，并同莫内致力于欧洲一体化的事业，成为莫内的亲密同事和战友。至 20 世纪 50 年代末，他在莫内创立的原子能共同体和欧洲煤钢联营共同体中任职，甚至被视为一个欧洲公民。[1] 1960 年 1 月，鲍尔在纽约向全国工业委员会的致辞中倡导支持欧洲一体化，他呼吁追随者对欧洲共同体采取温和中立的立场。他的演讲引起了当时的马萨诸塞州参议员、后来的总统肯尼迪的关注。肯尼迪上任后，鲍尔被任命为经济事务副国务卿，在 1961 年 11 月的政府改选中升任副国务卿，也成为莫内在白宫的朋友。

　　鲍尔的欧洲一体化思想以及自由贸易思想对美国的欧洲一体化政策产生了重大影响。鲍尔支持欧洲一体化，比莫内更加极力主张走欧洲一体化与大西洋联盟相结合的道路，强调大西洋共同体中的欧洲共同体。他主张把欧洲放在美国对外政策的首位，从总体上改变美国的对外经济政策，他坚持欧洲一体化、主张自由贸易。同时，鲍尔和莫内都认识到：欧洲一体化是一个无情的进程。美国或者为之做准备，否则会被它超越。因而，鲍尔提醒肯尼迪政府应该采取有力的行动来影响欧洲一体化的变革，他指出："美国人不应坐着等待，不应是一个发展的'封闭的、专治的、不合适的相互联系的大陆体系'的看客。"他曾在 1961 年提醒腊斯克："如果肯尼迪政府想让国家继续前进，那就只有与欧洲协调。"[2]

　　以鲍尔为核心的欧洲派在一体化问题上起了关键作用，是由以下因素促成的。一是肯尼迪在成为总统时，对欧洲一体化问题并不十分精

---

①　David L. DiLeo, "George Ball and the Europeanists in the State Department 1961 - 1963", *John F. Kennedy and Europe*, Baton Rouge: Louisiana State University Press, p. 269.

②　Ibid.

通，虽然出于政治原因仍然支持一体化，但在对一体化的具体政策上，国务院的欧洲派起了主要作用。二是国务卿对他们的信任和意见的遵从。国务卿腊斯克主管欧洲事务，但忙于亚洲事务，所以，在欧洲问题上他依靠鲍尔，采纳了鲍尔在欧洲经济和贸易问题上的大部分建议。三是欧洲派极有创造力和奉献精神，他们富有勇气、团结一致，形成了坚定支持欧洲一体化的派别。鲍尔在肯尼迪整个任期内地位一直很高，他的特别助理谢策尔（Robert Schaetzel）是思想活跃的一体化的支持者，欧文在欧洲安全问题上也富有见解。所以，"存在一种总体上密切合作的氛围，处在一个个人关系有利于大西洋关系的时代"。[1] 国务院欧洲派在美国对欧政策中的地位和他们坚决支持欧洲一体化的立场，为肯尼迪政府支持英国加入欧洲共同体提供了条件。

三　美国政府和舆论要求英国加入欧洲共同体

艾森豪威尔政府末期和肯尼迪上任之初，在政府层面和公众层面就出现了"反对狭隘的欧洲观，支持英国加入欧洲共同体"的声音。

在政府层面，1960 年夏的"鲍威报告"体现了从艾森豪威尔政府到肯尼迪政府在大西洋关系方面的过渡。罗伯特·鲍威（Robert Bowie）是艾森豪威尔政府国务院的顾问，他于 1960 年 8 月为国务卿赫脱准备了美国对欧洲政策的报告，名为"北大西洋国家：20 世纪 60 年代的任务"。[2] 报告分析了 20 世纪 60 年代大西洋国家在政治、经济和军事领域面临的更广泛的问题，主要集中于美国、英国和六国的关系。文件探索了保持美国在大西洋联盟领导地位的同时减少美国经济负担的途径，倡导协调政策作为最好的方式，主张运用北约和经济合作与发展组织来促进一体化。报告建议美国发挥强有力的领导作用，并进行贸易自由化和政治协商。报告认为：在西欧，与美国联盟的一个强大的政治和经济统一体将决定性地有利于政治团结、经济健康和作为整体的大西洋共同体的军事力量。[3] 在欧洲一体化方面，鲍威不赞成创造一个欧洲范围内

---

① David L. DiLeo, "George Ball and the Europeanists in the State Department 1961 – 1963", *John F. Kennedy and Europe*, Baton Rouge: Louisiana State University Press, pp. 266 – 267.

② Pascaine Winand, *Eisenhower, Kennedy, and the United States of Europe*, Basingstoke, Hampshire: The Macmillan Press, 1993, p. 163.

③ Jeffrey Glen Giauque, *Grand Designs and Visions of Unity: The Atlantic Powers and the Reorganization of Western Europe 1955 – 1963*, Chapel Hill: University of North Carolina Press, 2002, p. 107.

的自由贸易区的建议，而是支持一种更激进的方式：通过英国接受共同市场，在既不牺牲六国政治机制和政治目标的基础上直接谈判，鼓励英国进入共同体。鲍威提醒说，如果英国不从欧自联中分离出来就加入共同体，欧自联可能会严重破坏联盟的团结。报告坚持：英国在共同体中的成员身份既是英国经济的需要，又是英国政治的需要，在加强大西洋联盟作为一个整体的同时，也会使共同体受益。所以，"鲍威报告"已经提出了英国加入欧洲共同体的建议。但到1960年，第三种力量的提法在华盛顿日益带有否定和中立主义的色彩，并且，艾森豪威尔政府对一体化的保守态度，以及他的任期即将结束，不允许他变更对一体化的政策，因此，艾森豪威尔政府未能将这一建议付诸实施。之后的肯尼迪政府在制定政策时考虑了这一建议。

肯尼迪当选总统后，委任他十分信任的顾问史蒂文森为他起草一份执政之初几个月的政策报告，并组建了经济事务特别工作组。史蒂文森主要依靠乔治·鲍尔完成这份报告（称"史蒂文森报告"或"鲍尔报告"）。这个报告探讨的主要是欧洲问题，相当程度地反映了鲍尔对北约和大西洋贸易政策的关注。报告的第一部分列举了大量需要立即注意的问题——黄金外流、推迟北约核威慑力量的讨论、新的裁军倡议、对柏林的保证、支持经济合作与发展组织。第二部分提出了贸易、经济发展、北约的核合作以及军备控制等方面的长期政策。特别是鲍尔提出了关于综合经济法案的意见，这个法案建议把新的援助建议同授权总统可以在五年内把关税降低50%的做法结合起来。①"鲍尔报告"同样认为：解决六国和七国分裂的问题必须在不歧视美国的前提下进行，欧自联从政治角度没有可取之处，积极的政治目标更少。六国则不然，尽管一旦美国再次支持它，结果可能会歧视外部国家，包括美国，但因为它们的政治经济一体化可以带来西方团结这一可能预料的优势，所以对它们的贸易歧视美国可以接受。同时，鲍尔认识到大西洋联盟的内部分歧，指出："大西洋国家之间的新关系不再是弱者对强者的关系、跟随者与领导者之间的关系，而是强大与更强大之间的关系。战后初期，欧洲国家是经济上的矮子，退缩在美国的巨大阴影之下。现在这不再是事实，美国不再是所有国家中的唯一巨人，而是世界巨人中最大的一个，是强大者中的最强大者，是平等者之中

---

① 〔美〕小阿瑟·M. 施莱辛格：《一千天——约翰·菲·肯尼迪在白宫》，仲宜译，三联书店1981年版，第79页。

的首位。然而，美国的力量也在下降。"① 在英国加入欧洲共同体的问题上，鲍尔特别工作组认为：英国的欧洲共同体完全成员身份是破坏性的，这可能是英国歧视性的自由贸易方案造成的。② 但在 1961 年初鲍尔与英国政府人员会晤之后，甚至在总统批准这一报告之前，鲍尔转而支持英国加入欧洲共同体，这也许与他认识到的英国态度的转变有关。在肯尼迪政府时期乃至约翰逊政府时期，鲍尔成为美国支持英国加入欧洲共同体的主要人物。肯尼迪极为重视这个文件，当 1960 年 11 月 14 日约翰·沙伦在棕榈滩的早餐桌上把这个文件交给他时，他立即开始阅读第一部分，读完第一部分之后，合起文件来说道："好极了，惊人的好，这是一个出色的文件，正是我所需要的。"③

　　1961 年 3 月的"艾奇逊报告"同样提出鼓励英国加入共同体的建议。从一开始，肯尼迪政府就非常担忧北约问题。面对大西洋联盟的危机，肯尼迪总统决定要对北约组织进行彻底的检查，建立一个特别工作组，挑选一位主张对苏联采取强硬政策路线的人物任组长，这位人物正是前民主党国务卿迪安·艾奇逊。艾奇逊成为肯尼迪政府的对外政策顾问，特别是对北约、柏林、古巴政策问题的顾问。肯尼迪让艾奇逊以当前以及未来的危机为鉴，重新评价美国的整个防务战略、防务能力、防务义务以及需要。④ 1961 年 3 月，艾奇逊起草了一份对欧洲政策的报告，宣布政府打算作为"全面和有力的伙伴"与北约组织共同行动，并改组北约，最值得注意的是他表示支持欧洲一体化运动，并提到"大西洋共同体"。⑤ 艾奇逊相信欧洲统一对西方稳定的重要性，他主张欧洲一体化应该在更广阔的大西洋框架内进行。艾奇逊认为：欧洲一体化是为了朝大西洋共同体的方向发展。⑥ 对于英国问题，"艾奇逊报告"主要反映了他的政治理论，即从英国在世界的地位来考虑，认为英国应

---

① Pascaine Winand, *Eisenhower*, *Kennedy*, *and the United States of Europe*, Basingstoke, Hampshire：The Macmillan Press，1993，p. 168.

② Ibid. , p. 165.

③ 〔美〕小阿瑟·M. 施莱辛格：《一千天——约翰·菲·肯尼迪在白宫》，仲宜译，三联书店 1981 年版，第 80 页。

④ Constantine A. Pagedas, *Anglo-American Strategic Relations and the French Problem 1960 - 1963：A Troubled Partnership*, London, Portland, OR：Frank Cass, 2000, p. 134.

⑤ 〔英〕瓦特：《国际事务概览（1961 年）》（上），于树生等译，上海译文出版社 1988 年版，第 79—80 页。

⑥ Pascaine Winand, *Eisenhower*, *Kennedy*, *and the United States of Europe*, Basingstoke, Hampshire：The Macmillan Press, 1993, p. 152.

该抛弃与美国的特殊关系，建立与欧洲共同体的关系。① 他从在国务院任职的初期开始，就认为英国的对外政策变动太慢，并且是投机主义，报告采用了同样的口吻。相应的，他在报告中概括了美欧关系的未来，包括进一步减少英国的作用，内容如下："……2. 一个一体化的欧洲共同体有望增加欧洲的力量，与分离而脆弱的民族国家相比，美国能够更密切地与之合作。这一强有力的欧洲是抵制日益增长的苏联力量的需要，过去民族的和松散的状态将不再需要。3. 基于这些原因，应该支持六国经济和政治联合。这意味着不应鼓励英国削弱这一联合。同样，也不应鼓励因为英联邦与美国的特殊关系而远离六国。4. 随着时间的流逝，英国可能相信：它远离大陆不可能增强它的实力——特别是当美国日益密切与大陆的交往时。5. 反过来，这可能是扩展大西洋统一体的一种方式。我们的目标是大西洋共同体，共同体会日益发展成应对共同问题的机制。"② 所以，艾奇逊建议美国应该支持英国想加入欧洲共同体的任何倾向，也不希望六国对英国的进入要价太高，认为只要实质上不伤害六国的关系即可。③ 总统肯尼迪在 1961 年 4 月批准了"艾奇逊报告"，报告成为 40 号国家安全备忘录，他的建议被作为国家国防政策的指导性文件，并在整个政府内发布执行。

肯尼迪政府初期，社会上也出现了要求改变狭隘的只支持欧洲大陆一体化的观点。在肯尼迪上任的第一个月里，《世界政治》杂志刊载了林肯·戈登的一篇名为"经济地区主义再思考"的文章。④ 文章敏锐地分析了美国的政策以及 20 世纪 60 年代的形势。文章反对只支持欧洲大陆的一体化，呼吁美国支持全欧洲的一体化方案。有文章指出："全欧洲的一体化，即使在范围上没有六国一体化那么集中，但从长远来看，从美国希望团结世界范围内的盟国的力量这一基本目标的实现来看，全欧洲的一体化要比局限于六国的一体化更容易实现。当前的形势非常危急，甚至威胁到这十年间我们所做的努力，西欧作为自由世界另一个先进生产力、先进技术和先进思想的中心，完全站在我们这一方，而不是

---

① Pascaine Winand, *Eisenhower, Kennedy, and the United States of Europe*, Basingstoke, Hampshire: The Macmillan Press, 1993, p. 152.

② Constantine A. Pagedas, *Anglo-American Strategic Relations and the French Problem 1960 – 1963: A Troubled Partnership*, London, Portland, OR: Frank Cass, 2000, pp. 137 – 138.

③ Pascaine Winand, *Eisenhower, Kennedy, and the United States of Europe*, Basingstoke, Hampshire: The Macmillan Press, 1993, p. 165.

④ Lincoln Gordon, "Economic Regionalism Reconsidered", *World Politics*, January 1961, pp. 231 – 253.

成为第三种力量，这是实质性的。……为了保证美国对外目标的长期运行，加上英国、斯堪的纳维亚国家、瑞士以及新西兰的力量，与仅仅局限于意大利、法国、德国等相比，更能保证共同目标的实现。当然我们也需要德国、意大利和法国作为盟国，他们更倾向于一体化，但与当前的六国相比，包含英国及稳定的民主国家的同盟会更可靠。……美国支持英国加入共同市场的原因之一是英国加入会促进六国的稳定，并会增加对北约的贡献。"① 这一文章反映了面对欧洲一体化的发展部分知识分子的主张。

在大洋彼岸的西欧一体化思想，此时也发生了变化。欧洲派中出现了要求英国加入欧洲共同体的主张，以"欧洲之父"让·莫内为代表。莫内和他的同事长久以来倡导英国加入欧洲一体化。莫内不想推动六国与七国进行协调，认为这会使英国在之后的岁月里加入共同市场更难。他希望英国参与到共同市场中去，并允许共同市场及其新参与者能坐到谈判桌前与美国讨论，在平等的基础上探索针对贸易等问题的共同解决方案。他认为，在美国支付赤字形势严峻的情况下，要求平等更为正确，认为这显示了美国与世界其他地区日益相互依存。② 1958 年 10 月，莫内的行动委员会提醒说："如果把接纳英国和其他国家加入共同体看作是一件重要事情，那么，在接纳这些国家时维护共同体本身的团结和统一也同样重要。""共同体必将得到发展，其中也包括接纳英国在内，但绝不是在（六国和七国）合并这个问题上让步。"③ 在鲍尔提交他的报告一个月之前，莫内组织的行动委员会发表声明，希望共同体不但接受英国，而且也接受其他欧洲国家。莫内在 1961 年初访问华盛顿，打算表达这一见解，但当他把这个观点带到华盛顿时，他发现新政府对此已早有酝酿。

四　肯尼迪政府对英国加入欧洲共同体问题的争论

在肯尼迪政府中，存在"支持"和"不支持"英国加入欧洲共同体的争论。当时，经济学家，也是肯尼迪政府处理第三世界事务的

---

① Ernest H. van der Beugel, *From Marshall Aid to Atlantic Partnership*: *European Integration as a Concern of American Foreign Policy*, Amsterdam: Esevoer, 1966, pp. 358 – 359.

② Pascaine Winand, *Eisenhower, Kennedy, and the United States of Europe*, Basingstoke, Hampshire: The Macmillan Press, 1993, p. 166.

③ 〔法〕让·莫内：《欧洲之父：莫内回忆录》，孙慧双译，国际文化出版公司 1989 年版，第 290 页。

主要人员肯·加尔布雷思认为："英国加入欧洲经济共同体会形成更大的欧洲地区集团，从而对美国带来更大的歧视。"政府内的一些人认同这一观点，认为："去促成一个针对我们的强有力的高关税贸易集团，从而增加我们在国际支付上的困难，那是愚蠢的。"① 而对外政策特别工作组，以及鲍尔和赫脱等大多数人，则支持英国加入欧洲共同体。

在美国的欧洲一体化政策问题上，政府内部也存在着"英国加入欧洲共同体"与"核问题"孰先孰后的争论。鲍尔、邦迪以及国务院的欧洲署等欧洲派认为：关税谈判和英国进入欧洲共同体优先，逐渐转向政治联盟问题以及核问题。政府内以赫脱为代表的国际主义者，主张英国加入欧洲共同体和大西洋共同体同样重要，认为欧洲经济共同体的创立有助于组成一个自由贸易区，应该将大西洋统一体放在首位，他们希望"欧洲一体化在大西洋框架内进行"。而经济学家罗斯托——也是国务院的重要人员和欧洲一体化的支持者，则坚持把核问题放在首位；对于关税谈判的建议，他认为除非核问题首先解决，否则关税谈判能否直接产生政治后果还值得怀疑；他认为只要英国是与美国有关的核大国，谈判就很难进行，他提出多边核力量计划，认为这才是美国真正的方针政策。罗斯托的主张曲高和寡，基本是孤立的。②

虽然在肯尼迪政府内部存在对美国支持英国加入欧洲共同体的不同意见，但是不足以形成障碍。最终，以鲍尔为核心的支持英国加入欧洲共同体的国务院欧洲派占了上风，支持英国加入欧洲共同体的政策自然形成。

第二节　肯尼迪政府支持英国加入
欧洲共同体政策的确立

一　肯尼迪政府宣布支持英国加入欧洲共同体

1961年1月16日，时任肯尼迪政府财政部部长的道格拉斯·狄龙

① 〔美〕小阿瑟·M. 施莱辛格：《一千天——约翰·菲·肯尼迪在白宫》，仲宜译，三联书店1981年版，第584页。

② Pascaine Winand, *Eisenhower, Kennedy, and the United States of Europe*, Basingstoke, Hampshire：The Macmillan Press, 1993, pp. 154－158.

（前经济事务副国务卿）与意大利驻美大使布罗西（Manlio Brosio）会晤，表达了美国政府对欧洲一体化的支持。狄龙说："美国政府和人民支持欧洲共同体从一开始就是着眼于政治意义，即使它在短期内会对美国经济明显不利。我们必须认识到北美和西欧国家巨大的力量：它们高度发展、人口众多（是不包括中国在内的苏联集团的两倍）。依我看来：西方若能快速成功地开发其资源并共同行动，就没什么可担忧的。许多美国人会接受超出现在情况下的美国与西欧多边合作的形式，这将是我们的目标。新的关系将超出单纯的军事合作，而包括政治和经济问题的合作，因为军事合作证明是一种过渡现象。朝鲜战争是一个特别的悲剧，它将美国的思维从实现自由世界政治经济统一的考虑中转移出去，而以纯粹的军事关系优先。"① 同样，肯尼迪也在 1961 年 2 月 15 日给北大西洋理事会的信息中强调："我们继续支持和鼓励欧洲一体化运动，这一运动是强有力的统一的运动，能够增强自由欧洲的实力和声望，保证欧洲人民日益增长的安全和进步，能够更大程度地致力于更广泛的大西洋共同体的目标。"②

　　肯尼迪政府对欧洲一体化的支持仍然偏向于六国经济共同体而不欢迎七国自由贸易区，这是由美国支持欧洲一体化的冷战因素所决定的。时任副总统的林登·约翰逊在 1961 年 4 月 6 日的巴黎讲话中声明："对美国来说，最重要的是保持和加强（北约组织）联盟，保持它在大西洋地区以内的团结和力量以及在这个地区以外采取建设性行动的能力。"他接着说："向一体化的欧洲共同体迈进，将有助于提高这种能力，从而加强北大西洋共同体。需要在一个发展中的大西洋共同体内有一个团结而强大的欧洲，承担当前巨大的任务。过去那种本质上是国家之间的、不密切协调的努力已经不够了。因此，美国对欧洲政治经济分裂的前景感到沮丧……可是更重要的是美国始终对欧洲经济共同体比对欧洲自由贸易联盟更有好感。"③ 因而美国政府希望避免西欧的分裂，希望以六国共同体为核心来加强联盟的团结。

　　鲍尔于 1961 年 3 月底到伦敦出席发展援助小组会议，与英国外

---

① FRUS, 1961 – 1963, Vol. XIII : Western Europe and Canada, Memoramdum of Conversation, February 6, 1961, p. 2.

② Current Affairs 1961, Message from the President of the Unites (Kennedy) to the North Atlantic Council, February 15, 1961, p. 470.

③ 〔英〕瓦特：《国际事务概览（1961 年）》（上），于树生等译，上海译文出版社 1988 年版，第 148 页。

交大臣希思等官员会晤，英国官员向他提出英国加入欧洲经济共同体的问题。希思问："如果英国决定加入共同市场，美国如何反应？"当时因为肯尼迪政府还没有正式确定这方面的政策，所以鲍尔没有这方面的指示，但鲍尔回答说："我们认为这是对西方团结的巨大贡献。"① 一周之后，麦克米伦到华盛顿访问时，白宫的政策证实了鲍尔的这一回答。

1961年初麦克米伦访问华盛顿期间，美国政府正式表明支持英国加入欧洲共同体。应肯尼迪的邀请，麦克米伦在1961年4月访问华盛顿。麦克米伦此行除了要继续加强美英关系之外，摸清美国对英国与共同体的关系问题的态度也是重要的目标。这次访问也为肯尼迪政府正式向英国表明美国的政策提供了时机。

美国国务院极其重视这次访问。在访问之前，国务院准备了一份目标文件，文件分析了英国的国内形势、对外政策和麦克米伦访问的目标，并确定了美国的政策目标。文件指出，在对外政策领域，麦克米伦面临着协调美英关系以及它与英联邦和欧洲大陆联系的复杂任务。麦克米伦将加强北约和促进欧洲的政治经济一体化放于首位。国务院认识到：麦克米伦访问的目标是致力于复活由于苏伊士运河事件而崩溃的美英关系，并会重新提出相互依存。文件认为麦克米伦会在以下问题上争取美国的支持：英国要在欧洲大陆扮演一个角色，尽管这要加强欧洲的政治和经济一体化，但不要把英国的政治特性与大陆融合；英国保持在世界范围内的明显的角色；继续保持英美特殊关系以及与英联邦的联系。文件认为：麦克米伦会特别要求美国修正在六国和七国问题上的立场，要求美国支持七国或至少是乐善好施，要求美国支持当前英国致力于形成两大集团的协定。同时，文件确定了美国的基本目标：（1）使麦克米伦确信我们重视英美联盟以及各种层面上的密切关系。（2）强调美国和英国在北约范围内相互依存的重要性，也强调我们以欧洲经济合作组织来协调政策，以促进经济增长和改善国际收支状况。（3）强调大西洋共同体的政治和经济力量以及统一体的重要性，希望加强英国与大陆的联系，重视六国一体化运动，将其作为使联邦德国更紧密地系于西方、加强大西洋共同体以及促进欧洲一体化的方式。六国和七国的协议方案不能削弱六国政治经济一体化，并要与关贸总协定一致，同时

---

① Robert Kleiman, *Atlantic Crisis: American Diplomatic Confronts a Resurgent Europe*, New York: Norton, 1964, p. 64.

也不要歧视美国的贸易。① 文件确定了美国在认同美英特殊关系的基础上鼓励英国与大陆联系的基调。

1961 年 4 月 4—9 日，肯尼迪与麦克米伦会晤，总统肯尼迪就美国对欧洲一体化的政策作出最有权威的表示。他指出："美国一直在寻求一个强大的、统一的欧洲，但是随着欧洲经济共同体的日益繁荣，美国越来越不能容忍共同体的歧视和保护主义，尤其是那些源于共同农业政策的政策，这对美国来说是主要的问题。美国希望英国不仅能在政治方面加强共同体，而且在经济方面也将会使欧洲共同体进一步面向世界，并降低保护主义。美国的理想是一个包括英国在内的西欧集团，这个集团是扩展到整个北大西洋联盟的自由贸易区。"② 当时，英国政府最大的疑问是："英国决定接近共同体时，与美国的特殊关系是否会继续保持？"③ 在会谈中，肯尼迪一再向麦克米伦保证：英国进入欧洲共同体将加强美英关系，而不是削弱，甚至会使两国关系更加密切。④ 肯尼迪还保证美国会竭尽全力帮助英国进入共同体。为了进一步证实，那天晚上，在接待处，麦克米伦三次到鲍尔处，以询问的口气说："我们要这么做了，我们真的要这么做了。"⑤ 肯尼迪和麦克米伦于 4 月 8 日发表联合声明，指出："我们双方都意识到了欧洲经济上和政治上继续统一的迫切性和重要性。"⑥ 会晤以及声明表明，两国在共同市场问题上暂时达成一致。

麦克米伦从华盛顿回国后，英国政府发言人开始宣传说：美国对欧洲的政策已经发生了重大改变。在 1961 年 4 月 14 日的一次电视访问中，麦克米伦指出："我不愿批评（美国）上届政府……我想新政府会接受七国和六国一旦联合以后会在比较广泛的范围出现的那种对美国货物差别待遇的程度，因为它们会觉得政治利益的基础更牢固。它们的欧

① FRUS, 1961 – 1963, Vol. XIII：Western Europe and Canada, Paper Prepared in the Department of State, March 21, 1961, pp. 1031 – 1034.

② Ernest H. van der Beugel, *From Marshall Aid to Atlantic Partnership：European Integration as a Concern of American Foreign Policy*, Amsterdam：Esevoer, 1966, p. 362.

③ Ibid.

④ Alan P. Dobson, *Anglo-American Relations in the Twentieth Centry：Of Friendship, Conflict and the Rise and Decline of Superpowers*, London：Routledge, 1995, p. 126.

⑤ Robert Kleiman, *Atlantic Crisis：American Diplomatic Confronts a Resurgent Europe*, W. W. Norton & Company, 1964, p. 65.

⑥ *The Dynamics of World Power*, Vol. I, Statement by President Kennedy and Prime Minister Macmillan on Relations with Major Allies, April 8, 1961, p. 687.

洲盟友们形成一个整体，比任何差别待遇更加重要。这是一种转向或改变。"在 4 月 24 日华盛顿的一次记者招待会上，财政部部长狄龙告诉记者，美国准备"付出包括增加贸易壁垒的一切代价，换取一个可以带来政治利益的更加团结的西欧"。《卫报》驻华盛顿记者认为这种说法标志着美国政策的"重大转变"。① 事实上，肯尼迪政府是希望英国加入欧洲共同体会抵消正在形成的法德轴心的离心倾向，并加强美国的主导，以利于冷战。

二　肯尼迪消除支持英国加入欧洲共同体的疑虑

一段时间以来，美国公众、工商界、国会以及其他政府部门对欧洲共同市场的保护主义极其反感，期望英国的加入会使这一地区集团更加开放。但是，它们对英国进入共同体能否产生这一效应心存怀疑，特别是担忧英国进入共同体后会形成更大的保护主义地区组织，这一担忧同样也为肯尼迪所感知。虽然肯尼迪出于政治原因支持英国加入共同体，但他也一直担忧英国加入共同体会对美国经济带来不利影响。当麦克米伦宣布要申请加入欧洲共同体时，这一担忧更加明显，他告诉鲍尔："我认为我们应该通过国务院、财政部和经济顾问委员会对之进行现实主义的细节考查。我已被告知：后果相当严重。你考虑一下这个问题并向我报告，并安排我们应该采取的适当行动。当然，基于政治原因，我的立场是鼓励共同市场的扩展。若这会对我们产生巨大的反作用，这将是我们巨大的责任。"②

鲍尔从英国加入欧洲共同体对美国工业和农业产生的影响角度来说明英国进入共同市场对美国的经济有利，并指出政府已作出保护美国利益的安排。鲍尔分析道："欧自联和共同市场的完全发展将产生两大区域集团，两者内部的贸易将无限制地流动。英国不加入欧洲共同体，这些贸易安排将对美国的出口产生完全的影响。……国务院的考查已经显示：欧洲经济一体化最终的结果将会扩大而非减少美国的出口。……当前的分析显示，英国加入共同市场对我们的工业贸易有利，英国此时的增长率低于共同市场国家，有各种理由相信，英国加入欧洲经济共同体会刺激英国的经济，就像法国一样。……共同农业问题是截然不同的问

---

①〔英〕瓦特：《国际事务概览（1961 年）》（上），于树生等译，上海译文出版社 1988 年版，第 148—149 页。

② FRUS, 1961 - 1963, Vol. XIII : Western Europe and Canada, National Security Action Memorandum No. 76, August 21, 1961, p. 32.

题。实际上，英国加入共同市场倾向于减少保护的水平——之后是减少歧视——因为英国政府致力于消费食品的最低价格。因此，英国加入共同市场对我们的农产品出口是有益的而不是有害的。"鲍尔提出了政府为保护美国利益所做的安排：第一，我们已经设立了各部门间的工作组来追踪谈判。我们计划密切关注谈判，以防出现歧视美国商业利益的任何妥协。同时，我们必须准备起建设性的作用。若需要，我们可能必须提出实质性的建议，来确保我们的利益和目标得到保护。我们设立了特别工作组，这个组由商业部、财政部、劳工、农业部和经济顾问委员会的代表组成。第二，我们仍在进行总体的研究。对各阶段的问题，各部门之间正在进行研究。鲍尔得出结论：我们相信，英国加入欧洲共同体的总体后果将有利于我们的贸易利益。从长远来看，只有一条道路可以尝试——致力于降低共同市场的对外关税水平。① 鲍尔建议以将要进行的关贸总协定的谈判来解决英国进入共同市场产生的任何特定的经济问题，并作为提高贸易自由化的一种方式。② 鲍尔的解释消除了肯尼迪的疑虑，从而坚定了他支持英国加入欧洲共同体的信念。

这样，肯尼迪政府基本确立了支持英国加入欧洲共同体的政策。之后，肯尼迪政府人员在共同体以及六国各方斡旋，争取它们支持英国加入欧洲共同体。

三　肯尼迪政府极力争取各方支持英国加入欧洲共同体

肯尼迪政府对英国加入欧洲共同体的支持是谨慎的，以避免干涉欧洲事务之嫌。肯尼迪政府人员一直宣称英国加入欧洲共同体的决定应该由英国和欧洲共同体国家作出，声称这是欧洲的事情。但是，肯尼迪政府还是以各种方式推动英国加入欧洲共同体，特别是争取欧洲共同体各国和共同体组织的支持。

在共同体各国中，鉴于联邦德国在欧洲一体化中的重要地位，以及阿登纳与戴高乐密切的个人关系，争取联邦德国的支持成为美国政府努力的方向。肯尼迪政府人员一方面强调英国态度的变化，另一方面争取

① FRUS, 1961 – 1963, Vol. XIII: Western Europe and Canada, Memorandum from the Under Secretary of State for Economic Affairs (Ball) to President Kennedy, August 23, 1961, pp. 33 – 38.

② Jeffrey Glen Giauque, *Grand Designs and Visions of Unity: The Atlantic Powers and the Reorganization of Western Europe 1955 – 1963*, Chapel Hill: University of North Carolina Press, 2002, p. 172.

赢得联邦德国对美国在驻军问题和柏林问题上的信任。1961年3月末，鲍尔访问波恩，说明了英国态度的转变和美国对此的信任。鲍尔告诉阿登纳："这是英国几个世纪以来奉行的对大陆政策的转变，并且，美国相信英国目前的观点。"①

1961年4月11日，在麦克米伦访问华盛顿稍后，阿登纳访问华盛顿，这是阿登纳与肯尼迪的初次会晤。在会晤中，就欧洲一体化问题，肯尼迪强调美国政府坚定地支持英国加入欧洲共同体。一方面，肯尼迪保证美国在欧洲的驻军，以赢得阿登纳对美国政策的信任和支持。肯尼迪表示，希望阿登纳明白，美国决心加强北大西洋公约组织，美国部队继续留驻在欧洲和联邦德国，而且宁可加强而不愿削减，他保证美国恪守以前所承担的义务，并且还要继续加强防务。艾奇逊也保证，美国从来没有打算要减少承担防卫义务；如果为了保卫联邦共和国和北大西洋公约组织国家，美国准备动用原子武器进行指挥与控制，但也应该防止错误地动用原子武器。② 另一方面，美国政府着重强调了欧洲一体化与英国的问题，强调英国政策转变的真实性和英国进入共同体的重要性，要求联邦德国支持英国进入共同体。艾奇逊说："总统对欧洲一体化极为重视。一体化一直是我的宏伟目标。我曾认为，英国在不久的将来会加入欧洲经济共同体。尽管英国人还有些装腔作势，麦克米伦墨守成规，但是英国政府中比较年轻的阁僚却抱定参加共同体的目标，主张进行认真的谈判。英国加入欧洲经济共同体是绝对必要的，因为分裂为两个经济集团对政治和其他各方面的气氛也会有影响。美国与西欧的经济关系是非常重要的，这是由于两者之间强烈的相互影响，这种影响会对维护自由世界的政治目标起作用，这方面有许多任务有待解决。"③ 肯尼迪也一再表示："我们已经通知麦克米伦首相：我们希望英国会在欧洲政治经济一体化中起带头作用，英国应该加入欧洲经济共同体……若英国无条件加入欧洲经济共同体，这对大西洋共同体是最好不过的了。"肯尼迪进一补充说："西欧一体化越深入发展，对美国带来的经济问题就越多。然而，为了更强大的大西洋共同体的利益，我们准备接受这些问题。……美国希望在今年年终之前，英国及欧自联国家会以完全接受《罗马条约》的形式加入欧洲经济共同体。"阿登纳和哈尔斯坦

---

① 〔联邦德国〕阿登纳：《阿登纳回忆录（1959—1963）》，上海人民出版社编译室译，上海人民出版社1973年版，第124—125页。

② 同上书，第98—99页。

③ 同上书，第101页。

对英国加入的真实性表示了怀疑。肯尼迪反驳说："我与英国会谈的印象是：它们真正想加入欧洲经济共同体，但英国认为，六国并不都欢迎它加入。我们应该利用我们的影响使英国与欧洲经济共同体进行谈判。"① 会谈公报声明："双方强调了欧洲经济共同体是大西洋共同体强有力的、黏合性的力量，双方一致认为：欧洲经济共同体强大的力量是当前大西洋共同体力量的源泉。"美国与联邦德国政府首脑的会晤及公报表明，两国在政策的大西洋方向上达成了一致，但对英国加入欧洲共同体的问题还未产生明确的结果。

对于法国，肯尼迪积极探索戴高乐的态度，并尽力争取戴高乐的支持。肯尼迪在 1961 年 5 月给麦克米伦的信中答应要探测法国的态度。肯尼迪指出："我会以某种你认为富有建设性的方式向戴高乐提出。这对我来说比较容易些，因为这样不正式。"② 接着，肯尼迪于 6 月访问欧洲，访问的目标便是加强联盟的团结，同时还想摸清法国对英国加入欧洲共同体问题的态度。所以，肯尼迪的访问从巴黎开始，到伦敦结束，以便探测西欧国家特别是法国对英国加入欧洲共同体的态度，之后到伦敦与麦克米伦协商，并讨论整个世界形势的问题。为了做掩饰，肯尼迪这样做的借口是：（对英国）进行一次私人访问，以便参加其小姨（拉齐维尔公主）的命名礼。

1961 年 6 月 2 日，肯尼迪在巴黎与戴高乐会晤。戴高乐强调了六国之间进一步的合作、法德合作、政治联盟问题和加速实行《罗马条约》等问题。对于英国加入共同市场的问题，戴高乐并未作出坚定的回答。戴高乐指出，他也注意了总统的声明和立场，将联邦德国系于欧洲是他支持欧洲共同体的最大的原因。他说："英国优先加入只会是一个障碍，而并不是事实。无论如何，共同市场会敞开大门。"戴高乐解释道："英国不愿完全加入欧洲共同体源于英国的本质和传统；它们总是在七国参加的团体（欧自联）中起掮客的作用。"③ 肯尼迪按计划于6 月 4 日到达伦敦，在与麦克米伦谈到戴高乐的态度时，肯尼迪说："戴高乐非常倚老卖老，非常可爱可亲，非常高深莫测，并且非常固执

---

① FRUS, 1961 – 1963, Vol. XIII : Western Europe and Canada, Memorandum of Conversation, Washington, April 13, 1961, pp. 6 – 7.

② FRUS, 1961 – 1963, Vol. XIII : Western Europe and Canada, Telegram from the Department of State to the Embassy in the United Kingdom, May 23, 1961, pp. 20 – 21.

③ FRUS, 1961 – 1963, Vol. XIII : Western Europe and Canada, Memorandum of Conversation, June 2, 1961, p. 23.

己见。他想得到一切利益——'三边共管制'，北大西洋公约组织的新安排，在导弹和原子弹方面的技术帮助（除了实际的核内容外），但是当要拿什么东西作为报答时，例如，英国考虑到英联邦和英国的农业结构而希望按照合理的条件参加欧洲共同体时，这位将军却又采取了极其严峻的态度。"得知戴高乐的这一不支持的态度，麦克米伦感到有些沮丧，他在回忆录中写道："对于这些，我不禁感到有点失望。我的伟大计划看来已经失败；至少对法国人来说没有取得什么进展，对俄国人来说根本没有取得任何进展。但是，我们必须不屈不挠地坚持下去，而总统的乐观精神使我受到了鼓舞。"①

　　肯尼迪政府人员还与意大利首脑磋商并尽力争取他们的支持。1961年6月12日，肯尼迪与意大利首相范范尼会晤，肯尼迪征求了范范尼对英国加入欧洲共同体的意见。范范尼说："我在去年末麦克米伦访问罗马期间已经转达了意大利的立场。意大利欢迎英国加入共同市场。因为担忧六国和七国的分裂会继续加深，两个集团不但在经济上而且在政治上也会加深。所以意大利支持英国加入。"但范范尼对英国是否真正加入共同体也表示怀疑，他认为："英国的欧洲经济共同体的成员身份是经济的，而不是政治的，因为英国不愿加入超国家的组织。"对于美国的经济利益，范范尼确保意大利会力所能及地考虑美国的利益以及拉丁美洲的利益。②

　　肯尼迪政府人员和驻欧大使积极行动，争取西欧各国和一体化组织的支持。肯尼迪和鲍尔以及美国驻欧大使布鲁斯和道林等政府要员与西欧主要国家和一体化组织领导人讨论了英国加入欧洲共同体的问题，并鼓励西欧国家支持英国加入。1961年5月2日，在鲍尔的邀请下，英国驻美大使皮兰多（David Pitblado）等来到华盛顿，讨论美国对欧洲政治经济一体化的立场问题。鲍尔解释了美国支持英国加入欧洲共同体的原因以及对欧自联国家的立场，他从德国和大西洋框架的角度提出了英国加入一体化的重要性。他指出，他们认为问题是政治性的。德国和法国有强烈的使欧洲经济共同体转向长期的内向性组织的倾向。英国进入共同体会增强欧洲一体化的凝聚力，但他的意思是，是英国而不是外部七国作为一个整体进入共同体。鲍尔又强调了美国政府对包含英国加入

---

　　① 〔英〕哈罗德·麦克米伦：《麦克米伦回忆录（五）：指明方向》，商务印书馆翻译组译，商务印书馆1975年版，第433页。
　　② FRUS, 1961 – 1963, Vol. XIII：Western Europe and Canada, Memorandum of Conversation, June 12, 1961, p. 27.

欧洲共同体在内的大西洋框架的安排，指出："就欧洲一体化的未来而言，英国是对共同体几国具有强大吸引力的一极，只要它在框架之外，就是欧洲一体化进程的破坏力量。然而，我们尊重英国的政治信念。如果它转向欧洲共同体，那么我们一定会将欧洲一体化纳入大西洋联盟之中。"①

综上所述，肯尼迪政府认识到了新的危机形势，从而基本确立了支持英国加入欧洲共同体的政策，并极力争取西欧各国和各种组织支持英国加入欧洲共同体。

第三节　英国申请加入欧洲共同体及其美国因素

一　英国申请加入欧洲共同体

美国的支持坚定了英国加入欧洲共同体的决心，麦克米伦政府加入欧洲共同体的想法开始公开。1961 年 5 月 17 日，英国掌玺大臣希思在下院辩论中的发言最能正面表明英国政府政策的变化。希思的发言大半集中于英国和欧洲的关系。他一开始就明确地将欧洲经济共同体和欧自联特别是英国做了比较。他指出，共同市场拥有较多的人口、较大的人力储备、较高的经济增长率，并且比欧自联和英国吸引着更多的美国投资。然后，他谈到"六国之间的政治协商增多，这给我们和欧洲其余的部分提出了相当多的政治问题"。他认为这是一个长久的问题，并且发展下去会十分危险，"那时我们就能看出我们面临着在整个世界以及在我们的联邦中政治影响下降的危险"②。希思继续说，加入共同体，"我们不仅能一起分享这种新发展的利益和好处，我们本身也能对合作作出很多贡献"。他缩小了英联邦贸易问题、英国的农业和欧自联问题的困难，提出赞成"英国参加共同市场，并成为它的正式成员国"。他说："如果我们要达成协议，双方就必须互相让步，我们可能不会取得我们所希望的一切，可是我们将分享现在我们享受不到的一些重大利益。"他强调了问题的迫切性，指出："随着共同体的发展以及它的各

---

① FRUS, 1961 – 1963, Vol. XIII : Western Europe and Canada, Memorandum of Conversation, 1961, May 2, pp. 10 – 11.

② 〔英〕瓦特：《国际事务概览（1961 年）》（上），于树生等译，上海译文出版社 1988 年版，第 168—169 页。

项政策的具体化，我们要适应共同体新的安排就会更加困难。"英国和欧洲的关系问题是"我们这一代面临的最重要的问题之一"，"这个问题是专门性的和复杂的，对它的各个方面都必须进行仔细的考查"。英国媒介据此认为："现在已经很清楚了，为了加入欧洲，英国准备接受欧洲国家可能有理由要求的任何条件。"①

美国驻英使馆立即发电报告知国务院英国政府的这一公开声明，并高度评价了希思的发言。驻欧大使认为："希思在他的5月17日的公报中，将演讲描述为伟大辩论的开始。这标志着教育保守党使英国转向共同市场运动的开始。这是政府能够作出决定的第一步。"驻英使馆的态度相当乐观，认为英国政府已经作出进入共同市场的初步决定，只要其他几个因素（英国国会和公众的观点，特别是欧自联和英联邦的农业利益）能够得到圆满解决，英国就会申请加入欧洲共同体。并且，欧洲经济共同体委员会也已经形成了对英国加入共同市场的立场，即英国在进入共同市场时的态度是去除欧洲共同体担忧的重要因素。②

之后，英国外交人员在公开场合不断就英国准备加入欧洲共同体这一问题表态。1961年6月16日，英国外交大臣霍姆在对芝加哥对外关系委员会的一次讲话中讲到英国加入欧洲共同体的必要性。霍姆说："我们在谋求一种对欧洲大陆的新关系。我们之所以要这样做有强烈的政治和经济理由。在政治上，英国必须医治过去的创伤，特别是在法德对立上起它应有的作用。……一个联合的欧洲最终会巩固法德之间的和解，这种和解是战后世界的一项重要特征，并会成为吸引同欧洲发展主流割裂开来的那部分欧洲的巨大磁体。对英国来说，相互依存必须包括欧洲的相互依存在内。从经济方面讲，现代工业在一个巨大的市场中才能最有效地运行。在欧洲我们可以有一个拥有两亿五千万人口的内部市场，在这样一个市场里产生的财富将是巨大的。况且，现代科学技术可以得到最充分的发展。工业革命是在英国开始的，我们不要在第二次或者第三次工业革命中落伍，使我们的人民失去发展的机会。"③

同时，麦克米伦政府还积极行动，以争取英联邦国家和欧自联联盟

---

① 〔英〕瓦特：《国际事务概览（1961年）》（上），于树生等译，上海译文出版社1988年版，第170—171页。

② FRUS, 1961–1963, Vol. XIII: Western Europe and Canada, Telegram from the Embassy in the United Kingdom to the Department of State, May 18, 1961, pp. 18–19.

③ 〔英〕瓦特：《国际事务概览（1961年）》（上），于树生等译，上海译文出版社1988年版，第176页。

国支持英国进入共同体。麦克米伦政府人员于 1961 年 7 月分别到英联邦国家和欧自联国家进行游说，结果，在英联邦国家受到的挫折较大，而欧自联国家的反应相对较好。

为了与肯尼迪政府保持联系，最重要的是确保美国政府的支持，麦克米伦于 1961 年 7 月 28 日写信给肯尼迪，指出急需美国的同情和支持。麦克米伦指出："经过长时间的考虑之后，政府已经得出结论：为了保证对英联邦和欧自联的要求作出满意的安排，英国申请加入欧洲经济共同体的预备性谈判是正确的。我将在 7 月 31 日的众议院中作出声明。但是，几个旧的英联邦政府担忧可能产生的后果，这可能源于六国和七国的谈判。这些焦虑以及我们对欧自联伙伴的义务，限制了我们谈判的行动自由。我很难告诉您我们多么需要您的鼓励和支持。我们将不遗余力地争取谈判成功。同时，我希望您让我们随时得知你们在这些问题上的观点，这对我们相当重要。"总统肯尼迪当天做了回复，表达了良好的愿望，并强调了美国对英国决定的坚决支持，表示英国可以绝对依靠美国。①

在得到肯尼迪的保证后，经过与英联邦和欧自联国家的协商，麦克米伦于 1961 年 7 月 31 日正式向下院提出英国政府与共同体六国就英国加入欧洲经济共同体问题进行谈判的决定。麦克米伦指出："经过长期的、认真的考虑，英国政府已经得出结论：如果要作出令人满意的安排以满足英国、英联邦和欧自联的特殊要求，那么，根据《罗马条约》的第 237 条正式申请加入欧洲经济共同体，对英国来说将是正确的。"②"《罗马条约》政治方面的目标是促进欧洲的统一和稳定，这与英国的利益一致，英国不能孑然一身，应该在促进自由世界更加团结的运动中保持自己的地位；要做到这一点，从内部进行活动比从外部更为有效。"③同时，他表示："如果英国与欧洲经济共同体的密切关系损及英国与英联邦其他成员国的历史联系，那将是得不偿失的，所以谈判是必需的。"④麦克米伦的声明得到大多数保守党的支持，8 月 4 日获得了议会的

① FRUS, 1961-1963, Vol. XIII: Western Europe and Canada, Massage from Prime Minister Macmillan to President Kennedy, July 28, 1961, p. 31.
② 张颖：《从"特殊关系"到"自然关系"：20 世纪 60 年代美国对英国政策研究》，黑龙江人民出版社 2005 年版，第 36 页。
③ Current Affairs 1961, Statement by the Prime Minister of the United Kingdom (Macmillan) in the House of Commons, July 31, 1961, p. 515.
④ Ibid.

批准。

　　麦克米伦政府的决定受到多方面欢迎。1961年7月31日当天，欧自联理事会在日内瓦发布公报，表示赞同英国申请加入欧洲经济共同体。① 欧洲经济共同体委员会也作出了积极的反应。1961年8月1日，布鲁塞尔欧洲经济委员会发布公报，认为这一决定标志着第二次世界大战后欧洲政治的转折，表明伦敦重新认同1950年以来的欧洲一体化进程的政治和经济价值观念。公报表示，欧洲共同体与英国政府一样不会忽视即将开始的谈判的意义和困难，将尽力为欧洲经济和政治的统一作出贡献，并加强大西洋双方自由世界的关系。②

　　英国政府于1961年8月9日正式向欧洲经济共同体委员会提出了英国加入欧洲经济共同体的申请。在第二天，即8月10日，肯尼迪总统就在新闻发布会上高度赞扬了这一申请，他说："美国欢迎英国加入欧洲共同体。在两党领导下的美国政府，一直坚定地支持西欧政治经济一体化。我们相信，这一运动的进展会给大西洋共同体带来新的生命力，并加强自由世界的力量。我们欢迎英国加入《罗马条约》，这会促进共同体的经济增长。"③ 随后，英国组成了阵容强大的代表团，被英国政界誉为欧洲派的掌玺大臣希思任团长，代表团成员还有主张促进欧洲一体化的英国驻法国大使皮尔森·狄克逊和艾立克·罗尔等。10月10日，英国与欧洲共同体的预备谈判在巴黎举行。11月18日，就英国加入欧洲共同体的谈判在布鲁塞尔正式开始。英国申请加入欧洲共同体，标志着英国对外政策的重心开始由全球向欧洲转变。

　　那么，美国因素究竟在麦克米伦政府决定申请加入欧洲共同体中占多大分量呢？这要从英国对欧洲政策转变的原因谈起。

二　英国申请加入欧洲共同体的原因

　　在此之前，英国之所以抵制欧洲大陆的一体化，是由其"三环外交"决定的。第二次世界大战后，英国沦为二流国家，但长久的大国心态和岛国位置，使之难以转变其传统的对外政策。因此，第二次世界

---

①　Current Affairs 1961, Declaration Issued at Geneva by the Council of the EFTA, July 31, 1961, p. 517.

②　Current Affairs 1961, Statement Issued by the Commission of the EEC, Brussels, August 1, 1961, p. 518.

③　Current Affairs 1961, Statement Read by the President (Kennedy) at a News Conference, August 10, 1961, p. 519.

大战结束后，甚至在第二次世界大战后期，保持大国地位成为英国对外政策的主要目标，而"三环外交"是战后英国最具代表性的对外政策，并占据了英国外交的主导地位。丘吉尔于 1948 年 10 月 9 日在英国保守党年会上正式抛出此计划，宣称："在此关系到人类命运的变革时刻，在展望我国未来的时候，我感到在自由民主国家中存在着三个大环……对于我们来说，第一环当然是英联邦和英帝国及其所包括的一切；其次是我国、加拿大和其他英联邦自治领以及美国在其中起着重要作用的英语世界；最后是联合起来的欧洲。这三大环是并存的，如果他们连结在一起，就没有任何一种力量或联合足以推翻他们，或者甚至向他们挑战。……我们是在这三环的每一环中都占一部分的唯一的国家。事实上我们正处在联结点上，这个岛国位于许多海运线的中心，或许还是空运线的中心，我们有机会把他们全部连接在一起。"① "三环外交"实质上是通过英联邦、英美特殊关系和英国对欧洲的领导来捍卫英国的世界大国地位。英联邦、英美特殊关系、欧洲，也成为这三环的次序，欧洲是英国外交的最后一环，英国对欧洲仍然是超然度外的制衡战略。20 世纪 50 年代末，"三环外交"趋于破产，具体原因如下。

首先，英帝国殖民体系瓦解。19 世纪末，英国成为日不落帝国，但在经历了两次世界大战之后，英国的实力逐渐衰落。尤其是第二次世界大战结束后，在美苏两强争夺世界霸权和世界民族解放运动的潮流中，英国不得不实行全球战略收缩，但仍然力求保持其大国地位。英国一方面从欧洲次大陆、巴勒斯坦这些难以继续控制的地方撤退；另一方面，在远东、非洲和加勒比海的一些国家与地区，尽量将剩下的殖民地继续置于英国的统治和影响之下。但是 20 世纪 50 年代中期之后，特别是 1956 年英国侵略埃及的失败（苏伊士运河事件）揭示了英国国力下降的严酷事实，同时也暴露了英国对美国的严重依赖和这一依赖的不可靠。意识到英国不再拥有在世界上继续扮演帝国角色的经济和军事能力，英国政府开始从剩下的殖民地全面撤退：在 50 年代中后期，英国结束了对中东和阿拉伯地区的控制；在 50 年代末 60 年代初的非洲觉醒运动中，大批英属非洲殖民地和保护国摆脱了英国的殖民统治；同时，英国在亚洲、南太平洋和加勒比海地区的殖民地与保护国大多数也获得独立。到了 20 世纪 60 年代末，世界上绝大多数英属殖民地获得独立，英国的殖民统治土崩瓦解。在英帝国解体的过程中，大批前英属殖民地

---

① 陈乐民：《战后英国外交史》，世界知识出版社 1994 年版，第 62 页。

附属国加入了英联邦。但是英联邦国家在外交和防务方面的合作与协调越来越困难，在国际政治和基本战略问题上的分歧越来越突出。并且，英国不仅不能再任意把自己的意志强加于英联邦国家，相反，英联邦被一些亚非国家一再用作批评和反对英国政策的重要论坛。英帝国的瓦解和英联邦对英国作用的下降，促使英国逐步重视同欧洲建立更为密切的联系。所以，英国被迫放弃全球外交，实行重点面向欧洲的转变，正如希思所说的："我们能看到我们面临着对世界政治影响衰退的危险。"①

其次，英美特殊关系的重要性下降。英美特殊关系是"三环外交"的重要内容。英美特殊关系是英国的提法，美国虽然也提及，但远不及英国，英国想借助美国的力量来实现自己大国地位的战略目标。但 20世纪 50 年代中期，随着英国经济和军事实力的下降以及国际局势的变化，英美关系在美国全球战略中的地位和作用日趋下降。与美国同其他国家的双边关系相比，英美关系的特殊性也在逐步减弱，特别是苏伊士运河事件期间美国不顾英美特殊关系而多方面向英国施加压力迫使英国撤军，从而使两国的特殊关系濒临崩溃。1957 年上任的英国首相麦克米伦把修复英美特殊关系作为英国外交的首要任务，两国在外交和军事等领域进行合作，艾森豪威尔政府也提供给英国核援助，从而使特殊关系一定程度上恢复，但这也加强了英国对美国的依赖。在一体化问题上，美国支持欧洲大陆的一体化而反对英国的一体化政策，并且与共同体的联系日益增强，这使英国担忧美国可能越过英国而直接与大陆联系。英国和美国外交政策的分歧与英国在美国对外政策中地位的下降更使得这一特殊关系相对失去了色彩。英国政府人员逐渐认识到了特殊关系的不可靠，特别是外交部部长希思更加侧重于西欧，他声称英美"特殊关系"已被"自然关系"取代，他认为，从英国的繁荣、安全和威信考虑，应该把同西欧邻国的关系放在英美关系之前。

最后，英国利益逐渐欧洲化。在"三环外交"中，欧洲是最后一环，在英国对外关系中的地位居于英联邦和美国之后。从历史上看，英国对大陆采取了孤立于欧洲大陆之外的"制衡"政策。但是，20 世纪50 年代末，随着欧洲大陆实力的增强，英国与大陆的政治经济联系逐渐加强，欧洲在英国对外政策中的地位逐渐提高。

第一，英国与欧洲大陆经济关系的加强。第二次世界大战后英国的

---

① 〔英〕瓦特：《国际事务概览（1961 年）》（上），于树生等译，上海译文出版社 1988年版，第 138 页。

内外环境及现实利益，以及地理和历史方面的种种因素，促使英国在
20 世纪 50 年代不自觉地把自己置身于西欧一体化的进程之外，但是迅
速发展的欧洲共同体很快就显示出了对英国的重大意义。英国经济发展
缓慢的趋势在 20 世纪 50 年代后期已很明显，而欧洲一体化的发展促进
了大陆国家的发展，1950—1955 年，法国经济的年平均增长率为
4.4%，意大利为 6.3%，联邦德国为 9.1%，而英国只有 2.9%。①

　　为了与共同体对立而组建的七国欧自联也很快证明根本不能与六国
抗衡，这增强了英国转向欧洲共同体的迫切性。无论从规模上和发展速
度上看，七国的发展都远远落后。在 1960 年，共同体六国的贸易增长
超过了 30%，而包括英国在内的欧自联七国之间的贸易只增长了
16%。② 这一发展导致共同体在美国对外关系中地位的提高。特别是对
于冷战来说，一体化显然有利于西方总体实力的增强，更加有助于美国
全球战略的实施。与此同时，作为一个资本主义大国，随着经济的恢复
和战后工业革命的进展，英国的经济结构和贸易格局与欧洲大陆越来越
接近，与大陆的经济联系越来越多，而与英联邦和欧自联的贸易逐渐萎
缩。在英国的总出口额中，向英联邦国家的出口所占的比重由 1951 年
的 50% 降到 1961 年的 39%，而同期向欧洲共同体国家的输出则由 25%
提高到 32%。③ 1950—1954 年，英国和英联邦国家间的贸易额占英国
出口总额的 54%，1962 年为 30.8%，1968 年则降为 22.7%。英国在
英联邦国家出口总额中所占的比重也同样下降，从 1962 年的 20% 降为
1969 年的 12%。与此同时，英国对西欧的出口迅速增长，从 20 世纪
50 年代末的占英国出口总额的 28.2% 上升到 1966 年的 36.6%，1968
年则为 36.7%，远远超过英联邦国家。④ 1955—1965 年，英镑区国家
在英国出口贸易中所占的比重由 1/2 降到 1/3，而同期西欧和美国所占
的份额由 1/3 上升到 1/2。⑤ 1961 年英国向欧洲大陆出口的货物总量，
第一次超过了向英联邦国家的出口。当时的英国面临着英镑贬值的危
机，经济状况令人担忧，因而，英国需要重订对外经济和金融政策以防

---

①　Wolfram Kaiser, *Using Europe, Abusing Europeans*: *Britain and European Integration 1945 - 1963*, New York: St. Martin's Press, 1996, pp. 30 - 35.

②　金安:《欧洲一体化的政治分析》，学林出版社 2004 年版，第 152 页。

③　陈乐民:《战后西欧国际关系 (1945—1984)》，中国社会科学出版社 1987 年版，第 288 页。

④　赵怀普:《战后英美关系 (1945—1990)》，西南师范大学出版社 1993 年版，第 219— 220 页。

⑤　潘琪昌:《欧洲国际关系》，经济科学出版社 2001 年版，第 292 页。

止发生世界性金融危机。所以，英国政府担忧继续留在大陆的一体化安排之外可能会丧失欧洲经济共同体这一具有活力的市场，从而将目光转向了欧洲大陆，希望加入共同体可以刺激英国的经济，赶上甚至超过大陆国家的发展速度。

第二，英国外交上需要加强与欧洲大陆的联系。英国政府担心，随着欧洲共同体一体化进程的深入发展，如果英国同西欧一体化的联系完全中断，之后世界外交的轴心可能会绕过英国而直接通向欧洲共同体，从而给英国造成严重的损害。当时麦克米伦也心事重重："是否应置身于欧洲联合运动之外，还是为促进这个运动而尽我们的责任呢？是应该保持我们在新世界中的影响，还是在现代世界的巨大的结盟面前听任我们本身的政治与经济力量相对萎缩下去而削弱我们的影响呢？孤立的英国对英联邦盟友是没有多大用处的，我相信他们是明白这一点的。"①

同时，英国政府也注重冷战，十分担忧西欧联盟的分裂。1959年东西方首脑会议的流产使冷战形势趋于紧张。而北约内部在军事政策上的分歧加重了这一危机，英国人认为：欧洲分成两个经济集团只会加剧这种局面。正如1961年4月7日麦克米伦指出的："西欧经济分裂的后果只是刚刚开始在政治方面产生影响。然而，如果这种经济分裂长久存在，政治分裂就会扩大和加深。这迟早并一定会影响我们的军事团结和力量。这将是咬噬西方同盟的一条害虫。"② 因而，英国政府愈加认识到，强大的欧洲经济共同体会削弱英国世界大国的地位，所以，加入这一集团以寻找新的角色成为英国政府的既定策略。

在英国国内，虽然存在着对英国加入欧洲共同体的怀疑，但是，已经有很多富有远见的人认识到英国对外政策需要根本的转变，这在外交部中特别明显。所以，基于上述原因，英国政府转而申请加入欧洲共同体。

三　英国决定申请加入欧洲共同体的美国因素

首先，美国的欧洲一体化政策是英国对外政策向大陆靠近的重要因素。英美特殊关系本来就是"三环外交"的重要一环，英国极其看重英美特殊关系，特别是随着冷战局势的紧张以及英国实力的衰退和英联

---

① 〔英〕哈罗德·麦克米伦：《麦克米伦回忆录（六）：从政末期》，陈体芳译，商务印书馆1980年版，第19页。

② 〔英〕哈罗德·麦克米伦：《麦克米伦回忆录（五）：指明方向》，商务印书馆翻译组译，商务印书馆1975年版，第392页。

邦的不断衰落，英国更希望凭借同美国的关系来维持其大国地位。在一体化问题上，英国的欧洲一体化政策也很大程度上要依赖美国——当时西欧的盟主——的支持，英国希望能借助美国的支持来实行其既定的欧洲政策。但是，如上所述，虽然美英两国的冷战大目标相同，但是两国的具体政策不同，在一体化的方式方面也存在着邦联主义和联邦主义的冲突。所以，从 20 世纪 50 年代初开始，美国开始支持法德和解的大陆一体化，对于英国提出的"大自由贸易区计划"和"欧洲自由贸易联盟"，美国不予支持，这更加剧了英国政策转变的迫切性。而此时，英国也逐渐游离于一体化之外。对于英国试图与欧洲共同体的"搭桥"，美国政府基本上不支持。同时，苏伊士运河事件后美英特殊关系的崩溃，之后虽然经过麦克米伦的修复而相对和谐，但这毕竟使英国认识到了自身实力的衰落和对美国依赖的脆弱性。因而，美国的不支持使英国失去了最后一线希望，从而在欧洲一体化问题上最终陷入孤立。为了摆脱孤立而寻求新的位置，英国外交政策向欧洲靠近。

其次，肯尼迪政府的支持直接推动了英国政府申请加入欧洲共同体。如上所述，麦克米伦在 1961 年 4 月得知美国支持英国加入欧洲共同体的情况下才正式决定申请，之后，麦克米伦政府多次要求肯尼迪政府的支持。并且，英国加入欧洲共同体，重要的目的之一便是巩固它在美国对外关系中的地位。当时麦克米伦担忧："如果我们继续留在共同体之外，不可避免的事实是，我们的美国朋友将越来越重视（欧洲）共同体的观点和利益，而较少关注我们的声音和利益。我们将会发现美国和共同体将在重要的事务上协调政策，而将不愿获得我们的同意，甚至都不愿同我们协商。这意味着我们将同时失去对欧洲和对华盛顿的影响，进而严重损害我们的国际地位。"① 所以，麦克米伦政府希望英国加入共同体后，可以结束共同体和英国长期对立的局面，使英国成为联合的欧洲的解释者和喉舌，既可以在对美国的关系上巩固英国的地位，同时又避免了欧洲大陆的一体化组织对英国采取敌视的态度，并防止美国和欧洲大陆的直接联系。正如 1960 年 7 月和 9 月英国对欧洲政策小组的报告中所说的："外交部支持英国的共同体成员身份，强调政治受益，特别是制止大陆的中立主义和第三种势力倾向，强调美国支持英国进入以及作为共同市场的领导保持特殊关系的可能性。欧自联成员国或者完全加入，或者与共同体建立联系，这样，英国就能获得反对法德统

---

① 金安：《欧洲一体化的政治分析》，学林出版社 2004 年版，第 154 页。

治的力量的支持，从而获得在欧洲的主导地位。但是，如果英国仍然避开法德，将会出现一个更大的大陆集团，他们将代替英国成为美国的主要伙伴，而一个衰弱的英国将不那么对英联邦和欧自联有吸引力。随着英国外交从英联邦转向欧洲以及帝国的其余部分，与欧洲更多的联系会促进经济发展，一个新的世界角色将代替一个衰落的角色。"①

综上所述，若英国自身实力的衰落所导致"三环外交"的破产是英国对外政策向大陆靠近的根本原因的话，那么，在这一根本原因中，美英特殊关系本身就是因素之一。正是美国对英国一体化政策的不支持甚至反对，加深了英国在欧洲一体化中的孤立处境，同时同大陆联系的日益密切，使英国极其担忧英美特殊关系会失效，从而迫使英国外交向欧洲转变。而肯尼迪政府支持英国加入欧洲共同体，推动了麦克米伦政府申请加入欧洲共同体。所以，英国要加入欧洲共同体，一方面要寻求新的角色，另一方面试图维持同美国的特殊关系。美国的政策成为英国决定加入欧洲共同体的驱动力。

---

① Jeffrey Glen Giauque, *Grand Designs and Visions of Unity: The Atlantic Powers and the Reorganization of Western Europe 1955 – 1963*, Chapel Hill: University of North Carolina Press, 2002, p. 160.

第四章 肯尼迪政府支持英国加入欧洲共同体的条件与谈判进程

在申请加入欧洲经济共同体的同时，麦克米伦政府提出了加入的条件，即保护英联邦、欧自联和英国农业的特殊利益，并就这些条件与共同体国家进行谈判。对此，肯尼迪政府提出了自己的条件，即反对英联邦特惠制的扩展、反对欧自联中立国的"联系"、反对保护英国农业的特殊利益。

第一节 反对英联邦特惠制的扩展

一 英联邦特惠制问题的由来

英国政府要求在加入欧洲经济共同体时保护英联邦的利益，这一问题的焦点集中在英联邦关税特惠制上。在两次世界大战之间，特别是1932年渥太华会议以后，英联邦实行了帝国关税特惠制，即在英联邦国家之间实行统一的关税，对外则实行较高的关税。英国是一个工业国家，农产品和工业原料主要从英联邦内以较低的价格购买，并对国内的农产品实行补贴；而许多英联邦国家的工业原料和农产品可以优先进入英联邦市场，避免了外部激烈的市场竞争。如果英国根据《罗马条约》的规定加入欧洲经济共同体，英联邦特惠将会停止，不但英国经济结构本身将要改变，并且就等于从一个特惠区进入了另一个特惠区，英国将不得不实行差别待遇，优待欧洲货物而歧视英联邦货物，这对于严重依赖特惠的英联邦国家来说是难以接受的。因为欧洲经济共同体的共同农业政策是一种对第三国输入的大多数温带食品征收可变动关税的制度，这就使得成本低的外来产品完全不可能逃避关税，所以，这对那些主要输出工业品或温带食品的英联邦国家来说特别突出。例如，新西兰对外输出的一半以上运往英国（大部分是温带食品），失去了英国这一保护市场，其国民经济必然受到巨大的打击，新西兰总理霍里约克认为："《罗马条约》中关于农业的规定将使一些保护正式化和永久化，很大程度地堵塞我们日益增多的农产品在一些可能对我们有极大价值的市场中的出路。把这些规定扩大到联合王国——我们的主要出口市场，对我们将是一种灾难。"① 所以，英联邦国家反对英国加入欧洲经济共同体。1961 年 3 月初，英联邦各国总理会议讨论了英国加入欧洲共同体的问题，新西兰、加拿大以及巴基斯坦等各国代表反对英国加入，要求保全他们的利益，他们指出："如果我们的主要产品进入国际市场的机会有可能减少的话，那么欧洲一体化不可能得到新西兰的全力支持。""只有我们在联合王国的农业利益得到保障的条件下，我们才愿意赞同与欧洲的自由贸易。英国可以和共同市场建立任何形式的关系，但英联邦贸易的现行办法必须保持不变。"②

　　鉴于英联邦的重要性，英国不愿意放弃英联邦而加入欧洲共同体，并极力维护英联邦特惠制。第一，英联邦是英国作为大国的重要标志之一，在英国竭尽全力保全其大国地位的努力中，自然不会轻易放弃英联邦，而现实的情况又不得不转向欧洲，所以英国想在转向欧洲的过程中兼顾英联邦的利益。第二，作为殖民大国，在长期的殖民过程中，英国和英联邦国家形成了密切的经济与政治联系，特别是在经济结构和贸易关系中，联邦体系内的许多商品在内部的流通使双方获益而对第三者歧视，这以英联邦特惠制最为明显；在联邦体系中，英国占优势地位，它的贸易很多是与英联邦国家进行的。英国放弃英联邦，则意味着放弃了殖民遗产。第三，英联邦国家在英国国内有一定的影响，在英国政府中一部分人代表英联邦的利益，英联邦国家和它们的代言人反对舍弃它们而进入欧洲共同体。并且，在共同体形成之时法国前海外殖民地享有的优惠待遇，为英国保护英联邦的利益提供了范例。《罗马条约》签订之时，为了使法国国民议会支持条约，并把法国拉入共同市场，共同体其他五国在具体的经济安排方面对法国作出了异乎寻常的巨大让步。例如，五国同意对法国的海外领地提供金融及经济援助，同意在制定有关公平待遇方面的社会政策时以法国的现行政策为基础，同意在法国财政

---

① 〔英〕瓦特：《国际事务概览（1961 年）》（上），于树生等译，上海译文出版社 1988 年版，第 165 页。
② 同上书，第 166 页。

及金融实现平衡之前维持现行的出口补贴及进口关税水平。[①] 并且，对于荷兰和比利时等国的海外领地，共同体也作出了一定的特殊安排，如在一定时间内与共同体进行联系。

麦克米伦政府为了争得英联邦的支持而不懈努力。1961 年 6 月和 7 月，麦克米伦政府官员分别对英联邦国家进行游说，争取它们支持英国加入欧洲共同体。但结果不尽如人意，英联邦国家大都反对英国加入欧洲共同体，或者提出了条件。英联邦除了在政治经济上的困难外，还有情绪上的困扰。英联邦国家对关税同盟没有兴趣，它们感到，"英国政府已经作出了决定，它们不是来进行双边讨论的，而是来兜售它们的决定的"。[②] 马来亚、锡兰、巴基斯坦和印度总体上认为英国可以自己作出选择，但要求"在可能进行的任何谈判中充分考虑它们的问题"，特别是印度政府认为，联合王国参加《罗马条约》可能削弱英联邦现有的联系并损害联邦的一些发展中国家的经济。它们强调有必要提出充分的保障。非洲的英联邦国家极力反对，它们认为：共同市场现在是对非洲最大的威胁，英国参加共同市场将会使英联邦分裂。英联邦的老成员国都不应该参加欧洲经济共同体，除非能保证欧洲国家对非洲新兴国家的任何财政援助都是无条件的，而不是作为一种为了参加共同市场而进行贿赂的形式。它们担心和共同市场的联系会使它们陷入某种形式的新殖民关系，所以它们反对英国进入共同市场。新西兰、澳大利亚和加拿大的反对尤为激烈。新西兰政府坚持：1976 年之前新西兰产品可以免税输入英国，并有权和英国政府一起参加任何谈判。澳大利亚政府坚持：在英国可能与共同市场进行谈判以前以及在谈判期间，必须充分和经常地协商，而且坚持要完全保持现在英国市场上对澳大利亚货物的一切特惠待遇。加拿大政府也"郑重关注英国和欧洲经济共同体之间可能举行的谈判的含义，以及英国参加欧洲经济共同体对加拿大和整个英联邦的政治经济影响"。[③] 这样，游说者几乎空手而归，英联邦国家的反对情绪依然很强烈。1961 年 7 月 31 日，麦克米伦依然宣布申请加入欧洲共同市场，并表示：英国的长期利益是加入共同市场，并为英联邦

---

① 贾文华：《欧洲一体化进程中的超国家主义与政府间主义之争（1945—1972）》，博士学位论文，中国人民大学，2002 年，第 77 页。

② Miriam Camps, *Britain and the European Community 1955–1963*, Princeton, N. J.：Princeton University Press, 1964, p. 343.

③ 〔英〕瓦特：《国际事务概览（1961 年）》（上），于树生等译，上海译文出版社 1988 年版，第 177—181 页。

作出合适的安排。只有正式谈判才能找到合适的安排。① 这一事实证明，此项决定是不以英联邦国家的同意为条件的。当然，这些反对的声音使麦克米伦政府进一步认识到：在加入共同体时，英国要保护英联邦的特殊利益，才能保证英联邦的继续存在。同时，国内工党以"英国加入会损害与英联邦的关系"为由，反对麦克米伦政府的申请，这就加强了保守党政府为了抚慰英联邦而许诺"在谈判中保全它们的利益"的必要性。

麦克米伦政府力图寻求两全其美的办法：一方面要加入共同市场，另一方面要同英联邦国家协商，许诺保证它们的特殊利益和补偿办法，劝说它们支持英国加入。这就需要与欧洲共同体进行谈判，以寻求对英联邦的补偿办法，从而成了谈判中的英联邦问题。在谈判初期，英联邦问题特别突出。1961年10月10日在开罗举行的预备谈判中，英国谈判组组长希思在开幕词中陈述了英国对英联邦问题的立场，他说："首先，我们希望看到英联邦中的欠发达成员国以及我们的附属领土得到与共同体协作的机会——如果他们愿意的话——其条件应和目前的海外国家与领地将来参加时的条件相同。"如果英联邦国家不愿意与共同市场合作，解决的办法是设法使联合王国的市场继续向它自由开放，如同摩洛哥保留自由加入法国市场的权利一样。要么允许一个非联系国单独自由加入联合王国市场，并把共同关税固定在这个国家和各个联系国双方都能接受的水平上；要么为可可之类的商品确定一个共同的最低关税率或零关税率，这样做对于像加纳那样差不多完全拒绝加入的国家来说是极为重要的。②

欧洲经济共同体六国反对英国保护英联邦的特殊利益。共同体六国认为，既然英国申请加入共同市场，就不能再同英联邦国家保持特殊关系。如果保持这种特殊关系并把它带到共同市场里来，那就会在共同市场内部形成以英国为中心的小集团。同时，如果英联邦进入共同体市场，英联邦各国的产品和共同体一些国家与殖民地的产品在市场上会进行激烈的竞争。所以，无论从政治角度还是从经济角度，共同体六国都不希望英国把英联邦带进共同市场。

---

① Miriam Camps, *Britain and the European Community 1955 – 1963*, Princeton, N. J. : Princeton University Press, 1964, p. 343.

② 〔英〕瓦特：《国际事务概览（1961年）》（下），于树生等译，上海译文出版社1988年版，第48页。

二　肯尼迪政府反对英联邦特惠制的扩展

反对英联邦特惠制的扩展是肯尼迪政府的既定政策，这是因为：扩展特惠制必然会在扩大的共同体中形成囊括英联邦和原共同体在内的更大的地区集团。特惠本身就意味着保护主义，这必然对美国和拉丁美洲的产品形成更大的歧视，这与美国支持欧洲一体化的目标也是背道而驰的。同时，扩展特惠制不符合美国多边自由贸易体系的安排。美国对第二次世界大战后世界经济体系的设想是通过《关贸总协定》的多边谈判来实现自由贸易，具体到西欧，就是通过关贸谈判来降低共同市场的保护主义，实现自由贸易，而特惠制的扩展恰恰是相反的。美国的态度在鲍尔访问英国以及肯尼迪与麦克米伦的谈话中多次表现出来，正如1961 年 8 月 23 日鲍尔给肯尼迪的信中分析的："英帝国特惠制扩展到共同市场，美国的贸易将会在两方面受到反面影响。一方面，允许英联邦自由或优先进入共同市场，将会高度歧视我们的农产品以及拉丁美洲的热带和温带产品。另一方面，允许共同市场国家自由或优先进入英联邦市场将会高度歧视我们的工业品。基于这种原因，美国政府一直向共同市场和英国明确表示：我们不能接受任何将英联邦关税特惠扩展到欧洲经济共同体的企图。同时，我们反对任何英联邦特惠扩展到共同市场国家。"① 美国反对英联邦特惠制的扩展，希望通过关贸总协定的谈判来解决。

在与英国政府官员的会晤中，美国官员一再表示美国对英国加入欧洲共同体的要求。但美国的条件并未为英国所接受，麦克米伦政府仍然坚持维护英联邦的特惠利益。1961 年 9 月 14 日，副国务卿鲍尔和驻法大使布鲁斯与英国外长希思以及英国驻法大使狄克逊（Pierson Dixon）会晤，就当时英国与六国的谈判进行广泛的讨论。鲍尔从美国的经济困难以及美国对欧洲一体化支持的政治经济因素方面阐明了美国的观点。他指出：美国反对英联邦特惠制的扩展，主张采取自由贸易的政策。鲍尔说："今天美国经济衰退——我们的国际收支赤字的问题、自动化所导致的劳工压力以及战后生育高峰所加剧的高失业率。因而面对歧视的前景，国家日益不安。"鲍尔提醒说，尽管美国强烈支持欧洲一体化，

---

① 　FRUS, 1961 – 1963, Vol. XIII: Western Europe and Canada, Memorandum from the Under Secretary of State for Economic Affairs（Ball）to President Kennedy, August 23, 1961, pp. 35 – 36.

但是美国担忧英国进入共同市场会危及美国的出口。美国向欧洲的农产品出口最重要。欧洲是美国最大的市场，农业利益仍然巨大，农业集团是影响美国国会的强大利益集团。农业集团对美国经济和政治的支持是政府总体方案的关键，特别是对于接受总统的 1962 年贸易政策方案来说。鲍尔重复了美国的核心理论："美国一直接受欧洲共同市场所隐含的歧视，但接受这一歧视是有条件的：保持共同体的政治内容以及共同体采取自由政策。原则上说，英国不能继续或在扩大的欧洲共同市场的安排中扩展英联邦特惠制。"但希思坚持要保护英联邦的特殊利益。希思谈了英国对英联邦和欧自联伙伴的义务，举出像新西兰这样的国家与英国相互依赖的问题。他说，英联邦的主要问题集中在加拿大、澳大利亚和新西兰。希思重申："英国将尊重对英联邦的义务，若协议不为英联邦所接受，英国将不加入共同市场。"这样，两人在英联邦特惠方面并未达成一致，但鲍尔和希思达成共识：保持亲密的但非正式的接触。①

美国一再宣布坚持在自由贸易的多边框架内解决问题。1961 年 11 月 6 日，鲍尔与欧自联秘书长菲格斯（Figgures）会晤。鲍尔强调："美国的政策非常清楚，美国反对将任何英联邦特惠制扩展到欧洲经济共同体，甚至反对特惠制在一个扩展的时期继续保持。我们积极探索对特定热带农产品的商业安排。我们已与澳大利亚、新西兰和加拿大就我们反对特惠的立场坦然相商。我们认为所有利益国应该以全球主义的方案解决贸易问题。"②

随着英国申请的被批准和谈判的进行，英国仍然坚持保护英联邦的特殊利益，特别是在 1961 年 10 月举行的预备谈判中希思正式提出这一要求。美国政府意识到它们在英国加入欧洲共同体问题上的条件没有引起英国的重视，国务院在给驻英使馆的电报中提醒：英国对于保持英联邦和欧自联的特殊地位的立场毫无改变，这使政府有些不安。国务院提醒驻欧大使特别是驻英大使布鲁斯说："我们对过去几周的印象是：英国似乎没有郑重考虑我们的观点——需要最终消除特惠安排作为英国和欧洲经济共同体谈判的最终目标。我们将给希思发一封信说明此意。我们希望你会力所能及地在政府的高层中加强这一印象：我们认为这些谈

---

① FRUS, 1961–1963, Vol. XIII: Western Europe and Canada, Telegram from the Mission to the European Communites to the Department of State, September 21, 1961, pp. 40–42.

② FRUS, 1961–1963, Vol. XIII: Western Europe and Canada, Memorandum of Conversation, November 6, 1961, p. 51.

判协议很重要，协议应该保护所有第三国的利益，无论是英联邦国家还是非英联邦国家，都不能建立在这一特惠的基础之上。"①

所以，从英国刚刚申请开始甚至在这之前，美国和英国在英联邦问题上的冲突便出现了，这一问题成为谈判的重大问题。

第二节　反对欧自联与共同体一揽子式谈判、反对中立国的"联系"

一　欧自联问题的由来

英国加入欧洲共同体，势必牵扯到欧自联国家。英国、奥地利、丹麦、挪威、葡萄牙、瑞典、瑞士七国在 1960 年 1 月 4 日签订了《斯德哥尔摩条约》，成立了欧自联，规定到 1970 年欧自联成员之间在工业品方面实行自由贸易。这样，英国加入共同体的同时必须履行公约的义务。

在酝酿加入欧洲共同体的过程中，麦克米伦政府为了争得欧自联盟友的支持，多次许诺保证它们的利益。麦克米伦政府人员说："虽然英国政府在它所进行的双边会谈中只代表它本身讲话，我们向来认为欧自联的利益必须得到保障。关于过去提出和研究过的各种计划，我们在各个阶段都让欧自联的成员国知道全部情况。我们将继续这样做，并且在作出任何最后决定以前都会和你们商量。"② 麦克米伦政府官员采取主动姿态，于 1961 年 6 月游说欧自联国家。欧自联国家为了协调立场多次协商，最终在 1961 年 6 月 28 日的欧自联部长理事会上达成"伦敦协议"。协议重申了欧自联的目标，即从一开始，欧自联的目标就是不仅创立自己成员的自由市场，而且最终取得作为一个整体的欧洲一体化，一个包括 3 亿消费者、对外界采取自由政策的欧洲经济一体化。协议决定：通过一部分欧自联国家申请加入欧洲共同体、另一部分与共同体建立"联系"来实现目标。欧自联国家在谈判中要协调立场，保持一致，直到"制定出对欧自联所有成员国的各种合法利益的令人满意的安排，

---

① FRUS, 1961 – 1963, Vol. XIII: Western Europe and Canada, Telegram from the Department of State to the Embassy in the United Kingdom, October 17, 1961, p. 42.

② 〔英〕瓦特：《国际事务概览（1961 年）》（上），于树生等译，上海译文出版社 1988年版，第 169 页。

而使他们全部参与到一个统一的一体化欧洲市场中去"。① 英国政府也宣布在它的欧自联伙伴的合法利益未得到满意的安排之前，不能抛弃它们。②

1961年7月31日，麦克米伦在下院宣布英国申请加入欧洲经济共同体。当天下午，欧自联委员会在日内瓦召开部长会议，发布声明："欧自联会按照'伦敦协议'的精神，竭力抓住这次机会。欧自联所有成员国宣布希望考查与欧洲经济共同体联系的方式和方法，所有欧自联成员应该参与一个3亿人口的单一大市场。"③ 这样，按照"伦敦协议"的精神，欧自联国家在不改变既定目标的情况下，准备一部分国家申请加入共同体，另一部分则与共同体建立"联系"。

欧自联国家之所以要求与共同体建立不同的关系，是因为它们各自国情不同。英国、丹麦、挪威和葡萄牙是北约的成员，奥地利、瑞士和瑞典则是中立国家。英国是一个世界大国，它的人口和贸易占欧自联的人口和贸易总额的40%以上，它和联盟的其他成员国之间是不平衡的。丹麦甚至比英国还要急于和共同市场商定一种办法，因为丹麦的出口将近60%是食品和牲畜，而欧自联主要注重工业产品的自由贸易。丹麦人不满于这种局面，觉得它们从联盟内部的减税中得不到像其他一些成员国得到的那种利益。同时，丹麦的重要贸易伙伴之一是联邦德国——是丹麦仅次于英国的顾客。1961年4月，丹麦外长曾向英国政府提出，如果英国提出申请，希望把这一决定尽早告诉丹麦，以便丹麦政府能同时提出申请。④ 葡萄牙希望在英国提出申请后也提出申请，但工业的相对落后和海外领土问题，使之在与欧洲共同体建立关系时存在更多的困难。挪威态度谨慎，表现出能够适应英国政策的变化。这样，丹麦仿效英国，于1961年8月1日正式提出加入欧洲经济共同体的申请。挪威于1962年5月2日申请加入欧洲经济共同体。葡萄牙于1962年6月4日提出申请与欧洲经济共同体建立联系。

三个中立国瑞士、瑞典和奥地利，它们不愿放弃中立地位，不愿像

---

① Current Affairs 1961, Communique Issued at London by the Ministerial Meeting of the Council of the EFTA, June 28, 1961, pp. 512 – 513.

② Ibid. , p. 513.

③ Current Affairs 1961, Declaration Issued at Geneva by the Council of the EFTA, July 31, 1961, p. 517.

④ 张瑞映：《疏离与合作——英国与欧共体关系研究》，中国社会科学出版社2007年版，第122页。

英国、丹麦和挪威那样宣布接受《罗马条约》，申请加入欧洲共同体；但是，面对欧自联国家与共同体建立关系的事实，它们又担忧在经济上被孤立。所以，它们要求与共同体建立经济上的联系（association），条件是坚持政治上保持中立，并有随时退出共同体的自由。它们于1961年12月15日提出和欧洲经济共同体建立联系的正式申请。这样，就产生了中立国与共同体建立关系的问题，即"联系"问题。

在谈判中，麦克米伦政府坚持欧自联国家自己为它们参加或协调与欧洲共同体的关系进行谈判，并且要和英国一起加入共同市场，特别是要求中立国与共同体建立联系。而共同体国家对于中立国的联系问题存在异议，这就造成了谈判中的欧自联问题。而肯尼迪政府对此有自己的政策取向。

二　肯尼迪政府反对七国与六国一揽子式的谈判、反对中立国与欧洲共同体的"联系"

肯尼迪政府对欧自联问题的立场，具体来说如下：第一，美国反对欧自联国家一揽子式的与欧洲共同体谈判，而是主张英国首先进入，欧自联问题之后再解决。特别是，美国反对英国或者欧自联国家与共同体达成单纯的商业性协议，从而形成更大范围的保护主义集团，更大程度地孤立美国、歧视美国和拉丁美洲的商品。第二，美国坚决反对中立国加入，反对中立国与共同体建立联系。因为美国支持欧洲一体化主要着眼于政治意义，即对抗共产主义的政治目标、北约的团结和大西洋框架，而奥地利、瑞士和瑞典是中立国，它们的加入必然影响到北约内部成分的均一化和联盟的团结，它们的加入也会销蚀共同体的政治特征，这与美国支持欧洲一体化的目标是对立的；同时，联系还会形成更大的特惠贸易区，从而歧视第三国特别是美国的贸易。所以，美国认为"联系"是"只从共同市场中受益，而不接受《罗马条约》的政治义务"的投机主义，会损害第三国的经济利益。第三，美国政府希望欧自联问题通过经济合作与发展组织来协商，并运用贸易扩大法通过关贸总协定的谈判途径来解决。下面，具体阐述肯尼迪政府对欧自联问题的立场。

六国和七国问题自从欧洲经济共同体与欧自联两个组织产生时便出现了。欧自联成立后甚至在酝酿的过程中，为了避免孤立，英国就曾提出七国欧自联与六国共同体合并的建议，以及英国甚或欧自联与共同体建立联系关系的"搭桥"。从一开始，美国就反对英国提议的七国与六国合并的想法，担忧七国和六国合并会撇开美国形成更大的地区集团；另外，美国也反对英国或七国与六国的"搭桥"，认为这样是将特惠制带进共同体，特别是会歧视美国的贸易。

肯尼迪政府时期非常关注这一问题。在酝酿支持英国加入欧洲共同体的过程中，就涉及了欧自联问题。在麦克米伦结束访问华盛顿的三天之后，即1961年4月12日，国务院就发给美国驻欧洲大使馆电报，指出了政府对"六国和七国问题"的立场，以此作为美国在此问题上的官方立场。电报指出：对于欧自联问题，如果英国制定出与六国仅包括商业协议的联系，这会给我们造成严重的问题，因为它会产生附加的商业歧视，同时也会削弱六国。英国加入欧洲共同体必须使六国和我们满意，这涉及英国或欧自联转向欧洲一体化运动的义务，不仅涉及固定的条约义务，而且包括长期的变革性政治义务。①

肯尼迪政府人员也多次向英国政府强调这一立场，以避免七国要求同时进行谈判或同时加入。1961年5月2日，在鲍尔的邀请下，英国驻美大使皮兰多等来到华盛顿重点探讨美国对欧洲一体化的立场问题。鲍尔鼓励英国加入欧洲共同体，指出："德国和法国有强烈的使欧洲经济共同体转向长期性的内向性组织的倾向，英国是这一进程中带来凝聚的力量，只要它在框架之外，就是欧洲一体化进程的破坏力量。如果它转向欧洲组织，我们将保证将之纳入大西洋框架之中。"同时，鲍尔强调："1. 是英国加入欧洲共同体，而不是外部七国作为一个整体加入。2. 若谈判是以一揽子式的展开，那么就没有什么共同标准，并会大大削弱最终的结果。这样谈判一开始就可能被打破。谈判应该一步一步地进行。3. 对于六国和七国的协调，瑞士和瑞典必须接受欧洲经济共同体这一事实，必须接受《罗马条约》的义务和责任。美国不会降低标准。"② 5月13日，肯尼迪也写信给麦克米伦直接指出："我们希望你对欧自联问题分阶段处理。"③

麦克米伦政府不得不严肃对待美国的立场，加上欧洲共同体国家对这种七国与六国合并或者一揽子式解决的办法根本不感兴趣，所以，英

---

① FRUS, 1961 – 1963, Vol. XIII : Western Europe and Canada, Circular Telegram from the Department of State to Certain Missions in Europe, April 12, 1961, pp. 4 – 6.

② FRUS, 1961 – 1963, Vol. XIII : Western Europe and Canada, Memorandum of Conversation, May 2, 1961, pp. 10 – 11.

③ 〔英〕哈罗德·麦克米伦：《麦克米伦回忆录（五）：指明方向》，商务印书馆翻译组译，商务印书馆1975年版，第421—422页。

国政府放弃了这一想法。挪威、丹麦和葡萄牙单独申请加入共同体。这样，避免了七国与共同体一揽子式的谈判，中立国的联系就成为棘手的问题。

在英国还未申请之前，肯尼迪政府就开始关注"联系"问题。1961年6月7日，奥地利外交部部长克莱斯基（Kreisky）写信给美国国务卿腊斯克，指出在英国加入欧洲共同体的同时，奥地利、瑞士和瑞典国家需要找到与欧洲经济共同体的联系方式，以此探测美国在此问题上的立场。腊斯克的回信重申美国支持共同市场的政治原因，表明美国对欧自联问题的立场，强调："我们继续反对整体的商业解决。欧洲贸易和商业的发展，特别是他们特殊的优先安排或歧视性协议，会大大影响我们致力的明年的扩大贸易法。因而，我们力主：解决方式要最大限度地有利于欧洲一体化的目标，而减少对第三国的贸易或商业的影响。我们一直设想经济合作与发展组织作为大西洋共同体密切合作的工具。它应是解决英国加入欧洲共同体所产生的问题的基本工具。经济合作与发展组织若能完成这一宏大的愿望，那么大西洋共同体就不会在经济上或政治上分裂。"①

随着英国和丹麦申请加入欧洲共同体，虽然欧自联中立国还未正式申请建立联系，但是联系问题已经引起肯尼迪政府的关注。1961年10月27日，国务院发给驻欧大使一份指示，全面阐述了国务院在联系问题上的想法，要点如下：

第一，"我们对扩大了的欧洲经济共同体的政治目标是：主要的欧洲国家更加密切地团结起来，基于经济同盟的共同体原则而致力于相同的政治目标。我们对欧洲经济共同体与欧自联作为一个整体进行谈判的立场是：计划给英国单独谈判以最终扩大的机会。但是国务院认识到……英国承担着对欧自联其他伙伴的义务，他们表示要保卫他们的利益，并且明确表示成功结束英国与欧洲经济共同体的谈判将依赖这一问题是否会令人满意地解决"。

第二，国务院认为欧自联与欧洲经济共同体的联系对美国是不利的，因此坚持反对欧自联国家与共同体的联系，指出："欧洲经济共同体之外的国家讨论经济问题的方式是按《罗马条约》的238条款下的联系。联系产生的结果与我们的欧洲目标相反。'联系'只会导致'特

---

① FRUS, 1961 – 1963, Vol. XIII: Western Europe and Canada, Letters from Secretary of State Rusk to Foreign Minister Kreisky, July 1, 1961, p. 29.

惠安排'。很明显，没有定义联盟的最大规模，联系国数目的日益增长会使共同体负担加重，会毁坏其有效性和在政治经济领域的效力。经常争论说美国能够支付由于新的联系带来的一两个附加的歧视，但从长远来看，增多的联系国会形成欧洲范围的特惠贸易集团。很明显这不是我们的利益所在，这会遭到美国商业团体的强烈抵制。当前这些国家提出的在扩大了的欧洲经济共同体内的成员身份的替代措施——联系，在未来同样不受欢迎，因为他们强烈的保守主义及中立倾向必然会减缓政治一体化运动。"

第三，国务院赞成用经济合作与发展组织作为最终解决的方法，指出："在国务院看来，一个能避免或最小化上述困难并且能够取得我们的政治目标——更密切的一体化以及统一的欧洲国家团体——有希望的方法是有效地利用经济合作与发展组织。……美国准备利用经济合作与发展组织考查成员中出现的问题，以及欧洲经济共同体之外的第三国出现的问题。"

国务院认为，尽管欧自联中立国可能在1962年1月申请联系身份，但对此提出建议将有助于减缓这些压力，所以尽早地分析这一问题非常有利。指示再次强调"要保持总体的解决方案，而不是包含联系或商业性质的欧洲经济共同体成员身份"。同时，国务院也想以此统一口径，以避免外交人员在此问题上的不一致，并指示各驻欧使馆密切注意动向，与国务院保持紧密的联系。①

随着三个中立国即将申请与欧洲经济共同体建立"联系"，"联系"问题成为更加现实和棘手的问题。基于这一形势，国务院于1961年12月20日发给美国驻瑞典使馆关于"联系"问题的指示，进一步明确了政府的立场。具体指示如下：

第一，指示分析了联系对美国的不利，"除了我们本来关注的欧洲经济共同体的扩展对美国以及第三国出口的歧视，以及这些歧视对政府1962年贸易扩大法的影响外，国务院一直深切地关注：联系可能侵蚀欧洲共同体的政治内容。美国希望在经济一体化的基础上进行政治一体化。联系只是接受了欧洲共同体有限的商业安排，不是国务院所坚持的欧洲一体化的概念"。"美国支持并致力于北约框架内西方国家共同防御敌人。所以不可能忽视这一事实：我们与欧洲中立国在这一核心问题

---

① FRUS, 1961 – 1963, Vol. XIII : Western Europe and Canada, Circular Telegram from the Department of State to Certain Missions in Europe, October 27, 1961, pp. 43 – 45.

上的政策是冲突的。这一不同不是我们与欧自联冲突的根源。我们关注的是他们坚持经济中心，他们可能成为欧洲一体化进程中的特惠先例，中立者已经表明：他们必须在经济政策领域保留完整的自主权，即坚持中立政策，这可能源于对《罗马条约》238 条款表面的解释。"

第二，指示认为，"英国政府极力保护欧自联的特殊利益，它将面临继英联邦之后的又一两难选择，并会被谴责为'与中立国交易'。而英国全力争取欧自联和英帝国建立与共同体相同的联系，这无疑会产生一个新特惠区"。

第三，美国政府倡议：欧洲经济共同体团结一致并降低关税，是解决非共同体成员国问题的有效方法，并且能够扩大共同体的市场、增强其经济动力。美国提交给国会的 1962 年贸易扩大法就是要通过与共同市场的谈判来建立一个免税机制，扩大共同体与非共同体成员的贸易，增加对中立国和第三国的吸引力。

第四，指示提醒大使：国务院仍然会重视美国的利益。所有大使应该行动起来，积极参与考查英国进入共同市场所引起的经济问题。在之后的几周，应参加这些问题的目标性分析。国务院不赞同"联系是不可避免的"的建议。[①]

这样，在英国申请加入欧洲共同体的过程中和谈判初期，甚至在欧自联中立国正式申请与共同体建立联系之前，暴露出的欧自联问题已经引起了肯尼迪政府的高度关注，肯尼迪政府基本上确定了对这些问题的立场。

第三节　反对保护英国特殊的农业利益

农业问题是谈判的重大问题之一。农业问题一部分是英国国内农业问题，一部分则与英联邦问题联系在一起。

英国国内农业问题源于英国的农业政策和共同市场的共同农业政策的不同。英国是一个工业国和商业国，农产品长期依赖从殖民地进口，是世界上最大的食品进口国，对国内农业则实行"亏损补贴"。亏损补贴制度是：第二次世界大战后，英国政府一方面每年从国家预算中拨大

---

① FRUS, 1961 – 1963, Vol. XIII: Western Europe and Canada, Telegram from the Department of State to the Embassy in Sweden, December 20, 1961, pp. 53 – 56.

笔款项补贴给地主和农业资本家，以保证他们的利益（在20世纪60年代初，政府的补贴占他们净收入的80%以上）；另一方面，允许英联邦各国农产品自由输入英国，同时又使农产品价格维持在国际农产品价格水平以下。而共同市场则严格控制进口，在价格下跌时用国家收购的办法来维持国内的高价格政策，并要逐渐实行共同农业政策，农产品在市场上自由贸易，对外建立共同关税。所以，英国要加入欧洲共同体，农业产品价格向共同市场的价格调整，取消对价格的补贴，这必然会损害农民和农业集团的利益。而在英国，农业利益集团是政府内部的重要利益集团，它们是否得到满足关系到国内农业联盟对保守党的支持。1961年7月20日，英国全国农民联合会会长哈罗德·伍利说："在我们尚不知道共同体各国同意我们认为必要的条件以前，我们当然不能进行。"保守党有理由认为，由于这个问题，保守党在一次选举中可能失去80个席位之多。① 这样，英国政府必然要尽力争得农业集团的支持。

为了赢得农业利益集团的支持，麦克米伦政府向代表农业集团利益的议员保证，在和欧洲经济共同体作出任何安排之时，农民的利益一定得到保障。在1961年5月17日的演讲中，希思进一步重申：第一，共同体农业政策的"详细试行办法还未决定"，且"有迹象表明共同体可能准备考虑修改当前的建议……以使其适应我们的情况"。第二，英国的农业，"情况良好，可以考虑参加一种共同的农业政策，只需这种参加是根据平等的条件。英国农民是有本领的，有竞争力的"。第三，需要经过"一个长时期——也许八年或者更多的时间"，农业的共同市场才能完全实行。② 所以，英国在进入共同体时，不想也不能立即完全改变其农业机制，或在改变时要求一个长期的过渡期，并作出许多保留，同时，英国还想在进入共同体之后影响共同体的价格机制。这遭到了六国特别是法国的反对，法国是个农业大国，它在这一价格体系中的利益最大。因此，农业问题成为谈判的重要问题之一。

农业问题还表现为英联邦农产品问题。1962年初，欧洲共同体六国达成共同农业政策协定，这一协定与英国的目标和想法差距甚大。按照共同农业政策的有关规定，进口农产品的关税收益将上缴共同体财政。由于英国从第三国进口食品量比六国总量还要多，因此对共同

---

① 〔英〕瓦特：《国际事务概览（1961年）》（上），于树生等译，上海译文出版社1988年版，第153—154页。

② 同上书，第169页。

体的财政支出要比从农业和其他基金那里得到的补贴高得多。所以，英国政府坚持加入共同体之前共同农业政策要做几点修改，但被法国拒绝了。英国政府在农业联系问题上遭遇失败。六国想将英联邦的出口利益和英国农业区别对待，并将英联邦农产品出口和英国农业问题分开谈判，英联邦农业出口问题即时谈判，英国国内农业问题留待后来解决。

这样，英国加入欧洲共同体对英联邦国家的农业有不同程度的影响。英联邦中澳大利亚和新西兰两国受影响较大，它们在经济上必将遭受损失。澳大利亚希望英国西欧共同市场能为它提供更多出口机会。农业是新西兰的主要产业，英国加入共同体对新西兰损失最大，但出于政治上的原因，新西兰原则上支持英国加入共同体，它说服了英国和共同体六国把它作为特例对待。加拿大对英国出口依赖性不大，它长期执行的是多边贸易自由化政策，不太喜欢共同体、欧自联这样的地区性经济集团，认为英国加入共同体不太合时宜。英联邦的亚洲成员国中，巴基斯坦和马来亚希望获得更多出口西欧的机会。斯里兰卡和新加坡等国则主要关心特别产品的出口，如茶、丝、麻。印度政府认为英国加入共同体可能会削弱英联邦的政治团结。英联邦非洲成员国尽管担心英国加入共同体会影响它们的出口，但基本上不反对英国加入共同体。① 在谈判中，关于英联邦农产品出口英国的问题谈判起来异常艰难。

美国反对保护英国特殊的农业利益，坚持英国农业政策必须向共同市场的农业政策转变，同时必须照顾第三国尤其是美国和拉丁美洲的利益。因为英国农业问题与英联邦问题联系在一起，所以，对美国的立场不再赘述。

综上所述，肯尼迪政府既支持英国加入欧洲共同体，又对英国的加入提出了条件，从而使政策体现出既支持又限制的双重性。美国和英国虽然在英国加入共同体这一点上达成一致，但是，两者政策的条件却完全对立。英国坚决要保全英联邦、欧自联和英国农业的利益。而美国坚持英国完全进入共同市场，完全接受《罗马条约》的政治和机制性义务，反对保护英国的特殊利益。这样，在英国加入问题上，谈判的双方英国和欧洲共同体的政策各异，特别是美国也对英国的加入提出了自己的条件。

---

① 张瑞映：《疏离与合作——英国与欧共体关系研究》，中国社会科学出版社 2007 年版，第 125—127 页。

第四节　英国与欧洲共同体谈判的进展

一　1961 年 10—12 月的谈判：英国提出谈判的条件

1961 年 10 月 10 日，英国代表团与欧洲共同体部长就英国加入共同体的问题举行预备会议。在会上，希思表达了英国要加入欧洲共同体的愿望和希望保护的特殊利益。他声明："英国全心全意想成为共同体完全的一员，希望在建设共同体的过程中起完全的作用。英国接受《罗马条约》的第二条款和第三条款的目标，包括消除内部关税，实行共同关税和共同商业政策，以及共同农业政策。"① 同时，希思提出了英国加入的条件："第一，英国不能在削弱它与英联邦的关系甚至解散英联邦的条件下加入共同体，应该寻找一种英联邦不会由于英国政策的改变而受伤害的体系。第二，我们一直在探索结束欧洲分裂的方法，现在希望通过某些国家加入欧洲共同体，另一些国家与之建立联系，来结束欧洲的分裂。除非照顾到英联邦和欧自联的利益，否则我们不能自己加入。第三，英国希望进入共同市场时保护国内的农业利益，并且英国事先向英联邦和国内农业集团保证：共同市场的农业政策会由于英国进入后的新形势而做出调整。"② 预备会议没有讨论希思提出的条件，准备在 12 月 8 日和 9 日召开的部长会议上再作讨论。

1961 年 11 月 18 日正式谈判拉开帷幕，六国不想让步，同时共同体六国忙于共同农业政策问题和共同市场向第二阶段过渡的问题。按计划，共同市场将在 1962 年初过渡到第二阶段，但在共同农业政策方面没有达成一致，进展相对缓慢。六国不准备在它们的共同农业政策达成一定的具体协议之前讨论英国进入的问题，特别是法国担心进行谈判或者英国进入后，共同农业政策会受到英国和联邦德国的抵制，因而坚持除非共同农业政策的具体细节达成一致，共同市场才能进入第二阶段。按《罗马条约》的规定，在进入下一个阶段之前，欧洲共同体成员国

---

① Current Affairs 1961, Statement Made by the Lord Privy Seal of the United Kingdom（Heath）at a Meeting With Ministers of the Members of the EEC, October 10, 1961, pp. 521 – 527.

② Ibid.

必须全体一致通过，所以，若法国以共同农业政策为由反对进入第二阶段，这势必造成共同市场的挫折。六国也想在共同农业政策问题解决后，与英国谈判时统一立场和观点。联邦德国在选举之前也不准备进行任何正式的讨论。并且，法国、比利时和荷兰的殖民地与共同市场的特殊联系将在1962年末到期，六国正在讨论新的条例，它们不想因英国进入而带进新的特殊联系，从而拖延当时的联系问题。所以，欧洲共同体着重内部事务，不打算在1961年末就英国加入的条件郑重地进行谈判。这样，直到1961年末，只是英国提出某些条件和双方的试探，谈判没有在具体问题上展开。

二　1962年1—7月的谈判：英联邦问题

1962年1—4月，英国代表团与六国的农业部部长、外交部部长以及欧洲共同体委员会其他官员在布鲁塞尔进行谈判。这个阶段的谈判主要围绕英联邦温带产品的差额补贴制度转变到共同体的维持农产品高价制度在时间与程序安排上的问题。六国坚持：尽管应该作出适当的过渡期和其他安排，但英联邦特惠制应该终止，坚决反对作出会削弱共同市场的让步。谈判取得一定进展，双方同意从5月8日起将会谈由探索阶段推进到谈判阶段。在此期间，英国于1962年3月2日也正式申请加入欧洲煤钢共同体，并于3月5日申请加入欧洲原子能共同体。

从1962年5月8日开始的部长级会谈进行得很不顺利，因为英国要求在废除英联邦特惠制时要有一个相当长的过渡期，并且要求六国立即发表声明支持肯尼迪总统普遍降低关税壁垒的计划；对于27种重要的进口物品，如铝、铅、木制纸浆等，要求全部免税；对于来自英国旧时属地的进口农产品，则要求在协议中为它设想在共同体以外相当多的出路，而且如果在世界协议范围内还未找到出路而过渡期业已届满的话，应当延长过渡期，甚至修改协议。共同体国家都不同程度地反对英国的这一要求，意大利进行调停，主张把这些问题交给各个代表小组去处理，这才避免了危机的爆发。英国和共同体六国迅速达成了关于废除英联邦工业产品特惠的过渡期的协议。但这项协议遭到印度、巴基斯坦和锡兰等英联邦亚洲国家的抗议。这样，谈判中最严重的问题，即从英联邦温带国家进口农产品的问题首先提交讨论。从6月拖到7月，谈判没有任何进展。英国代表仍然要求六国担保这些农产品得以在某种限度的平等条件下进入共同体市场。六国则始终坚决反对这一要求。7月23日和24日，六国制定了一套代替办法，规定一个逐渐减少的过渡期，而不是英国人所要求的无尽期地承担义务，另外提出打算采取一种"合理的价格政策"。六国建议从 1963 年开始讨论缔结一项世界性的广泛协定。在 7 月 23—27 日以及 8 月 1—7 日举行的两次谈判中，双方没有在原则问题上达成重要协议。接着便是休假期，谈判休会。

谈判的前景并不乐观。六国对英国提出的条件不同程度地反对，法国的反对尤其强烈。在谈判中，戴高乐坚持：英国不能逃避《罗马条约》或六国共同体之间的任何协议，所有过渡性的安排必须在 1970 年条约完全执行时结束；英国必须单独进入，不会有对英联邦的长期保证。他认为英联邦将会危及共同农业政策。在谈判开始两个星期后，戴高乐就警告说："尽管法国没有拒绝英国进入欧洲共同体，但英国必须自己进入。"①

1962 年 1 月，欧洲共同体成员国就共同农业政策达成协议，该协议结合了法国所主张的国家支持价格的办法，于是，有关英联邦贸易特惠制与英国农业问题就更加严重了。1962 年 3 月 19 日，法国—阿尔及利亚停火协议生效，阿尔及利亚实现了和平，法国卸下了一项重大的外交负担。这时，戴高乐放手发动了一场更加有力的外交攻势，力争恢复法国的辉煌。整个 1962 年，他向美国在北约组织联盟中的领导地位提出了挑战。英国在有关大西洋战略和北约方面都站在了美国一边。在 1962 年 5 月召开的外长会议上讨论柏林问题时，戴高乐和阿登纳主张坚决不能作出让步，而英国继续支持美国，主张谈判解决。在雅典的北约会议上，英国加入美国的行列，争取北约实行新的指导方针，这与法国的反对立场相对立。在这次会议上，美国国防部部长提出了新的北约战略——强调传统力量，新的北约战略使法国更加怀疑美国，认为不能再完全依赖美国的核武器来防卫欧洲。这些都无助于英国与欧洲经济共同体的谈判。戴高乐在提到华盛顿和伦敦时，表示不信任"盎格鲁—撒克逊人"，并把英国在欧洲的角色看作美国的"特洛伊木马"。总之，法国的欧洲一体化政策是以法德合作为核心的，美法冲突和美英特殊关系使谈判更加复杂化。

戴高乐与阿登纳密切的个人关系以及他们在对英国加入共同体方

---

① Jeffrey Glen Giauque, *Grand Designs and Visions of Unity: The Atlantic Powers and the Reorganization of Western Europe 1955 – 1963*, Chapel Hill: University of North Carolina Press, 2002, p. 169.

面达成的某些一致，也增大了谈判的难度。特别是两者都致力于政治联盟计划而怀疑英国加入共同体的真实目的。在 1961 年 5 月 20 日戴高乐与阿登纳的会晤中，两人谈起英国向欧洲政治和经济一体化靠拢的问题。戴高乐反对英国进入政治联盟，他强调说："如果英国参加进来，其目的不是诚心诚意地进行合作，尽不了基本义务，而是想充当一个仲裁者……因为英国今天是，而且永远只是一个岛国，而法德两国却是身居欧洲大陆之上，二者有着天壤之别。"① 阿登纳表示赞同。

麦克米伦政府认识到法国是谈判的关键。为了争取戴高乐的支持，1962 年 6 月 2—3 日，英国首相麦克米伦在巴黎拜会法国总统戴高乐。他们强调双方观点的一致，并希望布鲁塞尔的谈判最终会取得圆满成功。但是会谈未得到戴高乐对支持英国加入欧洲共同体的保证，戴高乐仍然深信，英国在面临选择时总是联美而不是联欧。并且，戴高乐进一步与阿登纳密切会晤，酝酿两国友好条约。1962 年 7 月 2—8 日，阿登纳在法国进行国事访问，双方在一体化问题上达成了相对一致。同时，六国共同体的一体化进程在加速，1962 年 7 月 1 日，欧洲经济共同体加速削减关税：工业品减税 50%，农业品减税 65%。这些状况都不利于谈判的进展。

三　1962 年 9—12 月的谈判：农业问题

1962 年 9—12 月这段时间，参加谈判的共同体六国与英国的部长共举行了四次会议。会议的第一阶段主要是农业政策问题，即调整英国的农业政策以与六国相适应的问题。英国代表提出把他们的亏损补贴制度保持到商定的期限晚期为止（他们开头要求的期限为 12 年），还要求对小麦、蛋类、猪肉和家禽给予特别照顾，以使英国的生产者在整个过渡期享有一种固定的保证价格。而六国的生产者则希望维持国内的市价，特别是法国和联邦德国两国的农民反对降低农产品的价格，甚至引起了一些骚动。六国坚持任何成员国的农民都不能享有特殊地位，并于 1962 年 10 月 25 日发表反对建议：把 1970 年 1 月 1 日定为过渡期的终止日期，要求英国在加入共同市场的那一天立即转入共同体农产品的价格系统；坚持英国的小麦价格应该立即提高到共同体现行的最低价格

---

① 〔联邦德国〕阿登纳：《阿登纳回忆录（1959—1963）》，上海人民出版社编译室译，上海人民出版社 1973 年版，第 121—122 页。

（从英国现价每吨 20 英镑提高到每吨 34 英镑）。这些建议在英国引起了强烈的反对，希思也认为这完全不可能接受。①

六国在共同农业政策方面进展缓慢，达不成对英国的价格机制方面的统一立场，一定程度上拖延了谈判。六国的经济结构不同：法国农业占相当大的比重，且保护主义较为严重；相对来说，联邦德国工业比例较大，更加注重自由贸易；比利时、荷兰和卢森堡的情况也各不相同。所以，在共同农业政策的具体规定方面，各国的立场不同。六国在商定具体农产品的价格时长时间达不成一致，在农产品的价格和如何分配征自共同体以外的农产品税收上也存在争议。特别是法国外长坚持，在共同农业政策问题取得满意的成果之前，法国对于来自温带的农产品所达成的协议保留自己的主张。②

共同体六国部长在 1962 年 12 月初的会议上商定了一项与英国进行农业谈判时共同遵守的政策。在 12 月 10—11 日的谈判中，六国作出了一些让步，其中最重要的一点是把英国采取共同体农业制度的时日推迟到英国下一届议会大选之后，并且成立一个由曼斯霍尔特主持的委员会，以调查英国的农业建议和六国的反建议对经济的影响。希思仍然坚持原来的立场，不接受六国提出的这一期限，但认可曼斯霍尔特委员会。这样，至 1962 年末，英联邦问题和英国农业问题的谈判并没有实质性的进展，谈判陷入技术性争端之中。

四　欧自联问题的进展

英国的欧自联盟国也分别与欧洲经济共同体进行了谈判。其中，丹麦与六国的谈判进展较为顺利，分别在 1962 年 1 月、2 月、6 月、7 月和 11 月进行了几次部长级会谈，但丹麦外交大臣与六国外长在布鲁塞尔进行会谈时表示，丹麦只肯和英国一同加入欧洲经济共同体。挪威与经济共同体的谈判没有丹麦进展的顺利，但也表示参加与否由英国最终是否加入共同体而定。葡萄牙由于存在海外领地问题，它的申请议案到了 1962 年 2 月被无限期地搁置。

三个中立国提交了与共同体建立联系关系的申请后，着手准备与欧洲经济共同体进行谈判，尤其是奥地利最为积极。但是，中立国的申请

---

① 〔英〕瓦特：《国际事务概览（1961 年）》，上海市政协编译工作委员会译，上海译文出版社 1983 年版，第 201 页。

② 同上书，第 183 页。

遭到了共同体内外的强烈反对，主要是因为它们的中立立场。斯巴克曾在1962年1月的演说中谴责"他们希望接受《罗马条约》规定的一切经济利益，却要逃避它的经济责任和政治义务"。① 同时，由于美国在此问题上向六国和英国施加了相当大的压力，所以联系问题就更加难以处理。虽然六国曾经在1962年5月中旬向中立国发出谈判的邀请，但是中立国提出的"政治中立"和在一定条件下"可以退出联系"的条件遭到了六国的反对，当然也更为美国所不容。

这样，英国的欧自联盟国与共同体谈判的最终结果一方面要受英国谈判结果的影响，同时它们也存在自身不同的特殊条件，另一方面还要受到美国的压力，从而使得欧自联问题的进展总体上并不顺利。

五 谈判的僵局

从1962年中期开始，英国国内外的形势恶化，影响到了谈判的进展。一方面是工党的反对，另一方面是民众支持率的下降。在申请之初，为了争取公众的支持，麦克米伦政府强调英国加入欧洲共同体的经济利益，而轻描淡写加入的政治含义。工党领袖盖茨科尔反对英国加入共同体。当谈判难以进展之时，特别是在保护英联邦、欧自联和农业的利益问题进展缓慢时，工党加紧利用加入共同体的政治"不利"和技术僵化，反对麦克米伦政府的政策，并鼓动民众反对英国加入共同体，他们强调：英国加入共同体会使主权丧失并疏远与英联邦的关系。1962年6月7—8日，英国下院就英国和欧洲经济共同体的谈判问题进行辩论。英联邦关系大臣邓肯·桑兹声称："如果这种加入要求以解散英国民族大家庭作为代价，那么英国将不参加欧洲经济共同体。"② 形势不容乐观的另一方面则来自国内民众对加入欧洲共同体的支持率的下降。在申请之初，英国公众的大多数或者支持英国加入共同体或者中立，但是从1962年中期开始，他们开始日益关注加入的期限。谈判的条件之争和进展的缓慢，也使英国人对加入共同体的怀疑发展到高度危机的程度。12月12日的一次民意测验表明，英国选民赞成参加共同市场的百分比，自10月之后已从41%下降到29%，而反对者的百分比则从25%

---

① 〔英〕瓦特：《国际事务概览（1961年）》，上海市政协编译工作委员会译，上海译文出版社1983年版，第229页。
② 〔联邦德国〕阿登纳：《阿登纳回忆录（1959—1963）》，上海人民出版社编译室译，上海人民出版社1973年版，第176页。

上升到37%。① 公众对工党的支持率日益上升，这不利于保守党的竞
选。另一种打击来自英联邦各国总理会议。在会议上，由于总理认为英
国即将加入欧洲共同体，所以，他们最大限度地争取各自的利益并攻击
麦克米伦政府。新西兰、加拿大、巴基斯坦、印度以及南非等英联邦国
家的首脑宣称，英国加入共同体会使英联邦消失，甚至会转向美国的轨
道，或导致新殖民主义。② 同时，麦克米伦政府为了在下次大选之前结
束谈判，急于推进谈判的速度，这更加剧了谈判的难度。这样，国内外
形势的严峻使英国政府的任务更加复杂，谈判代表不得不强调在条件问
题上的立场。

　　谈判最大的困难是戴高乐。戴高乐反对英国加入欧洲共同体，特别
是在1962年末，戴高乐的国内外基础更加巩固，从而加强了他反对的
力度。在10月的国会选举中，戴高乐主义者获得了2/3的选票。1962
年12月15日，戴高乐赢得了法国的选举，这一切使他获得了前所未有
的强大的国内基础。阿尔及利亚战争结束后，法国不仅卸下了一项外交
的重担，而且也为法国与第三世界国家合作以抗衡超级大国开辟了道
路。同时，他还努力确保阿登纳的支持，在与阿登纳的会晤中，两人达
成一致：英国只能以共同体所坚持的条件加入，不能保持它与英联邦的
联系而使共同市场改变。戴高乐还与阿登纳酝酿法德友好条约，加强双
方的合作。1962年12月中旬，在麦克米伦与戴高乐的会晤中，麦克米
伦曾经试图以英国加入的"优势"来诱导戴高乐，指出："欧洲需要与
英联邦的联系以提高它在世界的影响。法国和英国能够限制超国家主
义，并使欧洲成为与美国平等的伙伴，成为一种能对付苏联的力量。"
在最高级会议上，麦克米伦也争辩说："在面临苏联威胁的情况下，谈
判的成功会让欧洲在全球事务中有一个声音，并且开辟广阔的英法合作
的领域，而失败会导致英国重新考虑它的整个对外政策。成功会修复一
体化进展的所有方面，包括政治联盟，而失败会导致总体的停滞。"③
甚至英国政府曾暗示进行法英核合作以及"欧洲与美国的独立和相互

---

① 〔英〕瓦特：《国际事务概览（1961年）》，上海市政协编译工作委员会译，上海译文
　　出版社1983年版，第203页。

② Miriam Camps, *Britain and the European Community 1955 – 1963*, Princeton, N. J.: Prince-
　　ton University Press, 1964, pp. 438 – 446.

③ Jeffrey Glen Giauque, *Grand Designs and Visions of Unity the Atlantic Powers and the Reorgan-
　　ization of Western Europe 1955 – 1963*, Chapel Hill: University of North Carolina Press,
　　2002, pp. 182 – 183.

依存"，但是，戴高乐并没有为其所动。到 1962 年末，随着会议限制到技术问题，谈判逐渐陷入僵局。戴高乐的政治联盟计划由于小国的反对而受挫，这也增强了戴高乐对英国的怀疑和反感。

从 1958 年再次执政起，戴高乐就走访西欧各国兜售其政治联盟计划，在 1961 年和 1962 年特别积极。1961 年 2 月和 1961 年 7 月六国国家元首和政府首脑会议在波恩举行，成立了以克里斯蒂昂·富歇为主席的政治委员会来起草条约条文。1961 年 10 月 9 日，法国政府提出建立欧洲经济共同体六国政治联盟的条约草案，即"富歇第一方案"，内容为：发展外交、防务和文化方面的共同政策，设立政府首脑或外长理事会、欧洲议会和欧洲政治委员会（由政府高级官员参加）。[①] 五国特别是比、卢、荷小国难以接受草案中的邦联主义性质，所以，"富歇计划"历经修改。1962 年 2 月 18 日—19 日，产生了"富歇第二方案"，在条约中增补了有利于进一步确保欧洲共同体的条款，规定："该项条约不得变更有关建立欧洲煤钢联营、欧洲经济共同体和欧洲原子能联营条约的条款，特别是不得变更成员国的权利和义务、这些共同体机构的职权，以及上述这些条约对于共同体职能的规定。"戴高乐邦联主义的政治联盟计划遭到了比利时、荷兰和卢森堡等国的反对。1962 年 4 月 17 日，六国外长在巴黎举行会议，荷兰和比利时外长要求英国立即参加关于政治联盟的进一步谈判，拒绝与戴高乐在英国成为共同市场的正式成员之前继续进行有关政治联盟的谈判。荷兰外长伦斯博士指出："如果共同市场仅限于六国，这是因为只有六国曾准备追求政治一体化的目标。如果他们现在建议要放弃这——体化的目标，而以邦联为目标，那就没有理由不邀请其他国家——特别是英国——参加讨论。"[②]比、荷、卢等小国之所以坚持英国必须加入，是因为它们认为政治联盟计划实质上是邦联性质的欧洲联盟，是企图损害《罗马条约》中被奉为神圣的超国家主义的欧洲一体化，并企图在北约组织内创立成一个独立的西欧防务集团，从而威胁到北约内盟国的团结；更关键的是它们担忧政治联盟会完全被法国控制，而英国加入欧洲共同体可以使英国以及与英国有特殊关系的美国成为制衡法国的力量。这样，小国的反对使政治联盟计划暂时告一段落。

---

① 〔联邦德国〕阿登纳：《阿登纳回忆录（1959—1963）》，上海人民出版社编译室译，上海人民出版社 1973 年版，第 218 页。

② 〔英〕瓦特：《国际事务概览（1962 年）》，上海市政协编译工作委员会译，上海译文出版社 1983 年版，第 154 页。

对于戴高乐的政治联盟计划，英国多次表示希望参与其中。在1962年4月10日的西欧联盟会议上，英国政府官员声明："英国要求介入欧洲政治联盟的讨论。我向你们保证，英国进入欧洲共同体不是要破坏这一工作，或以任何方式破坏欧洲政治联盟。我们仍然希望有机会与你们协商，并在最终达成一致之前参与评价条约的草案。"① 之后，麦克米伦政府多次要求参加欧洲政治联盟的讨论。麦克米伦认为，英国加入欧洲经济共同体，可以得知政治联盟的进展情况，以影响这一进展。英国一旦加入共同体，可在政治联盟中起积极的建设性作用。② 英国的这一意念更增强了戴高乐的戒备。

美国对政治联盟计划态度的变化也引起了戴高乐对英美特殊关系的反感。起先，美国对政治联盟计划采取了谨慎的保留性支持态度。美国国务院在1961年11月给各国大使的一份通告中指出："我们获悉法国大使所起草的计划似乎对维护一体化的目标有促进作用。美国政府认为：西欧六国在防务领域中发挥的作用和在北约内发挥的作用，这两者之间存在的不协调和不一致比在经济领域和在经济合作与发展组织中存在的要严重得多。只要承认北约可发挥更广泛的作用，那么六国之间进行安全防务的合作就会被接受，并被认可。"③ 1962年政治联盟计划被拒绝后，美国政府对政治联盟的态度也发生了变化，1962年5月，腊斯克宣布，法国"富歇计划"与美国长期支持的欧洲一体化的思想观念是相对立的。美国对政治联盟计划的否定增加了法国政府对美英关系的担忧。

这样，就政治联盟问题，在欧洲共同体内部形成了对立：法国积极致力于政治联盟计划，反对英国加入共同体；比利时、荷兰、卢森堡等则坚持英国加入后再谈政治联盟问题，它们的反对使政治联盟计划受挫。特别是美国最后也否定了政治联盟计划，这更增强了戴高乐对英国加入共同体会危及法国的欧洲大陆主导地位的危机感，从而使戴高乐更加反对英国加入共同体。

① Current Affairs 1962, Statement Made by the Lord Privy Seal of the United Kingdom (Heath) in the Council of Western European Union, April 10, 1962, pp. 536 – 596.
② Miriam Camps, *Britain and the European Community 1955 – 1963*, Princeton, N. J. : Princeton University Press, 1964, pp. 415 – 416.
③ FRUS, 1961 – 1963, Vol. XIII : Western Europe and Canada, Circular Telegram from the Department of State to Certain Missions, November 3, 1961, pp. 48 – 49.

第五节　肯尼迪政府所做的努力

一　与谈判双方反复磋商

(一) 各方运筹、争取支持

随着英国正式申请加入欧洲共同体以及谈判的到来，英国加入共同体的各个问题逐渐现实化，并成为谈判的焦点问题。这一时期，肯尼迪政府一方面推动各方支持英国加入共同体，另一方面更加强调自己的条件，希望谈判最大限度地按照美国的政策方向进展，希望英国按照美国的要求加入共同体。

为了表明对欧洲一体化特别是对英国加入欧洲共同体问题的立场，肯尼迪政府人员不断发表声明，以推动英国加入共同体，同时最大限度地保护美国的经济利益。在英国政府向欧洲经济共同体委员会正式提出加入欧洲经济共同体的申请的第二天，即 1961 年 8 月 10 日，肯尼迪即刻在新闻发布会上发表声明，表示欢迎"麦克米伦首相号召英国成为欧洲共同市场成员的谈判声明"，同时强调美国关注欧洲共同体的扩展对第三国的利益问题，并会密切注意那些"谈判期间影响我们的经济利益和那些在本半球和其他地方的友好国家的经济利益"的问题。肯尼迪表示希望欧洲共同体建立在广泛的和与所有其他国家日益增长的贸易关系的原则基础之上，希望正在日内瓦进行的、欧洲经济共同体和英国都参与其中的关贸总协定的谈判，会有利于共同目标的实现。[①] 8 月 15 日，时任副国务卿的切斯特·鲍尔斯就英国加入共同体的问题致辞。他强调了欧洲一体化特别是英国加入共同体的重要性，认为英国过去的统治者的身份在欧洲的存在会意义重大，"英国加入共同体后能够控制欧洲，能够使各方妥协从而达成一致"。鲍尔斯也指出了英国加入共同体在经济方面对美国的不利影响，即"这又意味着（共同体）将成为高关税区，会将别的商品挡在外面"。所以，鲍尔斯希望英国加入欧洲共同市场，但同时希望不会带来高关税，并降低共同体在经济上的不利影响。[②] 1961 年 11

---

① Current Affairs 1961, Statement Read by the President (Kennedy) at a News Conference, August 10, 1961, p. 519.

② Current Affairs 1961, Reply Made by the Under Secretary of State (Bowles) to a Question Asked Following an Address before the National Press Club, August 15, 1961, p. 520.

月 22 日，阿登纳第二次访问美国，肯尼迪再次游说阿登纳。肯尼迪重申美国强烈支持通过欧洲经济共同体、煤钢联营共同体和原子能共同体来加强欧洲一体化运动。公报声明：总统和总理在欧洲共同体对加强与完善整个大西洋共同体的重要性方面达成一致。① 在 1962 年 3 月 23 日的新闻发布会上，肯尼迪再次声明："我们相信，如果大英帝国成为一员，将有助于欧洲的政治稳定和经济福祉。……我们认为，自由世界以及共同体的利益，将由于英国成为欧洲经济共同体的一员而得到最大的满足。"② 国务卿腊斯克也表示："我们希望现在进行的谈判会最终将英国带进欧洲经济共同体，这会增强一体化和共同体的生命力，同时有利于扩大国际贸易，并保护非成员国的合法利益，在我们看来，这一结果将大大加强自由世界的力量。"③ 这些声明表明了美国支持英国加入欧洲共同体的决心，也宣传了肯尼迪政府在英国加入共同体问题上的具体政策。

同时，肯尼迪政府人员还与谈判双方官员积极协商，宣传美国在英联邦、欧自联等问题上的立场。1962 年 1 月 8 日，肯尼迪总统与联邦德国经济部部长艾哈德在白宫会晤，就欧洲经济共同体扩展的问题进行了广泛的讨论。肯尼迪强调，在共同体扩展的问题上应该避免共同市场与前殖民地的特惠安排，避免伤害拉丁美洲的利益，希望谈判双方会从大西洋共同体的大局出发，利用经济合作与发展组织等来解决谈判中出现的问题。肯尼迪强调联盟的团结一致对于对抗苏联来说是十分重要的。④ 1 月 12 日，副国务卿鲍尔与英国外长希思会晤，希思仍然坚持在英联邦和欧自联问题上的立场，表示英国已经宣誓会承担对欧自联伙伴的政治义务，所以，英国不会让欧自联盟友失望。希思表示不希望美国让英国在欧洲经济共同体和欧自联两者之间作出选择。鲍尔直接对此进行了反驳，坚持肯尼迪政府的立场，主张通过贸易扩大法和关贸总协定的谈判来解决这些问题。鲍尔再次强调："在英联邦问题上……长期的安排必须与合理的全球结构相符合，中期的过渡安排要和长期条款相吻

① Ernest H. van der Beugel, *From Marshall Aid to Atlantic Partnership*: *European Integration as a Concern of American Foreign Policy*, Amsterdam: Esevoer, 1966, p. 365.

② Current Affairs 1962, Reply Made by the President (Kennedy) to a Question Asked at a News Conference, May 23, 1962, p. 603.

③ Current Affairs 1962, Reply Made by the Secretary of State (Rusk) to a Question Asked at a News Conference, May 8, 1962, p. 598.

④ FRUS, 1961 - 1963, Vol. XIII: Western Europe and Canada, Memorandum of Conversation, January 8, 1962, pp. 56 - 59.

合。我们必须集中于我们的长期目标，贸易立法会有助于英联邦问题的解决。贸易立法能够解决中立国合理的贸易要求。我们会通过关贸总协定的谈判来考查这些问题。国务院只希望英国采纳我们的立场。"① 为了统一和坚定这一立场，国务卿腊斯克立即将之传达给驻欧大使作为指示。

随着谈判的进展，各个焦点问题越来越具体化，美国在这些问题上的利益也引起了政府和经济部门的关注，因而，肯尼迪政府人员更加强调这些问题的解决要保护美国的利益。美国农业部部长弗里曼在经济合作与发展组织农业委员会部长会议上提出共同体发展的保护主义倾向，强调："需要保证美国农产品进入欧洲经济共同体。"② 肯尼迪也一直强调："我们将与欧洲经济共同体进行困难的谈判，特别是在农业领域。"③ 鲍尔在1962年3月30日访问欧洲，在宣传美国的总战略的同时，鲍尔在伦敦公开表示强烈反对欧自联三个中立国家（奥地利、瑞士和瑞典）与欧洲经济共同体之间的任何联系，认为这会冲淡欧洲共同体的政治团结，并将因其在欧洲创立一个特惠关税区而损害美国的利益。鲍尔声明："新的欧洲共同体必须坚决限制在北约范围之内，并且是统一的、联邦性质的，而且要顺从美国的世界观。"鲍尔的声明在伦敦激起了强烈的反对，被视为美国干预谈判。希思在西欧联盟理事会的演说中特别强调："英国认为，中立国应当参加以欧洲经济共同体为核心的政治共同体。"④

这样，英国坚决坚持它的特殊利益更加引起了美国对共同体扩展中自身利益的关注。在英国加入欧洲共同体的问题上，以及在欧洲一体化的其他问题如戴高乐的政治联盟问题上，肯尼迪政府的立场与比利时外长斯巴克、欧洲经济委员会主席哈尔斯坦等一些关键的欧洲一体化主义者的立场比较一致，特别是与斯巴克更加接近。斯巴克也担忧：英国、丹麦及其他国家加入共同市场以及中立国寻求联系，与法国政治联盟的草案加在一起，会使共同市场扩展，而代价是政治一体化的死亡。他感

① FRUS, 1961–1963, Vol. XIII: Western Europe and Canada, Circular Telegraph from the Department of State to Certain Missions, January 12, 1962, pp. 64–65.

② Current Affairs 1962, Statement Made by the Secretary of Agriculture (Freeman) at the Ministerial Session of the Committee for Agriculture of the OECD, November 19, 1962, p 616

③ Current Affairs 1962, Reply Made by the President (Kennedy) to a Question Asked Following His Address at the Economic Club of New York, December 14, 1962, p. 620.

④ 〔英〕瓦特：《国际事务概览（1962年）》，上海市政协编译工作委员会译，上海译文出版社1983年版，第165—167页。

到:"美国在当前的讨论中有至关重要的利益,因为如果欧洲一体化运动转入歧途,我们不但会失去我们所看中的政治目标的大部分,而且还会损害我们的贸易利益和商业利益。"① 对于戴高乐的反对,斯巴克也焦躁万分,在 1962 年 2 月访问华盛顿期间,斯巴克直接告诉鲍尔:"只要戴高乐掌权,就没有真正的政治一体化复兴的机会,戴高乐不想让英国进入,因为这可能威胁到法国在共同体中的领导地位。"斯巴克认为谈判还限于确定立场以及一些相互的攻击,还没有开始真正的谈判。在中立国问题和特惠问题上,斯巴克、艾哈德等人与美国政府的观点基本一致。斯巴克支持美国在中立国问题上的观点,反对中立国与欧洲共同体联系的解决方案,认为中立国要求的联系"实际上是要求被允许进入,并且要选择他们条约中喜欢的东西而拒绝不可接受的条款",认为"这一安排会阻碍欧洲一体化的进程"。② 腊斯克和鲍尔等在 1962 年 4 月 9 日与哈尔斯坦的会晤中指出:"中立国问题是一个留到谈判最后阶段解决的问题,美国打算用扩大贸易法解决中立国问题,并强调欧洲的协议不应对拉丁美洲以及第三国的发展带来影响。"这一观点得到了哈尔斯坦的赞同,并且,哈尔斯坦极力主张美国介入谈判,认为美国对共同市场施加压力会有帮助。③

对于是否直接介入谈判的问题,虽然哈尔斯坦主张美国直接介入,艾哈德、斯巴克等也比较支持美国政府的立场,但是美国国务院还是在这一问题上进行了慎重的思考,最终认为直接介入谈判并非明智之举。国务院在 1962 年 4 月 27 日给驻欧大使的电报中作出指示,分析认为:(1) 因为六国的观点完全不同,并且英国在争论中也起关键作用,所以我们不能陷入任何支持或反对的争议中去。任何美国站在一方的迹象都会使复杂的形势进一步复杂。我们应该明确表示我们对此置身于外。(2) 我们能通过声明我们有三个愿望来处理这一问题:希望成功结束英国和欧洲经济共同体的谈判;希望六国在政治和防务领域团结一致、取得进展,以加强北约和北大西洋联盟;希望看到与政治现实和时代氛围相一致的最紧密团结的组织的形成。(3) 之后,我们应该谨慎明确

---

① FRUS, 1961 - 1963, Vol. XIII: Western Europe and Canada, Telegram from the Embassy in Belgium to the Department of State, November 29, 1961, pp. 52 - 53.

② FRUS, 1961 - 1963, Vol. XIII: Western Europe and Canada, Telegram from the Department of State to the Embassy in Belgium, February 23, 1962, p. 67.

③ FRUS, 1961 - 1963, Vol. XIII: Western Europe and Canada, Memorandum of Conversation, April 9, 1962, pp. 75 - 76.

地指出，这是六国和英国自己谈判的问题，美国在这一问题上的任何表达可能都是无助的。国务院认为："这个时候，美国公开地介入只会导致被指责。斯巴克显然有足够的能力自己取得进展。"这一结论是建立在国务院对斯巴克的评价基础上的，国务院认为：第一，斯巴克似乎已经理解了希思在西方联盟的声明，斯巴克想让英国加入共同市场；他认为没有英国的欧洲是不完整的，没有英国的平衡，小国家将被迫依从巴黎—波恩轴心。他进一步认为，戴高乐可能阻碍英国加入欧洲经济共同体，之后进行政治联盟的建设。第二，斯巴克也为法国和戴高乐创建邦联主义欧洲的思想所困扰。第三，他想在法国不阻碍的情况下保证让英国加入欧洲经济共同体，英国和法国要承诺：政治机构要建设成更超国家性质的。国务院指出："斯巴克对于英国和法国的目标是我们坚持的，斯巴克会保证英国进入欧洲共同体和政治联盟条约不侵蚀共同体超国家主义的本质。"① 因而，肯尼迪政府采取了明哲保身但又不超然度外的做法，表面上不直接介入谈判，实际上力促斯巴克在谈判中代表美国的立场。

（二）就谈判条件向麦克米伦摊牌

虽然没有直接介入谈判，但肯尼迪政府还是坚持在英国加入欧洲共同体问题上的条件。麦克米伦访问美国，以寻求美国的支持。肯尼迪政府在表示支持英国加入欧洲共同体的同时，表明了美国在这些问题上的条件。

1962 年 4 月 27—29 日，麦克米伦到华盛顿访问，美国政府高度重视，在欧洲核问题、东西方关系问题、裁军问题方面做了规划，并重点强调了英美关系问题和英国申请加入欧洲共同体问题。

在英美特殊关系问题上，文件指出："英国正在调整其欧洲政策，英国加入欧洲经济共同体势在必行，美国希望欧洲实现一体化，这将为英国发挥领导地位提供富有挑战性的机会。"② 为鼓励英国加入共同体，文件指出："我们应该明确指出，英国进入欧洲，语言、文化、共同观念的纽带是密切我们关系的坚实基础。"③ "历史已经进入麦克米伦必须采取巨大定性的时刻，麦克米伦和其团队已经做出转向欧洲的决定，但

① FRUS, 1961 – 1963, Vol. XIII: Western Europe and Canada, Circular Telegram from the Department of State to Certain Missions in Europe, April 27, 1962, pp. 82 – 84.
② FRUS, 1961 – 1963, Vol. XIII: Western Europe and Canada, Scope Paper Prepared in the Department of State, April 20, 1962, p. 1064.
③ Ibid. , p. 1065.

他们对英美关系仍有顾虑，在这个关键时刻我们应该指出：英国进入共同市场不可避免。任何对英美关系的重新定义都要等到英国与欧洲一体化的关系确定之后。英美关系将被置于这种更大范围内的范畴中，所以我们应该集中于美国与欧洲的关系纽带，强调美国和英国应该发展与欧洲新的、变化的、更为密切的关系。"①

　　关于英国加入欧洲共同体问题上美国的立场，文件指出，在下列问题上，美国必须持反对立场：（1）要求帝国特惠制在共同市场中永久化，不这样的话保守党不会得到议会的支持；（2）寻求美国支持欧洲自由贸易联盟与共同市场的联系。在这两大问题上，美国坚决反对。（3）如果麦克米伦在"戴高乐会反对英国加入欧洲经济共同体"问题上寻求美国的帮助，总统可以明确表示戴高乐的反对效力不大，并且可能导致美英联合反对法国，同时还有欧洲其他盟国——共同市场其他五个成员国的强大压力。② 由此可见，美国对于支持英国加入欧洲共同体的条件很分明，也十分坚定。

　　在肯尼迪与麦克米伦的会晤中，英国加入欧洲经济共同体的问题成为讨论的主要内容。麦克米伦强调英国必须照顾英联邦和欧自联朋友的利益，他列举了英国加入共同体的困难，以争取肯尼迪政府的支持或至少是中立。他强调了英国成功加入共同体的重要性，指出："若英国成功了，它会在欧洲起更大的作用，使欧洲更向美国靠近；如果失败了，英国的整个政策将被重新思考。这将卷入一场愤怒的重新评价之中。如果一些希望英国待在外面的国家的观点占了上风，这会意味着欧洲在追求一种内向型的政策，会转向查理曼大帝的岁月。"麦克米伦提出了他面临的两个重要问题：一是布鲁塞尔谈判；二是劝说英国人民相信加入共同体是与他们的传统和利益相一致的。麦克米伦强调，在英国国内，仍然存在一部分强大的甚至疯狂的反对英国加入共同体的观点。同时，麦克米伦以自由贸易为由，力劝美国支持英国进入共同市场，他指出："所有英国的影响可能用于自由化，因为自由贸易是英国的古老传统。若英国被拒绝了，它将会尽力建立起更多的特惠，并像过去一样以战斗来争取生存。"③

---

①　FRUS, 1961 - 1963, Vol. XIII : Western Europe and Canada, Scope Paper Prepared in the Department of State, April 20, 1962, p. 1065.

②　Ibid. , pp. 1065 - 1066.

③　FRUS, 1961 - 1963, Vol. XIII : Western Europe and Canada, Summary of Discussion, April 28, 1962, pp. 85 - 87.

肯尼迪毫不含糊地表明了美国在这些问题上的立场，他强调："美国是根据政治的而不是经济的理由支持英国加入共同市场的；英国不要指望牺牲美国的利益来照顾它在经济上的伙伴，不管是英联邦还是欧自联。尤其是，尽管必须作出过渡性的安排，但是，凡是英联邦的农产品比美国的农产品在共同市场享有更为有利的永久性地位的任何制度，我们都是难以接受的。""尽管我们意识到根深蒂固的特惠制必须暂时继续，但是我们认为应该进行更广泛基础上的商品谈判，给终止特惠制一个固定的时限。对于中立者，他们想得到两个世界的好处，这是难以接受的。"鲍尔也指出："我们不能接受特惠制继续存在，必须有一个终止的时限。若我们使共同市场只成为一个关税同盟，那么我们就会非常怀疑我们给予它的祝福。我们相信，我们新的贸易立法将通过达成包括共同体在内的进一步的贸易自由化，来大大平息这些非成员国的问题。"①

在此前后，在谈判的关键时节，美国总统、副总统和国务卿等政要人员在新闻发布会、纪念北大西洋公约组织军事指挥部成立 10 周年活动等重大场合积极宣传美国的政策，积极支持英国加入欧洲共同体。

（三）政府人员频频出访欧洲争取支持

为了推进谈判并使谈判按照美国政策的方向进展，肯尼迪政府人员频频出访。副国务卿鲍尔在 1962 年 5 月 17—23 日访问欧洲，国务卿腊斯克于 6 月 18—29 日访问欧洲，他们同各方讨论了谈判的问题，并屡屡表明美国对英国加入欧洲共同体的政策，多方斡旋以促进谈判的成功。

鲍尔在访问中曾尝试争取法国的支持。1962 年 5 月 21 日，鲍尔与法国外交部部长德姆维尔会晤。鲍尔力陈英国加入欧洲共同体的必要性。他说，英国正准备改变四百年来对大陆的政策，"越来越多的有思想的英国人认识到他们不再是世界体系的核心，英国现在应该在欧洲寻找新的角色。并且英国新的阶级上台执政，他们没有定位到帝国的概念上，英国愿意向一个欧洲角色调整"。他强调："没有英国参与，共同体是不完整的，只要大英帝国还留在共同体外面，它将是一种在不同的组织中对异种力量的吸引力，所以英国在共同体之外仍是一种分裂因素，但在共同体内，英国会保证欧洲的团结。"所以，鲍尔要求谈判双

---

① FRUS, 1961 – 1963, Vol. XIII : Western Europe and Canada, Summary of Discussion, April 28, 1962, pp. 85 – 86.

方在谈判中更加灵活，使欧洲用一个声音讲话，并与美国密切合作来完成共同体的目标。同时，鲍尔提到了英国加入欧洲共同体涉及的经济问题，认为这些问题不是不可克服的，并提醒说："关键是全球解决的路线，当然，同时会有过渡性的安排。若联系涉及的是中立国和共同体的排他性安排，只会对美国不利。"[①] 法国外交部部长德姆维尔表示反对英国加入欧洲共同体，他说："法国的六国共同体的概念基本上是建立在政治概念基础上的。法国政府感到，若共同体只包含六国成员而不进行拓展，共同体可能向更高程度的政治经济一体化迈进——最终是政治一体化，可能成为一种联邦体制；实际上，不排除成为真正的'欧洲的美国'的可能……由于共同体现在的组成是相对一致的。……英国加入的意义不只是共同市场的成员身份，而且意味着英国会带进丹麦和挪威。这些国家不是欧洲国家。丹麦是一个小国，主要关注黄油、鸡蛋和咸肉，挪威完全从事渔业和海运业，他们都不关心欧洲。若英国进入欧洲共同体意味着斯堪的纳维亚国家和爱尔兰也进入，那么共同体发展到第二阶段后，将不是由全体一致原则做出决定，而是某种多数原则，德国和法国可能会被那些不是真正的欧洲国家而是本质上的海上国家所否决。基于这些考虑，我和戴高乐将军认为，如果英国成为欧洲共同体的一部分，共同体的本质将会改变，不能再指望它向'欧洲的美国'迈进；共同体将呈现出经济或商业协议的特征。北约也可能会这样。"对于英国与欧洲经济共同体谈判的时间安排问题，他认为，英国的时间安排不可能实现。[②]

在联邦德国，鲍尔与总理阿登纳会晤，主要强调了美国对欧洲经济共同体的农业保护政策的关注，特别是与美国家禽出口有关的政策。[③] 在西欧其他国家，鲍尔也与他们的首脑讨论了英国加入共同体的问题。

认识到法国反对英国加入欧洲共同体，加上法国对美国其他方面的政策的挑战，继之而来的国务卿的访问重点关注了这一问题。国务卿腊斯克于 1962 年 6 月 18—29 日访问西欧，主要是访问四个首都：巴黎、波恩、罗马和伦敦。国务院十分重视这次访问，将之作为促进美国的欧洲战略实施的重要步骤，并准备了目标文件。文件明确了访问的目的和

① FRUS, 1961 – 1963, Vol. XⅢ：Western Europe and Canada, Memorandum of Conversation, May 21, 1962, pp. 91 – 92.

② Ibid. , pp. 91 – 96.

③ FRUS, 1961 – 1963, Vol. XⅢ：Western Europe and Canada, Telegram from the Department of State to the Embassy in Germany, June 8, 1962, p. 104.

策略，指出：总体上要坚定美国的冷战目标和欧洲战略，团结联邦德国和其他国家，不公开孤立戴高乐，使戴高乐自动放弃。具体策略是：访问集中的主要问题是柏林问题、英国和欧洲经济共同体对英国加入欧洲共同体的谈判及其政治影响的问题，以及欧洲和北约的能力问题。国务院建议在受访国总体上按以下思路会谈：（1）在当前复杂的形势下，美国十多年来一直追求的目标是：反对苏联扩张，确保西柏林继续保持自由以及生存；把西欧建设成一个有效的整体；促成英国在一体化中的成员身份；保证西欧在一个大西洋联盟框架内与我们更加密切地合作，以执行我们在亚洲、非洲和拉丁美洲的共同任务，保证我们共同的安全利益和密切的伙伴关系。（2）在西欧，致力于共同的目标——欧洲一体化、北约以及与美国的伙伴关系。（3）当前我们目标的基本障碍是戴高乐将军的政策：戴高乐的欧洲蓝图与我们的欧洲计划不同，它是建立在松散的国家合作基础之上的，是一个专门用于确保法国霸权、至少是在大陆霸权的概念；以戴高乐之见，这一欧洲政策的实施要独立于美国，特别是在防务问题上，其中最重要的是核领域；戴高乐怀疑英国加入欧洲共同体，他的怀疑似乎是基于担忧英国挑战他的霸权。他认为，英国将是大西洋联合体中美国利益的代言人。（4）戴高乐阻碍我们的目标的力量依靠他诱使阿登纳总理支持他的政策路线的能力。经验已经显示：没有这一支持，他在欧洲就会陷入孤立。这一孤立会威胁到他宣称的对大陆的领导地位，为了防止孤立，戴高乐会使他的政策偏离他真正的目的，所以阿登纳总理是关键。（5）阿登纳的基本目标和信念与我们相同。他对外政策两个同样重要的基石是：保持美国对欧洲的政治和军事义务；法德亲善，在平等的基础上增强德国在西方一体化中的地位。他希望英国进入统一的欧洲是与这些目标一致的。现在他已经感到法德和解、欧洲一体化以及大西洋联盟是共同一致的目标，他尽力避免必须在两者之间作出选择的形势。（6）戴高乐争取阿登纳支持的基本策略是：使总理怀疑美国在柏林问题和对苏关系上的立场。在追求这一目标时，他能利用总理怀疑的秉性，利用德国突出的位置，引起德国的关切，利用他们对被歧视的担忧，以及利用总理很不信任英国对德国的政策。总理的怀疑以及戴高乐的利用导致一段时期内总理阿登纳对美国政策的不信任，这对我们似乎不公平，并且不断地要求我们的保证。我们必须尽力多次地向总理重申：我们确保美国在柏林问题和德国问题上的坚定立场，鼓励他不要放弃对欧洲方面以及大西洋联盟的信念，我们对这些信念坚定不移。（7）同时，我们在欧洲其他地方的目标应该是：

不公开攻击和孤立戴高乐，而是让他自己得出结论：他不能将德国拉进他的欧洲概念的蓝图里。经验显示，若戴高乐认识到他当前的策略不起作用，他会依照形势作出调整，将其政策转向与我们一致。（8）作为同一战略的一部分，避免在巴黎和波恩造成这一印象：我们是英国加入欧洲共同体的根本发起者，或我们在柏林和东西方政策方面与英国是一致的。我们也必须避免造成美英核领域特殊关系的印象。此类行动只会加强与大陆利益相对的一个盎格鲁—撒克逊集团的印象，并被戴高乐所利用。①

经过上述分析，文件规定了访问四大首都的基本目标：（1）在巴黎，创造一种良好意愿的总印象（特别是我们全心全意地支持戴高乐对阿尔及利亚的政策），要坚定，但要礼貌地依照我们的政策进行会谈，包括在援助欧洲国家核武器能力方面、在集体防御概念方面，以及在欧洲未来蓝图方面与戴高乐不同的意见。（2）在波恩，要以最强烈的术语向总理保证：我们决心保持柏林的自由以及那儿的同盟的权利；提醒总理：我们全心全意地支持他本人的基本信念——建立强大的大西洋联盟有利于建立与美国密切而持续的伙伴关系基础上的、强大而统一的欧洲（包括英国）；强调这些目标与我们的政策的相互联系。（3）在罗马，强调我们共同致力于欧洲一体化和大西洋伙伴关系，确保支持与这些目标一致的核政策。（4）在伦敦，以保护作为一个整体的非成员国利益的术语，重申我们支持英国在共同市场以及在统一的欧洲的成员身份；向英国建议，我们认为欧洲未来的核力量在于多边路线，而非国家路线；同时在德国和东西方问题上，避免说任何会加强一个盎格鲁—撒克逊集团印象的话。② 这样，文件确定了力争其他五国支持、团结阿登纳、迫使戴高乐自动放弃的策略，以促进美国的欧洲政策的实施，增加英国成功加入共同体的砝码，但同时也坚持在英国加入问题上的条件，并避免引起美英特殊关系之嫌。

巴黎成为访问的第一站，但巴黎的状况并不乐观，法国正忙于政治联盟计划，不支持英国加入欧洲共同体，也不支持多边核力量计划。特别是4月间蓬皮杜接替德勃雷任法国总理，他于6月19日发表声明，拒绝美国人设想的所谓"大西洋的"和"欧洲的"两种解决办法，他

---

① FRUS, 1961 – 1963, Vol. XIII：Western Europe and Canada, Scope Paper Prepared in the Department of State, June 11, 1962, pp. 105 – 107.

② Ibid. , p. 108.

还说明这是根据前一天晚上戴高乐总统的一次长谈而作出的。① 6 月 19—21 日，国务卿腊斯克拜会戴高乐总统、蓬皮杜总理和外交部部长德姆维尔。在与德姆维尔的会晤中，腊斯克试探法国对英国加入共同体以及谈判问题的态度。国务卿问：“英国和欧洲经济共同体的谈判是否会成功？法国认为这会对我们正在讨论的其他问题产生多大的作用？”德姆维尔表现出对这些问题的怀疑。第一，他仍然认为英联邦问题是很难克服的困难，“六国坚持：英国必须以对英联邦适度的过渡性安排来完全加入共同市场，但在给定的时期过后，英国必须服从共同体的机制。这意味着英联邦特惠制以及统治英国—英联邦贸易的农业领域的传统习性必然消失。英国并不准备牺牲这一领域的东西，不想抛弃英联邦”。第二，外长依然以欧洲政治联盟问题为由否定了英国加入的可能性。他指出，无论英国是否加入共同市场，共同体都将继续进行政治一体化。然而，若英国加入，政治协议必然会更加松散。九国或十国规模的共同市场很难组织成紧密的政治一体化组织。第三，外长从英国加入欧洲共同体对一体化的影响角度否定了英国加入共同体。他指出，如果英国加入共同市场，那么便存在危险的结果，会威胁到欧洲在政治和军事领域更密切的统一体。在防务领域，外长认为，更小的集团更容易实现统一的任务，因为包含的国家较少；但对于核问题来说，外长认为，拥有核力量的国家越少，完成任务就越难。第四，外长认为，英国的加入会影响北约政治一体化的发展，并提到“日益增长的欧洲民族感情”不是“欧洲民族主义”。② 总之，通过与法国外长的会谈，腊斯克的总体印象是：基于英联邦问题，法国政府依然怀疑英国加入欧洲共同体的可能；在政治联盟问题上，法国政府认为“多国不容易实现统一体的团结”，从而实质上反对英国加入欧洲共同体。

在柏林，美国国务卿极力争取联邦德国的支持。腊斯克在 6 月 21—23 日同联邦德国总理阿登纳、外长施罗德以及柏林市市长勃兰特就欧洲一体化问题进行了广泛的讨论。腊斯克表示希望英国和欧洲经济共同体的谈判会成功，认为尽管共同市场扩展存在潜在的经济困难，但政治意义重大。同时，国务卿再次强调了英国政策的转变和美国的欧洲战略，指出：“欧洲国家没有根本的分歧，英国在战后也越来越欧洲化

---

① 〔英〕瓦特：《国际事务概览（1962 年）》，上海市政协编译工作委员会译，上海译文出版社 1983 年版，第 172 页。

② FRUS, 1961 - 1963, Vol. Ⅻ: Western Europe and Canada, Telegram from Secretary of State to the Department of State, June 20, 1962, pp. 108 - 109.

了，我们重视最近的大西洋共同体的发展，认为这是在更广阔的大西洋共同的范围内团结发展的主要篇章。这意味着统一的欧洲和美国应该共同进步，没有霸权或主导。"① 联邦德国更加注重政治联盟问题，当时的政治联盟计划也正陷入争端之中。施罗德主要强调欧洲一体化运动在政治方面的重要性，认为"共同市场（即使英国在内）本身并不是统一的欧洲，需要开发共同的纽带，像美国最初的联邦机制一样。这是解决我们面临的主要问题的唯一方法"，这可能是指核问题。施罗德对谈判结果表示乐观，认为真正的问题是按照《罗马条约》找到悬而未决的 1970 年之后英联邦出口（特别是温带出口品）问题的解决办法，应对这些问题需要通过世界范围的安排。他也强调英国需要在夏季之前全神贯注于谈判。施罗德主张政治联盟问题在英国进入之前解决，认为当前的任务是让英国劝说比利时、荷兰、卢森堡三国经济联盟撤回对当前进行的政治领域的运动（政治联盟计划）的反对。对于其他国家的申请问题，施罗德认为，《罗马条约》包含向接受条约目标和义务的所有欧洲国家提供成员身份的条款，因而，既然英国、挪威、丹麦、爱尔兰等国已经申请成为共同体的成员，其他许多国家也申请与共同市场建立联系，共同市场国家就必须与所有申请国讨论，建立《罗马条约》所赋予的关系。② 总之，施罗德更着重一体化的政治方面，希望小国撤回对政治联盟建议的反对。他对英国加入共同市场持乐观态度，并支持其他国家按《罗马条约》的规定加入共同市场。

在伦敦和罗马，国务卿强调了同样的问题，表示"我们不在法德之间钉入楔子，相反，鼓励法德友好仍然是我们支持欧洲一体化的根本基础"。美国继续反对国家独立核威慑的扩散，并表明了在柏林问题上的坚定立场。对于北约，国务卿认为任何重组北约的步骤都不是时候，英国和欧洲经济共同体的谈判优先。腊斯克还指出了各种具体的经济问题，包括希望贸易自由化和提高对不发达国家的援助，强调需要自由的国际经济政策来帮助解决支付赤字问题。

在葡萄牙，腊斯克与葡萄牙内阁会议主席萨拉查（Salazar）和葡萄牙外长诺圭亚拉（Nogueira）就美国与葡萄牙的问题进行了讨论，包括与诺圭亚拉全面探讨了非洲形势。国务卿强调，美国希望找到共同的解

---

① FRUS, 1961 – 1963, Vol. XIII：Western Europe and Canada, Telegram from Secretary of State Rusk to the Department of State, June 24, 1962, pp. 110 – 111.

② 〔联邦德国〕阿登纳：《阿登纳回忆录（1959—1963）》，上海人民出版社编译室译，上海人民出版社 1973 年版，第 177 页。

决方法。与葡萄牙的讨论没有取得实质性的成就，但在共同理解方面有所提高。①

腊斯克对西欧的访问实际上是对他们的谈判态度进行了一次摸底，国务院也对这次谈判做了高度的评价，认为"国务卿的欧洲旅行加强了美国与欧洲在当今主要问题上更好地相互理解，在所有访问国创造了更好的氛围和印象。欧洲一体化当前主要的课题是英国与欧洲经济共同体的谈判。尽管可能有危机，但谈判的成功是众望所归。英国成员身份的事实似乎到处被接受了。在核武器方面，法国仍然坚持独立的核防务，联邦德国对多边核力量问题感兴趣"。② 显然，国务院对于国务卿的访问所取得的成果做了过高的评价，对于英国加入欧洲共同体的问题过于乐观。

（四）试图直接向谈判双方表明对谈判结果的要求

随着谈判的进展和谈判中条件之争的激烈化，肯尼迪政府酝酿向谈判双方提出美国政府对谈判结果的要求。1962 年 7 月 25 日，国务院给驻布鲁塞尔的大使发了一份电报，问大使加文、布鲁斯以及巴特沃斯："提议与英国和共同市场书面交流以提出美国对谈判结果的有关要求，这样是否明智？"具体内容是：

（1）美国现在不是欧洲经济共同体和英国进行谈判的任何一方，不希望对谈判可能产生的任何协议的形式或内容作出评价。但同时，作为非成员国，美国有重要的贸易利益，会受谈判中解决特定问题的方式的严重影响。

（2）鉴于欧洲经济共同体将在世界贸易组织中起重要的作用，所以建议英国加入欧洲经济共同体所引起的贸易问题应该通过最大化第三国的进入和贸易机会的模式来解决，美国认为这是很有必要的。美国很难接受"对第三国和对欧洲共同体之外的供给者的商品或产品不利"的解决办法，这些产品有巨大的出口利益。

（3）美国希望，涉及温带农产品的问题绝不要包括过渡的特惠协议，在今天不应该存在特惠，需要指导对特定商品过渡性的安排以确保维持贸易，也包括对第三国贸易提供相对合理的安排。若涉及对特定英联邦贸易商品的特别对待的问题，美国希望限制在对其他第三国利益不

---

① FRUS, 1961 – 1963, Vol. XIII : Western Europe and Canada, Circular Telegram from the Department of State to Certain Missions, July 3, 1962, p. 111.

② Ibid.

是很重要的事件中。美国完全准备参与旨在保持国际农产品贸易令人满意水平的谈判。对于不涉及扩大的欧洲经济共同体的某种固定关税的产品，美国准备谈判以作出特别安排，包括国际商品协议。美国认为，保护谷物贸易的会议应该在英国和欧洲经济共同体谈判结束后立即召开，因为过渡性措施包含在这些特殊安排之中。美国相信，欧洲经济共同体成员国政府应该不会提高各自的谷物生产价格。美国希望向成员国表示：愿意在世界谷物协商会议上谈判有关其他国家支持价格水平的问题。对隶属固定税率的商品或加工食品，美国希望找到非歧视的方案，如减少共同的对外关税。在欧洲经济共同体的农业领域，美国有现存的权利和义务。一些与早期谈判相关的权利，没有直接包含在英国和欧洲经济共同体的谈判之中。美国希望就这些权利和义务进一步谈判，准备讨论它自己的农业局限的问题。基于同样的理由，美国希望欧洲经济共同体继续意识到它对第三国供应者的义务，通过采纳合理的贸易政策来解决。

（4）关于《罗马条约》的第四条款下的联系，美国希望继续限于主要是热带经济的欠发达国家。

（5）关于工业原料问题，美国支持对这些条款尽可能采取零关税或低关税。

（6）美国希望，在任何未来的关税谈判中，它准备在对美国有巨大出口利益的特定条款中给予扩大的欧洲经济共同体适当的信任，如在工业原料和加工食品方面，应该减少或者消除共同对外关税，因为这些条款不是非常受益。美国已经告诉一些英联邦国家，美国希望消除英联邦特惠制，这对未来的关税谈判意义重大，会使双方都受益。①

布鲁斯和巴特沃斯都反对书面交流，他们认为美国直接卷入不好。这样，国务院没有正式向谈判双方表示对谈判结果的要求，但这份文件却体现了美国的具体要求。

二　配合谈判的战略之举

为了配合谈判的进展，促进谈判的成功，肯尼迪政府实施了系列措施：彻底改组建立经济合作与发展组织，通过1962年贸易扩大法，发起"伙伴关系的大西洋共同体计划"，从而将英国加入欧洲共同体的政

---

① FRUS, 1961 – 1963, Vol. XIII: Western Europe and Canada, Telegram from the Department of State to the Mission to the European Communities, July 31, 1962, pp. 114 – 116.

策上升到了美国对外战略的高度。

（一）彻底改组建立经济合作与发展组织

对于英国与欧洲经济共同体谈判中出现的问题，如英联邦的温带产品问题、对欧自联中立国的安排问题，以及英国农业政策问题等，美国多次倡导利用经济合作与发展组织来解决。这样，美国就可以直接参与这些问题的解决，并保证英国毫无保留地加入共同市场。所以，肯尼迪政府加紧建立经济合作与发展组织，并积极宣传它的作用。

将"欧洲经济合作组织"改为"经济合作与发展组织"，在艾森豪威尔政府末期便开始筹备。当时欧洲共同体和欧自联的对立引起了美国政府的担忧，国务院仔细地研究以探索美国成功应对贸易和发展领域问题的方法，得出的结论是：最有效的方式是美国主动重组并激活欧洲经济合作组织，宣布美国愿意成为其完全成员。这些行动可以说明美国要在与西欧完全平等的基础上共同致力于应对主要的贸易发展问题。这是在衰退形势下塑造美国领导地位的行动，会提高美国对欧洲经济政策制定者的影响，使他们更加致力于欧洲的发展，并在与世界贸易关系一致的基础上来调节欧洲的贸易争端。重组的欧洲经济合作组织需要有一个新的名字，日本需要参与。[①] 1959 年末艾森豪威尔政府的副国务卿狄龙访问欧洲，向欧洲各个国家表明了美国改组欧洲经济合作组织的倡议。艾森豪威尔政府筹备设立经济合作与发展组织的公约，并积极促动各方进行改组，倡议得到了欧洲各国和日本的响应。1960 年 1 月 12—14 日，在巴黎召开的大西洋经济会议上决定改组欧洲经济合作组织。

肯尼迪政府初期便着手彻底完成经济合作与发展组织的组建工作，并对新的组织寄予重望。1961 年 2 月 13 日，国务卿腊斯克在政府工业委员会上就"经济合作与发展组织的巨大作用"致辞。腊斯克指出："欧洲经济合作组织已经完成了它的使命，欧洲工业国不仅已经恢复，而且获得了史无前例的经济实力。同时，欧洲和北美的经济现在处于相互依存之中，不再是一个'美国打喷嚏，欧洲就感冒'的时代了，而是美国经济失调的传染。正是基于这一相互依存，所以美国倡议用经济合作与发展组织代替欧洲经济合作组织。""我认为，经济合作与发展组织的建立是我们与我们西方世界的朋友们合作的历史性步骤。经济合

---

① FRUS, 1958－1960, Vol. Ⅶ, Part 1: Western European Integration and Security, Canada, Memorandum from Secretary of State Herter to President Eisenhower, November 24, 1959, pp. 172－173.

作与发展组织由欧洲经济共同体六国和欧自联七国以及希腊、土耳其、西班牙组成，美国和加拿大以及日本直接加入，这一组织为这些国家协调它们的政策提供了讲坛，它将很快成为多边经济事务中欧洲合作的讲坛。经济合作与发展组织的目标是：第一个目标是最大限度地保持经济增长和就业。第二个目标与原来的欧洲经济组织不同，是扩大和提高我们对世界其他地区的财政和技术援助，我们必须形成与其他自由工业化国家的伙伴关系。第三是号召在非歧视的基础上扩展世界贸易，以扩大包括美国在内的出口市场。经济合作与发展组织是我们努力增强整个自由世界的力量和团结的基本工具。"①

经过几个月的筹建，1961年9月3日，经济合作与发展组织公约生效。欧洲经济合作组织改为经济合作与发展组织，使其由一个欧洲国家组织变为一个世界组织，美国、加拿大和日本加入，这样，美国可以此为讲坛解决欧洲经济问题甚至世界经济问题；特别是，美国可以直接参加欧洲的经济事务，这为经济共同体和欧自联之间的磋商谈判提供了机构，也提供了解决英国和欧洲共同体谈判中出现的棘手问题的讲坛，防止它们达成有损美国利益的协议。肯尼迪说："经济合作与发展组织将成为我们借以达到巩固大西洋共同体这一伟大目标的主要机构之一。"② 之后，在宣传和与各方的磋商中，肯尼迪政府一直倡导以此为讲坛讨论谈判过程中的问题。但是，由于经济合作与发展组织秘书处虚弱、成员太多、宪章松散，是一个建议性和协商性机构，所以没有起到预期的作用。

（二）争取国会通过1962年贸易扩大法

肯尼迪政府虽然积极支持英国加入欧洲共同体，但是一个显而易见的事实是，扩大的共同体会形成更大的保护主义集团，从而给第三国特别是美国的贸易带来更大的歧视，这一问题随着共同市场、共同关税和共同农业政策的进展以及英国加入共同体的谈判的进展而愈加明显。这一明显的不利为美国政府特别是经济界所担忧。在英国公众中，也存在着对进入共同体后要实行保护主义政策的担忧。为了最大限度地避免扩大的共同体的保护主义，同时也打消支持英国加入共同体的疑虑，肯尼迪政府倡导英国加入后要通过关贸总协定的谈判来降低共同市场的关

---

① Current Affairs 1961, Address by the Secretary（Rusk）before the Government-Industry Conference, February 13, 1961, pp. 467 – 468.

② 〔美〕小阿瑟·M. 施莱辛格：《一千天——约翰·菲·肯尼迪在白宫》，仲宜译，三联书店1981年版，第585页。

税，这就要争取贸易法授予总统在谈判中降税的权力。肯尼迪政府还想将不利条件变为优势，既要争取贸易法赋予总统在关贸总协定的谈判中普遍的50%的降税权，还要争取赋予总统特权，即在关贸总协定的谈判中，在美国和欧洲经济共同体的某类货品的贸易额占到该类货品世界总额的80%时，总统有权将该类货品降税100%，即全部免税。这样，就可以最大限度地打消扩大的共同体的贸易壁垒。但是，这一"特别授权"只有在英国加入共同体后才能更好地发挥作用，因为英国曾为世界大国和殖民帝国，拥有丰富的产品和广阔的市场，只有它加入共同体才能达到"某类货品占世界货品80%"的标准，而它在外面则会适得其反。这就更增强了英国加入共同体对美国的总体欧洲战略的重要性，从而增强了肯尼迪政府宣传支持英国加入共同体的必要性和底气。所以，为了打消各方对支持英国加入共同体的顾虑，最大限度地推动英国加入共同体的进程，同时也为了最大限度地使美国从扩大了的共同体中受益而避害，在美国旧的贸易法将要到期之时，肯尼迪政府争取国会通过新的贸易扩大法。

肯尼迪政府争取扩大贸易法以增强总统在关贸总协定的谈判中的权力，这可以追溯到"狄龙回合"。出于建立世界多边自由贸易体系的需要，也为了降低共同市场日益增长的保护主义，1958年10月，以美国经济事务副国务卿狄龙为主，发起关贸总协定的第五轮谈判，即"狄龙回合（1958—1962）"。在谈判中，欧洲共同体提出了降低外来进口商品关税20%的建议，美国国会也商议了降低关税20%的问题，这是一个相当大的降税幅度，这一提议得到了美国政府的支持。但是，由于这一降税的批准需要总统相当大的谈判自主权，而当时美国的贸易法依然是1934年的互惠贸易协定，此法授予总统的自主权很小。正是由于总统没有这么大的自主权，才使降税20%未能实现，西欧的保护主义依然严重。而1934年互惠贸易协定自新政初期实行以来已经延长时限11次之多，它的第11次延期将于1962年期满。因而，制定新的贸易扩大法，争取总统谈判中更大的降税自主权，以使第六轮关贸总协定的谈判实现更大幅度的降税，成为肯尼迪政府努力的目标。

另外，肯尼迪执政后，国内经济状况令人担忧，特别是对于持续的国际支付逆差。据1961年10月的统计，美国1961年国际支付逆差继续存在，美国经济仍然脆弱，而欧洲共同体国家的国际支付盈余继续增加。肯尼迪政府把这项逆差看作美国的欧洲盟国拒绝公平分担美国重担的结果，是美国在海外防务费用方面和援助发展中国家方面的大量花费造成的。如果盟国将国际收支上的盈余用于再投资，增加它们的进口，提高它们国内的消费水平和扩大它们的国外援助计划，那就可以立即解决美国的支付赤字问题。美国人认为，欧洲各国享受美国的核保护，又不分担美国的重荷，这是不道德的。加上英国和欧自联的多数成员可能即将加入共同体或与共同体联合起来，这样就有可能出现一个更大的实行共同对外关税政策的贸易市场。美国政府担忧，欧洲经济共同体会成为一个"富人俱乐部"，只关心共同体内部的贸易，而在援助发展中国家和扩大世界贸易问题上采取极端保守的政策。同时，更大的风险是，英国的加入可能使大西洋共同体分成两个势不两立的贸易集团。

正是在这种形势下，肯尼迪政府内部展开了关于扩大贸易法的争论。以乔治·鲍尔为首，包括国务院的罗伯特·谢策尔、政府政策设计委员会主任罗伯特·鲍伊等，主张参加共同体的国家奉行自由贸易政策，建议美国政府应当与欧洲经济共同体谈判以在关税上大幅度地相互让步。鲍尔希望对美国商业政策进行根本改造，他建议国会通过一项新的贸易法，赋予总统充分的权力以进行全面降低关税的谈判，希望在 1934 年立法满期、英国及其他欧自联成员国加入共同市场完成之后，用新的立法来代替。① 之后，鲍尔和谢策尔同白宫的贸易特别顾问霍华德·彼得森草拟了几份贸易扩大法案的文本。一场关于扩大贸易的争论成了 1962 年重大的立法事件。肯尼迪政府在全国范围内进行了广泛的宣传，并成立了一个强有力的全国贸易政策委员会。他们取得了企业界和劳工界的支持，向国会议员进行游说和敦促。有人甚至说：新政策能为美国东山再起提供条件，能成为"新边疆的统一思想的思想原则"；如果这个法案通不过，那么，"美国就必将丧失威力，退出历史舞台"。②

而以赫脱为代表的大西洋主义者，他们希望扩大北大西洋联盟成员国之间的各种关系，主张在某种松散的或其他形式下形成一个近似"大西洋共同体"的集团，而不是一个纯粹欧洲的共同体。他们认为美国有必要与共同市场建立伙伴关系。只有这样，美国才能保护它的出口市场并满足发展中国家的需要。这两个经济与工业力量集中的巨大政治中心的合作，将促成生产的合理化，而且也只有这样，才能够大规模地

---

① 〔英〕瓦特：《国际事务概览（1962 年）》，上海市政协编译工作委员会译，上海译文出版社 1983 年版，第 141 页。

② 〔美〕小阿瑟·M. 施莱辛格：《一千天——约翰·菲·肯尼迪在白宫》，仲宜译，三联书店 1981 年版，第 586—587 页。

扩大生产，以满足发展中国家的需要。不这样的话，便将出现美国与欧洲之间的迫害性贸易战，至少是没完没了的摩擦。[①] 而另一部分人则担忧国会中日益增强的保护主义和新提案在取得立法方面可能会遇到障碍，所以主张以1934年法案有效期的继续延长来抵制新保护主义，并避免引起重大冲突。还有一部分人认为：所有这一切都是对政府权力的滥用。要使美国东山再起，需要的是对国内经济进行刺激；对外贸易对于就业和企业活动的影响毕竟是有限的。并且，这个法案在很大程度上取决于英国加入共同市场，而这件事情还是不确定的因素，这增加了反对者反对的理由。[②]

肯尼迪接受了建议的"贸易自由化"和"大西洋伙伴关系"的部分，决定把鲍尔提倡的扩大贸易建议作为1962年国会开会期间主要的立法提案之一。对于贸易扩大法，肯尼迪本人早就进行了宣传。肯尼迪多次在新闻发布会上指出："共同市场将是美国的巨大市场，它是最近几年我们最集中的和潜力巨大的市场，特别是当大英帝国进入时。所以我们希望保护我们的出口市场。……我们想尽可能密切与欧洲的联系。欧洲是一个正在增长的重要力量，所以我们正在考虑将来的贸易方案。"[③]

在1962年1月11日的国情咨文中，肯尼迪直接提出了扩大贸易法的建议，他指出："欧洲共同市场的发展提出了最大的挑战。如果联合王国加入的话，在大西洋彼岸就会兴起一个有着和我们相仿的单一对外关税的贸易伙伴，它的经济力量几乎跟我们的经济力量相等。……这是一个要做出决定的年头。互惠贸易法将要期满了，我们需要一个新的法律——一种完全新的态度——美国贸易政策的一个大胆的新工具。我们的决定很可能在今后的一代或几代的时期里影响西方的团结、冷战的进程和我国的发展。另一方面，如果我们屈从当地的经济压力而退缩不前的话，我们将会发现在同我们的重要盟国隔绝开来。工业界将把他们的工厂、就业机会和资本挪到共同市场的围墙以内去。……如果我们没有能力进入这个市场的话，我们的剩余农产品将在中东堆积起来，烟草将

① 〔英〕瓦特：《国际事务概览（1962年）》，上海市政协编译工作委员会译，上海译文出版社1983年版，第141页。

② 〔美〕小阿瑟·M. 施莱辛格：《一千天——约翰·菲·肯尼迪在白宫》，仲宜译，三联书店1981年版，第587页。

③ Current Affairs 1961, Reply Made by the President (Kennedy) to a Question Asked at a News Conference, November 29, 1961, pp. 529 – 530.

在南方堆积起来，50年来一直进入西欧的其他商品也将堆积起来。我们的国家状况将会恶化。"① 接着，肯尼迪提出了发起扩大贸易法的行动，他说："为了采取主动，我不久将向国会提出新的扩大贸易五年行动计划，其规模将是影响深远的。……通过这个法案将能够在美国和共同市场逐渐取消对这些项目的关税，即一些我们提供的总共占世界贸易额80%的项目——主要是那些我们的出口比我们的进口多得多，并且表现了我们自己的竞争能力的项目。这一步骤将使我们的主要工业能够同西欧的工业进行竞争，招徕欧洲的消费者。这项法案将使得关税逐渐减少50%，使得可以在主要产品种类上进行互惠贸易——并对按进口竞争进行调整的公司和雇员提供行之有效的适当的援助。"肯尼迪又指出了这一法案的双边性和目标，他强调："当然必须双方，而不是单方面做出让步。共同市场除非降低对外贸易壁垒，否则不会实现它的目标。……我们面临着共同的挑战——发展所有地方的自由人的繁荣——共同努力建立一个新的贸易集团。"② 1962年1月25日，肯尼迪将扩大贸易法草案随同咨文送交国会，并对国会说："大西洋的两大市场，要么结合起来，要么分道扬镳……这项决定要么标志着自由国家联盟新篇章的开始，要么成为对西方团结进程的威胁。"③

扩大贸易法案提交国会后，肯尼迪政府进行了声势浩大的宣传活动。1962年4月12日，副国务卿鲍尔在德国对外事务协会的致辞中探讨了"扩展贸易法之下的美国与欧洲经济共同体的贸易关系问题"，他指出：英国的共同市场成员身份将意味着，在自由世界，在短期内，有90%的工业品集中于两大市场——美国和扩大了的欧洲经济共同体。同时，由于在世界贸易中同样突出的地位，美国和扩大了的欧洲经济共同体将承担对第三国的特殊义务，拥有实力的国家也意味着要承担义务。通过关贸总协定框架内的谈判，以及潜在的降低最惠国基础上的关税，这两大共同市场降低关税到可以控制和可能忍受的程度。当然，第三国应该通过互惠谈判来参与。鲍尔进一步指出：总统要求的扩大贸易法中的基本权力是谈判减少美国关税的50%的授权。提议的贸易立法也将授予总统在与欧洲经济共同体的谈判中提供给美国关税降低100%的让

---

① 〔英〕瓦特：《国际事务概览（1962年）》，上海市政协编译工作委员会译，上海译文出版社1983年版，第142页。
② 梅孜：《美国总统国情咨文选编》，时事出版社1994年版，第338—340页。
③ 〔英〕瓦特：《国际事务概览（1962年）》，上海市政协编译工作委员会译，上海译文出版社1983年版，第142页。

步。由于这一授权的技术限制，只有英国成为欧洲经济共同体成员时这一授权才可能利用。①

经过九个月的立法方面的斗争，1962 年 10 月，扩大贸易法在参议院和众议院通过。扩大贸易法规定：经过互惠协商可以将广大种类的产品降低现行关税的 50％；为了与欧洲经济共同体进行谈判，扩大贸易法还授予总统以特殊权力，即在美国与欧洲经济共同体之间的纳税货品贸易值约占世界贸易纳税品总值的 80％ 以上时，可以降低或全部免除关税。对此，肯尼迪万分激动，在签订贸易扩大法时高兴地说："根据这项法案所批准的协定，我们就可以勇往直前地和大西洋共同体国家建立伙伴关系了。"② 扩大贸易法的通过在欧洲引起了强烈的反应。欧洲经济共同体委员会特此致意，称贸易扩大法是国际经济事务新时代的重要一步，能通过采用公平竞争原则的总体减少关税来扩大商品交换，从而使大西洋伙伴关系从概念转到现实，并且，扩大贸易法会在整个自由世界产生新的经济力量和活力，就像在欧洲共同体内一样，从而加强大西洋合作，并认为扩大贸易法是美国和自由世界的历史性事件。③

扩大贸易法原本是用于将要发起的关贸总协定的第六轮谈判（肯尼迪回合）的，这样，扩大贸易法的通过进一步坚定了美国利用关贸总协定的谈判来解决谈判中出现的问题和打消共同市场的保护主义。肯尼迪政府多次倡导以扩大法之下的关贸总协定来解决英国和欧洲共同体谈判过程中难以解决的英帝国特惠制问题、对欧自联中立国的安排问题以及英国的农业政策问题等。扩大贸易法的制定和实施是以英国加入欧洲共同体为前提的，因为只有英国加入共同体，总统的"完全免税特权"才能更好地应用，肯尼迪政府在提议时也想当然地认为英国一定会加入共同体。扩大贸易法顺利通过了，而英国加入共同体的前景却变得更加渺茫。

（三）提出"伙伴关系的大西洋共同体计划"

肯尼迪政府时期，面对联盟的危机，政府更加强调包括英国在内的统一的欧洲，反对欧洲的分裂，特别是提出了"伙伴关系的大西洋共

①　Current Affairs 1962，Address by the Under Secretary of State（Ball）before the German Society of Foreign Affairs，Bonn，April 2，1962，pp. 583 – 584.

②　〔美〕小阿瑟·M. 施莱辛格：《一千天——约翰·菲·肯尼迪在白宫》，仲宜译，三联书店 1981 年版，第 587—588 页。

③　Current Affairs 1962，Communique Issued at Brussels by the Commission of the EEC，October 11，1962，p. 615.

同体计划", 从而将英国加入欧洲共同体纳入美国对外战略之中。

　　在肯尼迪政府时期, 西欧的独立性增强, 对美国的主导地位形成挑战。面对新的形势, 美国的欧洲政策要不要改变? 如何对待欧洲的崛起以及崛起过程中产生的问题? 这是肯尼迪政府面临的迫切问题。这些问题使肯尼迪政府不得不重新审视它的欧洲政策。1962 年初, 国务卿在对美国的对外政策审查时指出: 面对欧洲一体化的新形势, 美国需要改变外交政策, 美国不加入共同市场, 而是要建立美国和欧洲的大西洋伙伴关系。美国要加强自由工业化国家之间联系的纽带, 主要在北半球。美国的目的是发展与欧洲在所有领域的新的伙伴关系, 在军事领域、在持续的援助欠发达国家的领域、在贸易领域、在使美国的经济稳定所依赖的货币问题方面, 以及在国际政策的主要领域, 美国作为一个大国, 在 60 年代需要承担这些领域的义务。在北约和经济合作与发展组织之内的大西洋合作的机制是伙伴关系活跃的工具。① 这样, 国务卿提出了要与发展起来的欧洲建立伙伴关系的政策。不言而喻, 国务卿所希望的统一的欧洲是包括英国在内的欧洲。

　　之后, 肯尼迪政府人员多次强调 "发展大西洋伙伴关系", 强调欧洲的团结和统一是这一伙伴关系实现的关键, 强调包括英国在内的欧洲共同体的发展有利于增强欧洲的力量。1962 年 4 月 2 日, 副国务卿鲍尔进一步就大西洋伙伴关系致辞。他指出: "我强调大西洋伙伴关系的变革主要依靠一个实质性的阶段。欧洲需要内部团结以完成建立大西洋伙伴关系的基础。所以只要欧洲仍然分裂, 只要它是由现代标准的小国家组成, 真正的伙伴关系的实质就总是有限的。在我们努力的事业中, 一个统一的强大的欧洲能够成为平等的伙伴——一个与我们一样致力于同一个目标的伙伴。……与虚弱的和分裂的欧洲单个民族国家相比, 统一的欧洲将无疑会显示出对西欧价值观的更深切、更强烈的责任感。……美国支持欧洲一体化以及欧洲经济共同体是根深蒂固的。这源于我们自己的联邦信念, 以及结束分裂西欧国家残暴的敌对状态的希望。美国想当然地认为, 欧洲经济共同体将会是外向型的, 将会增强欧洲的实力, 并促进一体化, 欧洲共同体成员将有一种日益增长的对世界安全和福祉的意识。大西洋伙伴关系就是实现这一目标的方式。我们争取进步, 我们也必须继续加倍努力。……所以我们美国人完全相信, 欧

---

　　① *The Dynamics of World Power*, Vol. Ⅰ, Addess by Secretray Rusk on a Review of United States Foreign Policy, February 22, 1962.

洲进一步的议程在于欧洲的统一，期望更多的欧洲人在共同体的事业中起肯定的和负责的角色。在表达这一信念时，我们自己必须完成一个好伙伴的义务。"①

　　这一思想经过不断酝酿和发展，在总统肯尼迪的"相互依存"演说中，以政府对欧洲政策的形式正式出台。肯尼迪在 1962 年 7 月 4 日美国独立纪念日那天，在独立宣言签字的地方——费城独立厅，发表了有关"总战略"（伙伴关系的大西洋共同体计划）的重要声明。他指出："美国抱着希望和钦佩看待这一宏大的新事业。我们并不把一个强大的联合的欧洲当作敌手，而是当作伙伴。帮助他们进步是十七年来我国外交政策的基本目的。我们相信一个联合的欧洲将能对共同防务发挥更大的作用，并协同美国和其他国家降低贸易壁垒，解决商务、商品和货币等问题。我们把这样一个欧洲看作是一个伙伴，我们和它能在完全平等的基础上一起从事建立和捍卫自由国家共同体这个重大而艰难的任务。"他接着说："此刻时机还不成熟，对建立这种伙伴关系我们还只能限于表示高度的重视而已。当前放在我们欧洲朋友面前的头等大事是进一步组成更完善的联盟，以便有一天使这种伙伴关系成为可能。预计这可能需要相当长的时间，一座新的大厦不是一夜间便能造起来的。但在此时此地我想说，在这个独立纪念日，美国乐于发表一个相互依存宣言：我们准备与联合的欧洲讨论成立一个切切实实的大西洋伙伴关系、一个目前正在欧洲崛起的新联盟与 175 年前在这里成立的古老的美利坚合众国之间的互利伙伴关系的方式和方法。"② 肯尼迪正式提出了"伙伴关系的大西洋共同体计划"，并强调以英国加入欧洲共同体、肯尼迪回合和多边核力量计划来实现。这样，英国加入欧洲共同体成为"伙伴关系的大西洋共同体计划"的首要内容。

　　大西洋共同体计划的提出，从美国对外政策的角度阐释了美国对英国加入欧洲共同体的支持。之后，肯尼迪政府一直在积极实施该计划，强调大西洋共同体也成为肯尼迪政府的现实战略。

三　力争联邦德国挽回谈判僵局

　　虽然美国起初对谈判抱乐观态度，但是，谈判进展并不顺利，英国

---

① *The Dynamics of World Power*, Vol. I, Address by Under Secretary George W. Ball on the Developing Atlantic Partnership, April 2, 1962, pp. 722 – 724.

② *The Dynamics of World Power*, Vol. I, Address by President Kennedy on the Goal of An Atlantic Partnership, July 4, 1962, pp. 740 – 742.

和欧洲共同体谈判双方达不成一致，特别是法国坚决反对英国的条件，谈判一直没有取得重大的实质性进展，并在 1962 年下半年逐渐陷入技术性争端。此时，以鲍尔为主的美国国务院欧洲派认识到戴高乐是最大的障碍，更意识到谈判有失败的危险。他们担忧谈判的失败会使英国保守党下台，会导致美英特殊关系的消失，从而对美国的欧洲政策产生不利影响。鲍尔指出："我们来自伦敦和欧洲各国首都的报告非常惊人。法国的迷惑和戴高乐君主式的不可容忍已经传染给了其他欧洲国家，以致不能容忍英国的欧洲地位。为了避免彻底的僵局，需要德国强有力的领导。""中断的结果将是非常严重的。这意味着加深英国和大陆的痛处，会鼓励六国存在的最狭隘的因素——日益增长的保护主义。联盟会受侵蚀，并且几乎无疑意味着英国保守党的失败，这会带走保守党政府所代表的所有盎格鲁—撒克逊的意义。"① 因此，肯尼迪和鲍尔等力争联邦德国特别是阿登纳带头推进谈判，争取联邦德国团结其他四个小国，争取推进谈判。

联邦德国一直在美国支持英国加入欧洲一体化的政策中占重要的地位。联邦德国是美国欧洲政策的主要支持者，这是因为：联邦德国的分裂状态所决定的对美国的依赖，使它更加看重在欧洲问题上对抗苏联的因素，这使它在欧洲问题上与美国保持相对一致的立场，特别是联邦德国积极支持肯尼迪政府提出的多边核力量计划；联邦德国的经济实力已经相当雄厚，并凭借法德和解在欧洲大陆占重要的地位；同时，戴高乐和阿登纳所结下的个人关系也使阿登纳成为最有可能影响戴高乐的人选。因而，在英国加入欧洲共同体的问题上，联邦德国成为美国极力争取的对象。

其实，争取阿登纳乃至联邦德国的支持是肯尼迪政府一贯努力的方向。"不公开鼓励戴高乐，而是争取联邦德国，使戴高乐自动放弃"，这一策略也早在国务卿腊斯克访问欧洲时国务院便正式制定并实施。② 在腊斯克出访欧洲之后，肯尼迪政府还一直力争联邦德国的支持，如在 1962 年 9 月 14 日，国务卿、副国务卿和负责联邦德国事务的弗兰史曼（Freshman）与联邦德国经济部部长艾哈德会晤，极力争取艾哈德的支持。鲍尔指出："欧洲一体化会因为英国的加入而大大促进。我们想当

---

① FRUS, 1961 – 1963, Vol. XIII : Western Europe and Canada, Memorandum from the Under Secretary of State（Ball）to President Kennedy, November 15, 1962, pp. 123 – 124.

② 〔英〕瓦特：《国际事务概览（1962 年）》，上海市政协编译工作委员会译，上海译文出版社 1983 年版，第 172 页。

然地认可英国加入的事实，我们希望英国加入意味着它要成为欧洲共同体完全的一员。排除英国将是非常不幸的，其他国家是另外的问题。如果英国加入，它将认同欧洲，并成为欧洲的一部分。因为英国正在发生巨大的社会变革，他们不再认为自己是一个世界体系，而是一个比任何时候都更向欧洲倾斜的国家。……美国当前的货币自由化计划以及更系统的再分配计划是建立于英国加入欧洲共同体的基础之上的。我们更清楚地看到，欧洲会分担美国所负担的全球义务，在这一问题上，欧洲和德国可以大有作为。"①

在谈判几乎陷入僵局的情况下，争取联邦德国尤其是阿登纳的支持显得尤为迫切。肯尼迪政府力争阿登纳带头推进谈判，希望阿登纳能力挽狂澜。腊斯克、鲍尔等，特别是肯尼迪，对阿登纳进行了重点游说。肯尼迪以英国工党当选对柏林的威胁，以及对法国主导欧洲的担忧和英国加入欧洲共同体后的平衡力量来劝说阿登纳支持英国加入共同体。肯尼迪指出，对于英国加入欧洲经济共同体的问题，他感受到高度的危机。在他看来，如果英国不加入欧洲经济共同体，工党一定会在下次选举中获胜，而工党中存在大量的左翼和中立分子。尽管麦克米伦全力支持古巴危机，但工党不会这么做。并且，工党和自由主义者在柏林没有任何立场。以肯尼迪之见，英国不加入欧洲经济共同体将会使英国政治倒退，这非常危险。而且没有人会预见到五年或十年后法国会怎样。在这种情况下，英国坚定地与欧洲国家特别是共同市场国家联盟特别重要，因为它是欧洲的一个巨大的平衡力量。相信共同市场没有英国的加入也会继续，但从政治上说，大西洋伙伴关系就并不那么有希望了。总统又强调说："英国加入的决定是一个纯粹的欧洲问题，所以总理对此义不容辞。"② 肯尼迪还从法国的欧洲构想以及大西洋框架的角度强调了英国加入的重要性，他说："如果申请被拒绝了，英国国内会产生强烈的反应，这会对英国和其他欧洲国家带来伤害。这将对德国有害。并且，法国、英国都有伤及大西洋共同体的可能。戴高乐不愿意英国进入共同市场，这可能主要基于历史原因，甚至可能是当前的某些政治考虑。但是英国成为欧洲经济共同体的成员，对于他未来的政治构想绝对是关键。因为'当前，在大西洋地区有三个重大的实力集团：美国、

---

① FRUS, 1961 – 1963, Vol. XIII：Western Europe and Canada, Memorandum of Conversation, September 14, 1962, pp. 116 – 119.

② FRUS, 1961 – 1963, Vol. XIII：Western Europe and Canada, Memorandum of Conversation, November 15, 1962, pp. 125 – 126.

六国、英国和英联邦，绝对需要将这三个集团更为密切地团结到大西洋共同体中去'。"总统再次强调英国保守党失败对大西洋共同体的影响，他担忧工党中的共产主义者与和平主义者中的左派因素，他们反对欧洲观念，这会威胁美国和联邦德国的直接利益。在这些问题上任何与大西洋共同体的不和谐都会对美国和德国产生不利影响。①

阿登纳表示支持英国加入欧洲共同体，但对英国僵硬的谈判态度表示不满。他指出："英国自身在此事件中处理得最不明智，要求太多，如在农业问题上。英国争论说它 4% 的人口依靠农业，而 12% 的德国人从事农业，并且，是他们支持基督教民主联盟，他们是联邦政府着重考虑的因素。英国在谈判中处理事情应该更技巧、更明智。毕竟，你是要从欧洲经济共同体中寻求利益者，而不是我们想从你那里得到什么。"阿登纳怀疑谈判是否会成功。他指出，他会尽力帮助英国加入欧洲共同体，但是不确定是否会成功。

阿登纳对政治联盟感兴趣，他不满欧洲共同体现有的强大的官僚政治组织却没有国会控制的局面，希望重组欧洲经济共同体，并希望不久之后便会建成一个欧洲国会。阿登纳在一定程度上为戴高乐辩护，认为戴高乐实际上很少关注英国加入欧洲共同体的问题，表示他已经就此问题不时地与戴高乐讨论。至于工党，阿登纳没有表示直接的担忧，他指出："乔治·布朗是他们中最聪明的，他比盖茨克尔对欧洲经济共同体的态度更加积极。"②

随着谈判的进展，联邦德国越来越对英国加入欧洲经济共同体持怀疑态度。上述因素同样促使联邦德国在支持英国时有所保留。这是因为：德国的分裂状态使之将"争取与主权国家平等的地位、争取国家统一"的政治目标作为首要任务，同样在对欧洲一体化的政策中，政治目标是联邦德国的首要取向，所以阿登纳希望欧洲经济一体化会最终实现政治一体化，更加强调政治联盟问题；法德和解在提高了联邦德国的政治地位和经济地位的同时，也使阿登纳在此过程中一定程度地认同戴高乐的政策，特别是自从戴高乐的政治联盟计划出台以来，阿登纳基本上支持并忙于此计划；对于英国加入欧洲共同体，阿登纳怀疑英国是否会真正放弃英联邦的利益和欧自联盟友而加入欧洲。谈判中英国代表

---

① FRUS, 1961 – 1963, Vol. XIII: Western Europe and Canada, Memorandum of Conversation, November 15, 1962, pp. 126 – 127.

② Ibid., pp. 125 – 126.

的僵硬态度，也使联邦德国政府更加反感英国的讨价还价。同时，联邦德国特别是阿登纳对英国的柏林政策和东西方政策不满，也减弱了他对英国的支持。麦克米伦政府一直致力于与苏联关系的缓和，特别是英国在 1958—1959 年柏林问题上的和解立场，以及在之后的柏林危机以及柏林墙事件中的谈判立场，使阿登纳几乎中断了与英国的来往。麦克米伦积极促动东西方首脑会议，特别是 1959 年麦克米伦访问莫斯科以推动缓和，这些都使阿登纳认为牺牲了联邦德国的利益，违背了他的坚定的冷战政策；在莱茵驻军问题上，麦克米伦政府提出撤出军队或要求联邦德国支付开支，也使英德两国矛盾重重。而戴高乐的劝说加强了阿登纳对英国和美国在柏林问题上的怀疑。再则，与法国和解是一体化的既定政策，戴高乐的劝说使阿登纳面临巨大的压力。以上种种原因都使阿登纳对英国加入欧洲共同体开始犹豫不决。1962 年 11 月 13—16 日访问华盛顿的联邦德国外交部部长施罗德向鲍尔透漏了这一消息，他指出，阿登纳对英国加入共同市场的态度开始摇摆不定，并提醒鲍尔应该和肯尼迪力劝阿登纳支持英国加入共同体。①

　　美国寄予重大希望的联邦德国并没有使局势好转。随着麦克米伦国内支持力量的下降，以及共同市场委员会的"良好欧洲成员"对于英国倾向于将谈判作为一种商业讨价还价的手段而非一种政治事业的反感，到 1962 年 12 月，英国与共同市场的谈判陷入僵局，甚至接近终结。为避免谈判的僵局，希思主动接近美国驻法大使布鲁斯，并要求鲍尔会见哈尔斯坦，以软化哈尔斯坦，使他起更富建设性的作用。在与希思商议之后，为了推动英国的谈判，鲍尔邀请哈尔斯坦来华盛顿讨论英国和共同体谈判的情况。哈尔斯坦乘飞机前往华盛顿，与鲍尔进行了坦率的会谈。会谈讨论了共同市场各国对英国成员身份的态度，哈尔斯坦强调，他对英国加入的前景是乐观的。鲍尔指出，美国相信，自由世界正向一个高潮时期发展，它全部的力量要集中起来，英国成员身份是至关重要的第一步。鲍尔问哈尔斯坦："是否，以及怎样，美国才能有所帮助？"哈尔斯坦欢迎美国成为欧洲经济共同体委员会和英国之间交流的中间渠道。同时，在 1962 年 12 月 1 日召开的经济合作与发展组织部长会议上，鲍尔与博林（美国 1962 年至 1968 年驻法大使）、布鲁斯、赖恩哈特、杜希尔和莱斯会晤，讨论怎样才能唤起谈判的新的生命力，

---

①　FRUS, 1961 – 1963, Vol. XIII : Western Europe and Canada, Memorandum from the Under Secretary of State（Ball）to President Kennedy, November 15, 1962, p. 123.

确保他们不会失败，他们希望在 12 月下旬举行的拿骚会议上由肯尼迪来建议希思在下一年初进行反击，以改进他们的立场，并告诉他美国会全力支持。①

此时在美国国内，对于谈判中是否能有效地维护美国利益的问题，美国各经济部门是相当敏感的，农业部长弗里曼在 1962 年 11 月下旬到欧洲，回国之后他向肯尼迪提出了对谈判中没有给美国以有效的贸易机会的不满。他指出："欧洲国家不会给予美国农业任何贸易机会，除非受到不断的协调一致的压力。很明显在德国和法国的主导下，强有力的外交政治领导是一种民族利益的体现，而不会关注美国的利益。美国已经对它们当前的经济形势和对欧洲共同体的未来作出了巨大的贡献……但是这在讨价还价的桌面上作用很小。"弗里曼认为原因主要是戴高乐对法国农业政策的祖护，他提醒说："法国是难以对付的。法国农业部部长是所有农业部长中最具个性的一个，甚至使法国农业部在政府中占主导地位。……戴高乐有很大的政治野心，他受排他性的政治因素（主要是国内的）所激励，所以，我们要对付非常尖锐的顾客。我估计只有'实力'才会使他们做出回应，而不是'劝说'。……戴高乐最近的成功已使皮萨尼（法国农业部部长）成为他强有力的支持者，他们坚持的原则与关贸总协定相反，皮萨尼说，无论怎样受阻，他都不会按关贸总协定的规定来做。"②

肯尼迪政府和麦克米伦政府积极准备，试图在 1963 年初进行反击，以新的姿态重新进行谈判。但还没来得及反击，"拿骚会议"便成为谈判失败的导火索，戴高乐则成为谈判终结的关键人物。

---

① FRUS, 1961 – 1963, Vol. XIII : Western Europe and Canada, Memorandum from the Under Secretary of State (Ball) to President Kennedy, December 10, 1962, p. 139.

② FRUS, 1961 – 1963, Vol. XIII : Western Europe and Canada, Memorandum from Secretary of Agriculture Freeman to President Kennedy, November 26, 1962, pp. 128 – 129.

第五章　肯尼迪政府政策的受挫

在英国与欧洲共同体的谈判中，戴高乐领导的法国成为英国加入共同体成败的关键，联邦德国也分量重大。六国中的小国虽然也不同程度地反对英国加入提出的特殊条件，但主张通过相互让步来解决，希望英国加入共同体，特别是戴高乐大力倡导其政治联盟计划之时，它们更加主张英国加入共同体；在共同体六国与英国进行谈判的同时，也进行着六国部长之间的会谈。因而，法国的态度成为谈判能否成功的关键。联邦德国在一体化中的重要地位以及阿登纳和戴高乐的个人关系，使得联邦德国也成为影响谈判的重要因素。

第一节　戴高乐反对英国加入欧洲共同体

一　戴高乐反对英国涉足欧洲大陆一体化

再次执政之初，戴高乐就坚决反对英国涉足欧洲大陆一体化。他在1958 年的政策总结中就指出："我们政策的目的就是要实现欧洲国家的协调……我们推动欧洲经济共同体的形成，促使六国在政治领域内经常采取协调的行动；不让其他国家，尤其是英国，把西欧拉到大西洋体系那边去——这是和'欧洲人的欧洲'不相容的，但是这些离心力却决心要改变既定的方针政策和共同市场，竭力使自己与欧洲大陆连成一体。"① 戴高乐反对英国提出的自由贸易区计划和欧自联计划，他批评说："这些谈判一开始就倾向于把六国经济共同体淹没在一个庞大的自由贸易区中，这个贸易区将包括英国，不久还包括整个西欧。"在六国

---

① 〔法〕夏尔·戴高乐：《希望回忆录》，《希望回忆录》翻译组译，中国人民大学出版社 2005 年版，第 175 页。

和英国就自由贸易区计划的谈判中，法国外长在 1958 年 11 月 6 日直接告诉英国同行：法国不接受英国的计划，并且法国立即撤出了自由贸易区的谈判，随后其他成员国也尾随法国纷纷退出，英国的大自由贸易区计划失败。在墨西拿会议上，法国团结其他五国，反对英国所倡导的欧自联与欧洲共同体的联系。同时，戴高乐还积极配合欧洲经济一体化的进程。1958 年 12 月，法国政府积极配合，决定从第二年元旦起开始实行《罗马条约》所规定的第一阶段的措施，主要是关税降低 10% 和外国输入品定额增加 20%（按照《罗马条约》的规定，欧洲共同体若进入第一阶段，需要共同体全体一致支持，所以若法国反对，共同体就不会按时进入第一阶段）。[1] 对于英国强烈抵制的欧洲共同体加速减税计划，戴高乐积极支持并配合计划的实施。戴高乐还联合阿登纳一起反对英国涉入欧洲大陆的一体化。1958 年 9 月，戴高乐在与阿登纳的初次会晤中便提到英国和欧洲共同体的关系问题，他认为："只要英国在经济和政治方面继续保持现状，法国就认为应当把它排除在外。"[2] 1958 年 11 月 2 日，戴高乐与阿登纳第二次会晤，他们一致同意结束关于英国提议的欧洲自由贸易区计划的谈判。[3] 在与阿登纳的会晤中，戴高乐声讨麦克米伦对共同市场的敌视以及破坏，指出："通过建立自由贸易区而瓦解欧洲共同体是麦克米伦的根本战略，欧洲自由贸易区计划以及欧自联计划不过是策略的变化而已。"[4] 总之，20 世纪 50 年代以来，特别是再次执政之后，戴高乐反对英国的一体化政策，反对英国涉足欧洲大陆一体化，联合德国排斥英国也成为戴高乐的既定欧洲策略。戴高乐的这一政策在 1960 年上半年之前与共同体其他五国以及美国的政策基本一致，并促进了欧洲经济共同体的团结和进展。当 1961 年英国宣布要加入欧洲共同体时，戴高乐的反对就可以顺理成章地理解了。

　　如前所述，从 1960 年下半年开始，英国的政策就发生了变化，1961 年 7 月 31 日，麦克米伦政府宣布申请加入欧洲共同体。此时，法国正力主进行欧洲政治一体化的建设，即在欧洲经济一体化的基础上建立欧洲政治联盟，并积极致力于法德和解，英国的进入必然会影响戴高乐的欧洲主导地位和政治联盟计划。对于 1961 年英国向共同市场的靠

---

①　〔法〕夏尔·戴高乐：《希望回忆录》，《希望回忆录》翻译组译，中国人民大学出版社 2005 年版，第 185—187 页。

②　同上书，第 182 页。

③　同上书，第 183 页。

④　同上书，第 223 页。

近，戴高乐认为："英国又重新发动进攻。由于他们从外面阻止不了共同体的产生，现在他们打算钻到内部来使这个组织陷于瘫痪。他们不再要求结束这个共同体，相反，宣布自己愿意参加。他们建议研究在什么条件下他们可以参加……宣称，只要能照顾他们和英联邦以及自由贸易区伙伴们的特殊关系和他们农业的根本利益就行了。"① 1961 年 5 月 20日，戴高乐与阿登纳在波恩会晤，谈起英国向欧洲政治和经济一体化靠拢的问题。戴高乐反对英国进入政治联盟，他强调说："如果英国参加进来，其目的不是诚心诚意地进行合作，尽不了基本义务，而是想充当一个仲裁者……因为英国今天是，而且永远只是一个岛国，而法德两国却是身居欧洲大陆之上，两者有着天壤之别。"② 在谈判中，戴高乐坚决反对英国提出的特殊条件，从而使谈判更难进展。

英国政府知道法国是谈判成败的关键。起初（特别是 G 计划出台之时），英国政府曾希望以"三边共管"或核合作的让步来换取法国在英国加入共同体问题上的让步，但这两个问题是美国坚决反对的，并且戴高乐也不会同意。为了打破僵局，麦克米伦又于 1962 年 6 月和 12 月两度会晤戴高乐。麦克米伦在会晤中表示："英国参加共同市场在经济方面确实存在不少困难，但不是不可克服的。大英帝国'光荣孤立'的时代一去不复返了。英国准备改变政策，坚决向欧洲大陆靠拢。"麦克米伦甚至说："为了对抗苏联，使欧洲摆脱对美国的从属地位，亲爱的朋友，让我们团结起来吧！我们三人可以一起干：您、我和阿登纳。"但是戴高乐拒绝了麦克米伦的请求，他解释道："从经济上看，你们英国人主要是依靠同美国的大宗贸易以及同英联邦的优惠贸易。你们真的能够同意和欧洲大陆国家一起实行统一的对外关税，不怕严重损害你们同美国的贸易，并且排斥你们的自治领和殖民地吗？现在你们愿意购买欧洲大陆——特别是法国的——价格高得多的农产品吗？由于你们同美国的特殊关系，你们会参加一个欧洲人的欧洲吗？或者，如果你们参加的话，目的是否在于使欧洲一体化淹没在某种大西洋主义之中呢？"对于麦克米伦要求的共同市场安排一个长期的过渡期，戴高乐说："如果同意做这些让步，然后再经过一个过渡时期，那么共同市场还剩下什么东西呢？如果这样的要求最后导致共同市场的破产，你们又

---

① 〔法〕夏尔·戴高乐：《希望回忆录》，《希望回忆录》翻译组译，中国人民大学出版社 2005 年版，第 192—193 页。

② 〔联邦德国〕阿登纳：《阿登纳回忆录（1959—1963）》，上海人民出版社编译室译，上海人民出版社 1973 年版，第 121—122 页。

何必参加呢？倒不如你们能够加入这样的共同市场时再加入，岂不更好吗？还有，对政治联盟不是也一样吗？这个政治联盟只有在组成一个'欧洲人的欧洲'以后，才有存在的理由和力量，虽然目前美国是它的盟国，但是它有自己的政策和自己的防御。然而由于你们和美国的特殊关系，你们会不会参加这样一个欧洲联盟呢？或者，如果你们参加的话，目的是否在于使欧洲实行一体化从而陷入大西洋主义呢？"首相声明，他衷心希望欧洲独立，但是一点也没有表示他决心承担与美国关系的后果。① 1962年12月中旬，戴高乐在朗布依埃皇庄再次与麦克米伦会谈，并对英国能否调整它加入欧洲经济共同体的条件深表怀疑。麦克米伦心事重重地离开。麦克米伦寻求打破僵局的努力失败了。

二　戴高乐反对英国加入欧洲共同体的原因

戴高乐反对英国加入欧洲共同体，既有现实的经济原因，更有深层次的英法矛盾和美法矛盾。

第一，法国担忧英国加入欧洲共同体会使共同体力量失衡，这反映了深刻的英法矛盾。戴高乐的欧洲政策的目标是确立法国在欧洲的领导地位，他把欧洲经济共同体当成实现这一目标的工具。英国虽然衰落了，但仍然不失为一个二流大国，在世界事务特别是欧洲事务中有重要的影响，所以，戴高乐拒绝将一个竞争者和敌对者带入大陆。另外，戴高乐担忧英国进入欧洲经济共同体会减少法国在欧洲的相对分量，销蚀他的"第三种力量"计划，提高美国在欧洲的影响，并且可能会出现英德联手抗衡法国，而不是法德友好。那时，法英敌对将代替法德亲善，法国的政治联盟计划将被抛置一边。在一体化理念方面，虽然英国和法国在所坚持的共同体的性质方面有一致的地方，如都反对一体化的联邦主义，主张邦联主义的一体化，但也正是这种要求本民族控制权的理念，使之不容许其他国家染指他们各自的"势力范围"。

第二，戴高乐反对英国加入欧洲共同体还在于戴高乐反对英美特殊关系，担忧英国进入会将欧洲共同体淹没到大西洋之中。戴高乐对美英特殊关系一直讳莫如深。第二次世界大战中英国首相维斯顿·丘吉尔对他讲的一句话，戴高乐一直记忆犹新："您要知道，如果我们必须在您和罗斯福之间做一选择时，我总是选择罗斯福的。您还知道，当我必须

---

① 〔法〕夏尔·戴高乐：《希望回忆录》，《希望回忆录》翻译组译，中国人民大学出版社2005年版，第223—224页。

在欧洲和大海之间做出选择时，我总是选择大海。"① 因此，戴高乐认为英美之间的特殊关系使英国不可能成为与其他西欧国家同样的成员国，一旦让英国加入欧洲共同体，就会改变共同市场的性质，使共同市场变为一个全球性质的组织，最终会出现依附于美国的松散的大西洋共同体。在这个共同体内部，英国可能成为美国打进欧洲的"特洛伊木马"，会再次被赋予同华盛顿对话的特权。戴高乐主要的政治目标是恢复法国的大国地位，这一目标与美国的目标是冲突的。战后美国外交的基本目标是遏制苏联并进行全球扩张，西欧这一联盟是美国极力要团结的对象，它希望保持美国在联盟中的主导地位，这必然与戴高乐复兴大国地位的民族主义外交相冲突。

　　第三，戴高乐反对英国加入欧洲共同体还有现实的经济方面的考虑。正如戴高乐所说的，英国的经济体系与欧洲大陆国家不同。首先，英国是工业大国，主要同南北美洲、英联邦国家及欧自联国家进行贸易；农业食品主要是从英联邦进口特惠的廉价的食品，对国内农产品实行补贴；六国工业品实行统一的对外关税，而农业问题对法国尤其重要，法国是农业大国，六国实行统一的价格，不实行补贴。所以，法国不相信，为了加入共同市场，英国准备改变它们的经济和对外政策，会完全放弃英联邦特惠和欧自联国家的特惠而毫无保留地进入。戴高乐认为：麦克米伦政府可能将其未来赌注在申请上，但他没有显示出接受法国要求的愿望或实力。② 而英国要求对农业、英联邦和欧自联作出特殊的安排，并要有一个过渡期，这就更加证实了戴高乐的怀疑。其次，戴高乐担忧，英国加入后，与英国有相似条件的欧自联国家相继加入，会破坏六国共同体的统一原则和机制。最后，许多重要的问题如共同农业政策问题还未解决，法国不希望在这些问题解决之前英国进入共同市场，因为英国进入会影响这些政策的制定和实施。并且，法国担忧英国进入共同市场后会推动共同市场朝自由贸易的方向发展。作为曾经最发达的资本主义国家，英国有着悠久的自由贸易传统，倡导自由贸易政策，反对保护主义。英国所坚持的自由贸易政策是法国所不喜好的，因为这会使共同市场的保护主义大大减退，特别是不利于共同市场共同农

---

① 〔法〕R. 马西普：《戴高乐与欧洲》，复旦大学历史系世界史组译，上海人民出版社1973 年版，第 49 页。

② Jeffrey Glen Giauque, *Grand Designs and Visions of Unity: The Atlantic Powers and the Reorganization of Western Europe 1955 – 1963*, Chapel Hill: University of North Carolina Press, 2002, p. 168.

业政策的实施。因此，戴高乐担忧英国的进入会对共同市场形成巨大的负面影响，会使共同市场朝着自由贸易的方向发展。

第四，戴高乐的欧洲战略是他反对英国加入欧洲共同体的根源。戴高乐在其回忆录的第三卷中就宣布了"我为祖国制订的庞大计划"。其主要内容是：（1）英国和美国要"在肩负缔造和平责任的国家中把我们贬为二等国地位。但是我要尽力制止他们这样做"。（2）要"保证法国在西欧居于头等地位"。（3）要"防止可能威胁法国安全的新日耳曼帝国的兴起"。（4）要"同东方和西方国家进行合作，必要时与其中的一方结成绝不有损独立性的必要的联盟"。（5）要"劝说沿莱茵河、阿尔卑斯山和毕利牛斯山的国家联合起来，组成一个政治、经济和战略集团；使这个集团成为世界三大力量之一；必要时，使它成为苏联和美国两个阵营之间的仲裁者"。[①] 他下定决心："自从 1940 年以来，我的一言一行都在为这些问题创造条件。现在法国站起来了，我一定尽力设法达到这些目的。"[②] 这一计划宣布了戴高乐的欧洲战略，即通过以法德合作为核心的政治联盟形式的"欧洲人的欧洲"，来实现法国的欧洲主导地位和世界大国地位。

戴高乐战略的核心是欧洲联合。戴高乐的欧洲联合思想是战后初期逐渐形成的。第二次世界大战结束时，法国虽为战胜国，但战争的破坏使法国的国际地位一落千丈。具有强烈民族主义精神的戴高乐寄希望于恢复法国的大国地位，加之战时与罗斯福总统和丘吉尔首相的不和谐关系，因而战后他致力于重新鼓舞法国人的民族自信心、恢复法国昔日的伟大。但是战后的世界形势已沧海桑田，美国和苏联成为世界霸主，世界已分为资本主义和社会主义两大阵营，单靠法国的力量来实现这一计划显然是极不现实的，而戴高乐拒绝臣服任何国家，他提出建立"从乌拉尔山脉到大西洋"的大欧洲。这样，在战后西欧一体化的呼声中，联合欧洲大陆国家来抗衡美苏，并使欧洲成为独立于美国和苏联的第三种力量，成了他的欧洲战略的核心。

戴高乐的欧洲联合思想是以法德和解为核心的。通过法德和解将重新武装的联邦德国纳入欧洲联合之中，既抑制德国，又能抗衡美英两国在西方世界的领导地位，成为法国政府的最好选择。再次执政后，戴高

---

① 〔法〕夏尔·戴高乐：《战争回忆录（三）：拯救（1944—1946）》，北京编译社译，世界知识出版社 1981 年版，第 2 页。

② 〔法〕夏尔·戴高乐：《希望回忆录》，《希望回忆录》翻译组译，中国人民大学出版社 2005 年版，第 174—175 页。

乐进一步加强了法德合作，并将法德和解推向高潮。在两人第一次会晤中，戴高乐就指出："德意志联邦共和国和法国之间的密切合作将使欧洲成为建设世界的基础。"① 两国领导人达成共识：在美国和苏联两个超级大国之间，以法德和解为基础的欧洲联合对两国均有极其重要的意义。戴高乐正是想通过法德合作来实现欧洲联合，在这种欧洲联合中实现法国的领导地位。戴高乐指出：面对世界向法国提出的种种实际问题，"法国再一次在它的历史上意识到自己所负有的责任"，这个责任"适合它的才能、符合它的利益，并且和它的力量是相称的"。②

　　戴高乐的欧洲联合思想的实体是邦联式的政治联盟。再次执政后，戴高乐虽然支持欧洲一体化，但他从未放弃他的邦联主义原则，政治联盟计划便是最好的说明。在戴高乐看来，经济一体化只是一种前奏和工具，政治联盟才是欧洲一体化的最终目标。戴高乐的政治联盟计划，是国家元首定期就政治、外交、防务问题协商，实质上是一种邦联主义的一体化。戴高乐一直致力于政治联盟计划，并得到了阿登纳的支持。

　　总之，戴高乐所主张的欧洲是：通过法德和解，在邦联主义的政治联盟基础上，使欧洲成为独立于美、苏的第三种力量，从而实现法国的欧洲主导地位和世界大国地位。英国加入欧洲共同体，这会对法国的领导地位带来挑战，并且将他极力反对的美国带进来，所以戴高乐极力反对。正如戴高乐所说的："英国有朝一日将加入共同市场，但毫无疑问那时我将不在位了。"③

第二节　联邦德国的保留态度

一　联邦德国对英国加入的利弊权衡难以取舍

　　德国因素是欧洲一体化的驱动力。遏制德国是欧洲一体化主义者发起一体化运动的最初动因之一。对美国来说，遏制德国也是美国政府支

① 〔法〕R. 马西普：《戴高乐与欧洲》，复旦大学历史系世界史组译，上海人民出版社1973 年版，第 31 页。

② 〔法〕夏尔·戴高乐：《希望回忆录》，《希望回忆录》翻译组译，中国人民大学出版社 2005 年版，第 173 页。

③ Derek W. Urwin, *The Community of Europe：A History of European Integration since 1945*, London, New York：Longman, 1991, p. 129.

持欧洲一体化的重要原因。随着冷战形势的恶化，武装德国的问题随之产生，将重新武装的德国系在欧洲一体化之中，通过将其重要的战略原料——煤钢的合营来防止德国军国主义的复兴，成为当时最好的选择。

联邦德国的目标是政治统一和经济发展，实现国家统一是联邦德国对外政策的最高目标。由于政治原因，联邦德国支持一体化。1950年5月，法国外长罗伯尔·舒曼提出欧洲煤钢共同体的计划。对联邦德国来说，建立欧洲煤钢联营组织意味着废除国际管制的局面，而联邦德国将作为一个平等的成员国参加这个组织，从而向恢复德国主权的方向迈进了重要的一步，这是当时联邦德国总理阿登纳十分希望的。1957年《罗马条约》通过，煤钢联营组织的六个国家将为欧洲煤钢联营组织、欧洲原子能联营组织和欧洲经济共同体设立一个单一的行政机构。法国和比利时的海外领地取得了参加的权利，并设立共同开发基地资金来资助在这些领地的财政投资。波恩获得了一项让步，即与联邦德国的一切贸易将不受共同市场对外贸易壁垒的妨碍——这是一个重要的问题，因为除了业已存在的政治和军事战略壁垒外，联邦德国政府希望避免在两个德国之间建立合法的经济壁垒。《罗马条约》给阿登纳以巨大的政治利益的希望，也使联邦德国获得了巨大的经济收益。《罗马条约》明确规定，六国试图把共同市场作为建立一个联合的欧洲的初期阶段。之后，欧洲防务集团计划的失败，使欧洲一体化主义者认为经济一体化是为政治联盟铺平道路的方式，阿登纳的建立联合的西欧的目标似乎前进了一步。联邦德国支持一体化主要着眼于政治意义，正如阿登纳在1957年8月的一次讲话中明确表示的："不言而喻，德国重新统一是我们关注的最大问题，我们所有的希望都是为了实现这一目标。"[1] 当然，一体化也使联邦德国的经济受益，并从1957年开始出现经济奇迹。

在英国加入欧洲共同体问题上，联邦德国自身的利益取舍，加上美国与法国的极力争取，使之在这一问题上存在较大的矛盾。英国加入欧洲共同体会使联邦德国受益，这是因为：第一，英国加入共同体，一方面可以增强联盟的团结，防止北约的分裂，一个强大而团结的联盟能够更好地对抗苏联，这有利于联邦德国政治目标的实现。尽管联邦德国与法国在许多问题上达成一致，但在共同体的扩展问题上，联邦德国不像法国那样，它只要求共同体保持政治经济上的团结，而不怕扩展共同市

---

[1] 贾文华：《欧洲一体化进程中的超国家主义与政府间主义之争（1945—1972）》，博士学位论文，中国人民大学，2002年，第74页。

场。联邦德国人希望有新的盟国，并成为美国的伙伴。大多数联邦德国人相信，英国除了关注它的特殊条件以及不愿意实行联邦主义之外，是真诚地希望加入共同体的。第二，在经济上，与法国人的相对保护主义不同，德国人希望共同市场的保护主义色彩要少。联邦德国欣赏英国的自由贸易政策，联邦德国的很多贸易都是与外部七国进行的，所以，它们希望通过英国加入共同体来加强自由贸易，同时也保持与六国之外的地区的经济联系。以经济部部长艾哈德为首的政府人员担忧，共同对外关税可能妨碍联邦德国与共同市场以外的国家进行广泛的贸易，所以，他们希望英国加入共同体，以加强联邦德国与外界的经济联系。第三，德国分裂的现实，又面临苏联的威胁，使得联邦德国在政治和防务方面极其依赖美国，美国成为联邦德国安全的核心，这一作用是法国绝不可以代替的。基于这一原因，联邦德国不能得罪美国，慑于美国的压力，联邦德国不得不慎重考虑英国加入共同体的问题。第四，伯恩也认识到，谈判的失败会使苏联受益，可能会导致西欧的经济停滞和政治冲突，并可能导致英国的工党执政。联邦德国外交部认为：在对抗苏联方面，工党比保守党更加软弱，它们希望英国加入共同市场会使保守党继续执政来对抗共产主义集团。而谈判的失败会"对欧洲和自由世界的统一产生严重的后果"。[1] 所以，基于政治目的，联邦德国希望英国进入共同体以避免欧洲的分裂，从而更好地对抗苏联，同时，在经济上也可以扩展六国之外的市场和贸易。

　　但是，联邦德国又对英国加入欧洲共同体有所顾虑。首先，英美两国在柏林问题和东西方问题上的缓和态度，使联邦德国政府特别是阿登纳担忧某一天美国和英国会以牺牲联邦德国的利益为代价来减轻自己的政治与军事负担，或者与苏联调和。而戴高乐在柏林问题上持强硬态度，在柏林危机期间和柏林墙事件中，一直到1963年，戴高乐反对在柏林问题上向苏联让步，而美国和英国坚持谈判解决，这更使阿登纳坚定了法德团结的信念，认为美国和英国对苏联是投降的行为，与戴高乐团结可以阻止美国和英国向苏联让步。[2] 所以，阿登纳要依靠戴高乐支持联邦德国在一体化中的地位，支持它"保守的东方政策"。其次，当时正在进行的法德和解，以及在此过程中形成的戴高乐和阿登纳密切的

---

① Jeffrey Glen Giauque, *Grand Designs and Visions of Unity*: *The Atlantic Powers and the Reorganization of Western Europe 1955 - 1963*, Chapel Hill: University of North Carolina Press, 2002, pp. 170 - 171.

② Ibid. , p. 88.

个人关系，使得戴高乐的态度对阿登纳有所影响，阿登纳不愿意以牺牲法德关系为代价支持英国。当然，阿登纳和戴高乐的个人关系特别是法德两国政策的一致性不能过分夸大。两人的思想和两国的目标有明显的区别，戴高乐要求实现独立于美国的欧洲，以此实现法国在欧洲的主导地位和世界大国地位，他还明显地指望联邦德国提供经济上和政治上的支持；而阿登纳的欧洲一体化思想是大西洋主义的欧洲，是依靠美国的，希望实现联邦德国与主权国家平等的政治地位，甚至最终实现德国的统一。最后，英国的许多做法也使联邦德国在支持它时有所顾虑：英国进入的目的是要影响欧洲共同体的发展，特别是它坚决保全英联邦的利益、欧自联的利益和本国的农业利益，而兼顾这些就会改变共同市场的本质，这是联邦德国所反对的，联邦德国不愿以疏远法国或以损害共同市场为代价来支持英国加入共同体。同时，在谈判的条件之争中，美国对于英国提出的条件也极力反对，英美之间的分歧也增加了联邦德国反对英国所坚持的条件的信念。

二　联邦德国政府的保留态度

在重重的矛盾之下，在英国加入共同市场的问题上，虽然联邦德国大多数人支持英国加入，但这一支持有所保留。联邦德国总理阿登纳重视与法国的关系和与戴高乐的关系，重视当时戴高乐所提出的政治联盟计划，同时也不信任肯尼迪政府和麦克米伦政府的东西方政策，所以，他在支持英国加入的同时表现出了较大的保留。而联邦德国经济部部长艾哈德和外交部部长施罗德，以及工业界的领导、农业利益集团，以及媒体的大多数，他们赞同自由贸易，反对共同市场保护主义的关税同盟，主张共同市场的扩展，对英国加入欧洲共同体的支持较为积极。特别是经济部部长艾哈德，主张自由贸易，反对六国关税联盟的办法；他批评共同市场1961年1月1日建立共同关税的做法，认为：如果联邦德国对来自第三国的货物提高关税而不是降低关税，公众将认为这是"完全愚蠢的行为"。他支持六国与七国的和解，建议共同采取对工业品进口的低关税率，农产品则完全免税。联邦德国政府的大多数人反对这一观点。① 他和他的下属很长时间以来支持创立更大的松散的自由贸易区，支持共同市场的扩展。布鲁塞尔谈判的联邦德国代表阿姆特

---

① 〔英〕瓦特：《国际事务概览（1961年）》（上），于树生等译，上海译文出版社1988
　　年版，第146页。

（Auswartiges Amt）也一直在积极努力地推进谈判。他们的观点与美国的观点有类似之处，他们坚持英国要求的特殊条件必须限制在过渡性的安排中，不应长期排除在《罗马条约》之外。他们希望先集中于英国进入共同体的谈判，然后处理与其他国家的关系问题，并认为欧自联中立国的问题应该在关贸协定的谈判或经济合作与发展组织中解决。①

阿登纳对支持英国加入欧洲共同体的保留态度无助于谈判的顺利进展。在美国极力争取阿登纳支持英国之时，以及在谈判中，阿登纳的保留态度明显地体现出来。1961 年 4 月 13 日，阿登纳访问华盛顿，肯尼迪表示："我们希望英国会起带头作用，英国应该加入欧洲经济共同体。若英国无条件加入欧洲经济共同体，这对大西洋共同体是最好不过的了。"当时，阿登纳表示，英国加入共同市场没有不可克服的问题。问题是英国是否准备真正就英国加入的问题进行谈判。而到目前为止，他没有看到正式谈判的迹象。共同市场国家今天已准备接受英国，而不是明天。② 美国驻英大使布鲁斯也认为：阿登纳不相信麦克米伦会真正决定加入欧洲共同体，他和戴高乐决定不等英国而转向政治一体化和法德轴心。对于"1961 年 5 月希思发言代表着英国巨大的决定，因为这意味着对大陆几百年政策的转变"这一观点，阿登纳强烈反击说："不，麦克米伦不会真正转向欧洲一体化，我想，希思和几个大臣可能希望这样，劳埃德已经转变过来了。但麦克米伦政府永远不会做出需要的决定。"阿登纳认为，他和戴高乐相信，英国有一天会加入欧洲，但不是麦克米伦执政的现在。③ 在肯尼迪和阿登纳的多次会晤中，在英国加入欧洲共同体的问题上一直未达成完全一致。

基于政治原因，阿登纳也并不是共同市场热情的支持者，他更倾向于通过政治一体化来加强经济一体化，而不是通过允许新成员的进入来实现。阿登纳着重政治一体化，特别是着重当时的政治联盟，与英国着重经济上加入欧洲共同体产生了冲突。他认为，麦克米伦不会真正转向欧洲。1961 年 5 月 20 日，戴高乐到波恩与阿登纳会晤，戴高乐问阿登

① Jeffrey Glen Giauque, *Grand Designs and Visions of Unity: The Atlantic Powers and the Reorganization of Western Europe, 1955 – 1963*, Chapel Hill: University of North Carolina Press, 2002, p. 171.

② FRUS, 1961 – 1963, Vol. XIII: Western Europe and Canada, Memorandum of Conversation, April 13, 1961, pp. 6 – 7.

③ FRUS, 1961 – 1963, Vol. XIII: Western Europe and Canada, Telegram from the Mission at Geneva to the Department of State, May 24, 1961, pp. 21 – 22.

纳对于英国竭力向六国和共同市场日益靠拢有什么看法，阿登纳直截了
当地说："但愿麦克米伦知道他在干什么。"联邦德国外长勃伦特诺分
析了英国加入的目的，认为伦敦感到大陆一体化的发展对英国构成了危
险，英国担忧被排斥在大陆之外。他认为英国不会如此忧心忡忡地准备
参加真正的政治合作，英国的兴趣只是在于发展经济而已。说不定英国
就在参加进来之后，还会有意无意地破坏这种合作。勃伦特诺说："联
邦政府几乎无法设想英国能成为欧洲经济共同体的正式成员。"阿登纳
指出："至于英国和欧洲经济共同体的关系，英国的态度事实上的确有
了改变的征兆。鲍尔 1961 年春访问联邦共和国时当面对我说，这是英
国几个世纪以来奉行的大陆政策的一个转变。我回答他的也正是这句
话，'几百年陈旧政策的向后转'，1954 年秋西欧联盟成立时艾登对我
讲过，连丘吉尔也讲过类似的话。按照英国的要求，西欧联盟秘书处设
在伦敦，像僵尸一样躺在那里。也许有朝一日它能够苏醒过来，可是谁
也看不出哪年哪月才能出现这种转机。尽管这样的老话讲来讲去，我是
不会相信的。……我坚信，英国在短时期内是不想要政治共同体的，他
想要的不外乎贸易共同体而已。"① 阿登纳的怀疑，特别是在许多方面
与戴高乐达成一致，这更增大了谈判的难度。

对于谈判中的焦点问题，阿登纳与戴高乐达成一致，认为英国不会
舍弃英联邦和欧自联而加入欧洲。1961 年 12 月 9 日，阿登纳访问巴
黎，同戴高乐会晤。戴高乐认为英国不会舍弃英联邦和欧自联，并表示
要加强政治联盟计划。他们认为："英国的意愿不是向着欧洲，而是向
着一个拥有一系列下属机构，甚至包括美国在内的世界组织。尽管英国
说它要加入共同体市场并非完全出自经济原因，但这不会是事实。我们
可能接受英国加入共同市场和各国的欧洲联邦，我们却不能接受英国连
同英联邦一道加入进来。"阿登纳对戴高乐的见解表示完全赞同。对于
戴高乐加强政治联盟的计划，阿登纳也表示赞同。②

1962 年中，在东西方关系问题上，英国在很多方面都站在了美国
一边，支持谈判与和解，这增强了英国和联邦德国关系中不和谐的气
氛。同时，谈判的崎岖不前、英国国内的形势发展逐渐对保守党不利，
以及政治联盟的受挫，都使得阿登纳更为恼火。随着法德关系日益密

① 〔联邦德国〕阿登纳：《阿登纳回忆录（1959—1963）》，上海人民出版社编译室译，
　上海人民出版社 1973 年版，第 122—124 页。
② 同上书，第 145—147 页。

切，阿登纳接受了戴高乐的这一观点：英国是欧洲事务中的一种分裂的和外部的力量。尽管阿登纳在英国对欧洲的价值问题上口头赞同，但至8月，阿登纳已经反对英国有条件地加入欧洲共同体。他谴责"英国想要将整个英联邦带进共同市场，还要求在共同市场的特权地位"。他拒绝向阿姆特保证谈判必须有进展，并拒绝谴责"法国是谈判进展缓慢的过错"。尽管没有直接说反对英国加入欧洲共同体，但是已经很清楚，阿登纳认为，德国的国家利益要依靠巴黎—波恩的关系来保持。英国加入共同体不但会打破这一伙伴关系，还会削弱欧洲的政治经济一体化，甚至可能驱使法国寻求与苏联的缓和。阿登纳宣称：如果英国进入共同体，六国将必须浪费它们自己的资源来支撑英国的货币和经济。他也提醒说，即使麦克米伦让英国加入共同体，下届工党政府也可能会撤退。他提出警告说，如果向英国让步太多，他自己的政府也可能会倒塌。[①]

英美两国和法国的极力争取更强化了联邦德国的摇摆不定。英美两国和法国一直都在争取联邦德国的支持，这在1962年后半期更加急切，使得联邦德国面临着两难选择。英国希望加入欧洲共同体的政策得到阿登纳的支持，甚至比依靠美国更甚。英国向波恩做了大量的保证：它们将在欧洲起完全的作用，并且它们的特殊需要不会危及共同市场。1962年7—10月，麦克米伦作出了系列许诺，甚至奉承地向阿登纳直接呼吁："我们已经感到：您和我一致——英国加入欧洲共同体代表着欧洲一体化的另一半模式，这将永远与您的名字联系在一起。"但英国的努力未能奏效，尽管联邦德国表达了良好意愿，可是实质性支持却甚少。英国转而尽力争取阿姆特、法兰克福的邦联议会以及德国公众的支持。在1962年末，英国的主要支持者是艾哈德和施罗德，麦克米伦政府仍然希望孤立法国并向戴高乐施压。[②]戴高乐也一直在积极地联合阿登纳致力于法德友好条约。1962年秋，戴高乐和阿登纳起草了一份法德友好条约，规定法国和德国官员定期召开会议，法德和解达到顶峰。这样，联邦德国所面临的两难选择更加明显，并引起了联邦德国政府关于联邦对外政策方向的辩论。阿登纳主张："在欧洲经济共同体面前，在当前形势下，在英国的利益之前，对我们来说，德国的利益必须是最重

---

① Jeffrey Glen Giauque, *Grand Designs and Visions of Unity：The Atlantic Powers and the Reorganization of Western Europe 1955 – 1963*, Chapel Hill：University of North Carolina Press, 2002, p. 175.

② Ibid. , p. 177.

要的。"阿登纳的反对者在联邦德国和欧洲聚集了支持英国进入欧洲共同体的力量，外长施罗德也最小化了技术困难，争论说："英国进入欧洲共同体是德国的平衡政策所需要的。"①

联邦德国在一体化方面的保留态度，反映了联邦德国面临对法国和英美两国两难选择时的矛盾，以及对外政策的"欧洲"和"大西洋"选择的矛盾。这些矛盾引起了联邦德国外交政策方向的分歧。联邦德国政府的分歧和摇摆不定加强了戴高乐反对英国加入欧洲共同体的信心，无助于谈判的顺利进展。

第三节　拿骚会议与谈判的失败

一　英美核特殊关系

英国与共同体六国谈判的失败与拿骚会议有着密切的联系，而拿骚会议的召开是美英核特殊关系发展的结果。

在核领域，英美两国长期保持着极为密切的关系。早在第二次世界大战期间，英美两国的科学家就在原子能研究方面进行过密切的合作，并为"密哈顿计划"的实施作出了重要贡献。1954 年重新修改《麦克马洪法案》时，美国开始允许在核武器的用途、核武器的型号和形状方面与英国互通情报。苏伊士运河事件后，英美特殊关系恶化，出于弥补特殊关系的需要，1957 年英国热核武器试验成功后，美国进一步加强了对英国在发展核力量方面的帮助。1957 年 10 月下旬，美国总统艾森豪威尔邀请英国首相麦克米伦召开百慕大会以修补英美关系，会议决定加强两国在该领域的合作。1958 年 2 月 22 日，美国助理国务卿克里斯蒂安和英国大使哈罗德·加西亚签署了一项协议，为期五年，规定美国向英国提供中程弹道导弹。1958 年 7 月，艾森豪威尔签署了"麦克马洪法"再次修正的议案，允许在设计和生产核弹头方面以及提供可裂变物质方面与盟国互通情报，但这些国家必须是自己在核武器研制方面取得实质性进展的国家，当时符合这一标准的只有英国。② 从而，英

---

① Jeffrey Glen Giauque, *Grand Designs and Visions of Unity: The Atlantic Powers and the Reorganization of Western Europe 1955 – 1963*, Chapel Hill: University of North Carolina Press, 2002, pp. 176 – 177.

② 〔美〕邦迪：《美国核战略》，褚广友译，世界知识出版社 1991 年版，第 636 页。

国成为唯一被认为有资格取得美国核资料援助的盟国，这使两国关系得到恢复，正如麦克米伦所说的："一年以前，这种关系（伦敦和华盛顿之间的关系）曾经达到最低点。我们之间的相互信任曾经动摇。1957年百慕大会在相互信任方面迈进了一大步。"① 自此以后，英美之间交换有关制造核武器的情报与材料。1960 年 3 月 21 日至 27 日，在麦克米伦与艾森豪威尔的戴维营会晤中，麦克米伦同意在苏格兰向美国提供一个新制"北极星"导弹潜艇基地，艾森豪威尔则承诺向英国提供一种美国正在研制并准备投入生产的"闪电"式空对地导弹，以加强英国 V 型轰炸机的战斗力，并且如果"闪电"导弹不成功的话，英国可以进一步获得"北极星"中程导弹。② 这样，美英长期的核特殊关系使英国深深地依赖美国的核保护。

与此同时，英国也在发展自己独立的核力量，以强化英国在美国的特殊地位和在世界上的影响。英国在 1952 年就成功试爆了第一颗原子弹。苏伊士运河事件加强了英国发展独立核力量的迫切性。1958 年 2月，麦克米伦在接受电视采访时说："英国独立的核力量……使我们在世界上处于较好的地位，也使我们在美国面前处于较为有利的地位。独立核力量使我们享有我们应有的地位，即我们作为一个大国的地位。我们有了独立的核力量，这就使得美国更加尊重我们的意见，而这一点是非常重要的。"③ 同时，1957 年苏联人造地球卫星上天也使欧洲人（包括英国人）开始怀疑美国的核保护伞，而美苏"导弹差距"的出现更增强了英国发展自己独立核力量的意识。

二 拿骚会议

在肯尼迪政府时期，美国面临着新的核形势。西欧国家随着经济力量和科学技术的发展，为了提高国家的政治地位，要求独立发展和拥有自己的核武器，尤其是在柏林危机和古巴导弹危机之后，这种要求更为强烈。不但英国有了自己的核武器，而且法国也于 1960 年成功试爆了第一颗原子弹，并且进一步发展独立的核力量，联邦德国也要求发展独立的核力量。肯尼迪政府想继续保持美国在核武器方面的绝对优势，不想让英国分享其核武器的主权，并希望中止英国的独立核力量。1962

① 陈乐民：《战后英国外交史》，世界知识出版社 1994 年版，第 112 页。
② 张颖：《从"特殊关系"到"自然关系"：20 世纪 60 年代美国对英国政策研究》，黑龙江人民出版社 2005 年版，第 102 页。
③ 同上书，第 332 页。

年2月，肯尼迪给麦克米伦写信表示："对于英国继续坚持其独立的核威慑，我深感忧虑。您知道，北约正在重新审视其核政策。我相信您知道，审查的目标就是使我们感觉到欧洲大陆盟国要充分地参与到核事务中去，以阻止他们日益增长的发展独立核力量的要求。在这一方面，我们最关心的是德国的未来。我认为你们在60年代独立核威慑计划的声明将影响戴高乐，将会使戴高乐坚信他的事业是正确的，并会使许多对戴高乐的政策有异议的人失望。反之，这将加速德国要求自己的核力量计划，所以我希望任何有关英国独立核威慑的公开声明都应该考虑这些因素。"① 另外，为了支持英国加入欧洲共同体，美国尽力避免扩大与英国的核特殊关系。1962年4月24日，国家安全助理麦乔治·邦迪在给肯尼迪的一份备忘录中表示："我们与英国的密切合作不依靠英国在欧洲之外，或者英国在核事务方面的特殊待遇。我们希望英国在欧洲内部，除了现存的'闪电'协议外，我们严肃对待英国独立核威慑。我们宁愿英国在常规武器方面做出贡献，在核力量方面英国与北约盟国一起接受由美国支配的核力量。现在，英国加入欧洲共同体的问题迫在眉睫。我们认为，核问题相对来说不很迫切，因为现在似乎不是解决这一问题的恰当时间。共同市场和核问题应该一个一个地解决，并且两者都不能立即解决。所以，我认为美国总统可以维持与英国的特殊关系，只要这种关系的基础是共同努力的合作，而不是特别优惠。"② 1962年9月8日，国务卿腊斯克在给国防部部长麦克纳马拉的信中也表示："在英国和欧洲经济共同体的谈判结束之后，必须仔细地考查美英特殊关系。我们希望未来的欧洲核力量真正以多边计划为基础。在重新考查美英特殊关系的过程中，要避免任何扩大这种关系的行为，我认为这是非常重要的。"③

在上述情况下，为了制止英国继续发展独立的核力量，肯尼迪政府在1962年以"由于技术原因不再生产这种导弹"为由取消了艾森豪威尔向英国提供"闪电"导弹的允诺，并要求英国加入多边核力量计划。

---

① FRUS, 1961 - 1963, Vol. XIII: Western Europe and Canada, Telegram from the Department of State to the Embassy in the United Kingdom, February 16, 1962, pp. 1060 - 1061.

② FRUS, 1961 - 1963, Vol. XIII: Western Europe and Canada, Memorandum from the President's Special Assistant for National Security Affairs (Bundy) to President Kennedy, April 24, 1962, pp. 1068 - 1069.

③ FRUS, 1961 - 1963, Vol. XIII: Western Europe and Canada, Letter from Secretary of State Rusk to Secretary of Defense Mcnamara, September 8, 1962, pp. 1079 - 1080.

多边核力量计划的主要内容是：由美国向欧洲国家出售"北极星"潜艇导弹，作为各国共有的核力量；英国和法国把自己的核力量合并进去，拥有一定程度的使用核武器的发言权，但美国对这支多边核力量拥有控制权和否决权。这些核武器将由北大西洋公约组织最高统帅（美国人）指挥。很明显，肯尼迪政府所建议的这支多边核力量实质上是由多国出钱，由美国控制的"一国核力量"。其目的是在核武器方面吞并英国、限制法国、拉拢德国，并削弱法国—联邦德国轴心。[①] 多边核力量计划将英国和法国的核武器都纳入北约的多边核力量范畴，从而将英国降到同一般北约成员同等的地位。这必然引起英国的不满，特别是英国十分依赖美国的核援助。美国援助"闪电"导弹的取消在伦敦引起了轩然大波，英国国内对麦克米伦政府和美英特殊关系更加怀疑，并使麦克米伦政府濒临倒台。为解决这一问题，美英两国领导人于1962年12月18日在拿骚举行会议，肯尼迪政府希望以"北极星"来取代"闪电"。

美国的这一决定引起了美国驻欧洲共同体大使杜希尔的关注。杜希尔在参加1962年12月13—15日的巴黎北约会议期间曾与芬莱特（Finletter）大使讨论"北极星"的问题。就在拿骚会议召开的前两天，即1962年12月16日，杜希尔曾提醒国务院说，美国提供给英国"北极星"而没有坚持多边核力量，这会影响法国和德国，不利于英国与六国的谈判，这一问题会对谈判产生决定性的影响。杜希尔解释说："因为'北极星'代表着确定无疑的威慑，而欧洲人认为'闪电'只会在有限的时期内有效，将很快在1970年作废。因而，欧洲人——特别是法国人——更希望英美特殊关系在一定时限内中止。我认为法国知道这一事实：在原来的'闪电'协议与英国达成之前，英国就已经有兴趣获得'北极星'潜艇，但是被美国拒绝了，因为我们不愿意损害多边核力量计划的前景以及过度地拖延英国独立核威慑。如果英国在核武器领域有特殊的合法关系，法国会拒绝英国加入共同体。这对德国也会产生重大的影响。德国支持欧洲一体化，因而，他们原则上支持核问题的多边解决方式，美国以'北极星'援助英国独立核威慑会改变德国人的立场，会使德国更支持法国，从而加强法德协作，并会使潜在的邦联主义的共同体方式浮出水面。据报道，莫内对于美国可能提供给英国'北极星'而没有坚持坚定的多边核计划十分震惊。所以，这一决定直

① 杨生茂：《美国外交政策史》，人民出版社1991年版，第534页。

接否定了我们已经确定的美国反对核扩散以及独立核力量的原则。它会加强戴高乐坚持自己的核力量，并会减少甚至消除达成真正多边核力量的可能。这会使戴高乐重新思考英国加入共同市场的问题，因为这会在最敏感的国家安全领域确定无疑地给予了英国优势。"杜希尔预测："英国和六国的谈判将在 1963 年初期几个月中结束，可能产生两个严重的后果：一是法国简单地决定反对英国进入共同市场。二是法国可能任由英国、丹麦、挪威、爱尔兰的共同体成员身份，包括中立国在内的其他欧洲国家的联系，或者一个大而松散的、没有多少政治内容的特惠安排。法国接受这一事实可能是想转变法德双边关系的政治含义。这会使我们所致力于的欧洲政治经济一体化偏离方向。"① 正如杜希尔所料，核问题成了影响谈判的重要问题。

　　肯尼迪与麦克米伦于 1962 年 12 月 18—21 日在拿骚举行会谈。两位首脑谈论了世界形势，主要是在古巴、印巴、刚果、柏林、英国加入欧洲共同体的谈判问题以及北约问题上的合作，最主要的是达成了两国核合作的协议。(1) 美国总统和英国首相回顾了"闪电"导弹计划的研制方案。总统解释说，不再希望以高花费或高规格来完成当前非常复杂的核武器体系方案。(2) 总统告知首相，因为这一原因，并且由于可以获得替代性的武器体系，他已决定取消研制"闪电"导弹的计划。(3) 首相和总统达成一致：将把一部分现有的核力量并入北约，其中包括美国的战略实力、英国的战略实力、英国轰炸机部队及欧洲核力量中所指派的部分。他们将作为北约核力量的一部分进行部署。(4) 于"北极星"导弹，总统和首相同意：两国政府对于"北极星"导弹方面的目的必须是在与其他北约盟国最密切协商的前提下发展一支北约多边核力量。(5) 总统和首相一致同意：美国将连续使英国能够利用"北极星"导弹（没有弹头）装备英国的潜艇。美国也将研究支持这类潜艇设施的可能性。英国政府将建造可以配备这些武器的潜艇，并为"北极星"导弹提供核弹头。按照这一计划而发展起来的英国核力量与第六项所说的核力量被赋予同样的使命。这些核力量以及至少同等的美国核力量，将成为北约多边核力量的重要组成部分。首相强调，除非英国政府认为其最高国家利益受到威胁，否则在任何情况下，这些英国核力量都将用于西方联盟的国际防卫。(6) 总统和首相相信：这个新计

---

① FRUS, 1961 – 1963, Vol. XIII : Western Europe and Canada, Telegram from the Mission to the European Communities to the Department of State, December 16, 1962, pp. 139 – 140.

划将加强西方联盟的核防务能力。这一力量是西方世界最好的保护者。
(7) 总统和首相同意：除了有一个核盾之外，有一个非核之剑也是非常重要的。为了这一目的，他们认为，在世界范围内提高常规力量的有效性是十分重要的。[1]

这样，美国以费用和过期为由取消了原来答应的向英国提供的"闪电"导弹，而代以"北极星"导弹，实际上承认了英美两国的核特殊关系。除非在最高民族利益受到威胁时，英国的核力量皆置于北约的指挥之下，并服从多边核力量计划。英国实际上承认了多边核力量计划，这也是西方国家中第一个承认多边核力量计划的国家。同时，英国取得了在危急时刻单独运用核力量的权力，英美特殊关系表面上得到了一定程度的修复。但是，拿骚会议却给正在进行的英国与六国共同体的谈判带来了灾难性的后果。

三 法国的否决与谈判的终结

与美英核特殊关系形成对照的是法国核武器的独立发展。第二次世界大战后法国历届政府都想发展独立的核力量，并想从英国和美国得到核技术援助，但遭到了美国的阻挠和拒绝。与之形成明显对比的是，美国政府给予英国原子技术援助。1957 年 10 月，艾森豪威尔和麦克米伦在百慕大会决定，英美两国在核武器方面进行合作，仍把法国排斥在外。当时法国国防部部长在北约理事会上抨击美英企图垄断核武器，并表示法国将不得不单独生产核武器。戴高乐再次执政后，立即着手大力发展独立的核力量，并反复强调，法国的防务必须是属于法国的，"当法国成为原子强国的时候，我们的行动将能在世界安全和裁军方面发生更大的影响，使法国承担起世界大国的使命"。[2] 美国坚决反对法国发展独立的核力量，要求法国不要独自研制而由美国提供，对此，戴高乐并不听从。肯尼迪提出了"灵活反应战略"和"大规模报复战略"以提高核门槛。而法国继续发展自己独立的核力量，并于 1960 年 2 月成功试爆了第一颗原子弹。戴高乐排斥美英特殊关系，反对多边核力量计划。在 1962 年 12 月 11 日致法国国会的咨文中，他竭力贬低"总战略"有关欧洲和北约的方面。戴高乐强调法国独立核力量的重要性，他指

---

[1] *The Dynamics of World Power*, Vol. I, Joint Communique Issued on Discussions between President Kennedy and Prime Minister Macmillan, December 18 – 21, 1962, pp. 745 – 747.

[2] 《戴高乐言论集》，国际关系研究所编译，世界知识出版社 1964 年版，第 56 页。

出："目前为了保卫自由世界，北大西洋联盟是必要的。在联盟内部，如果法国不拥有自己的现代军事力量，那么法国的作用是不可想象的。而这种军事力量只能是日益增大的资源和坚定不移的政策的后果。还有欧洲，他们由于《罗马条约》而在经济上开始团结起来；由于我们向五个伙伴国家提出了合作的建议，就有了在政治上联合一致的可能。而在这一事件中，法德关系的加强是主要的，这个欧洲也需要一个繁荣而坚定的法国经常为它分担责任。"1963年元旦前夕，在对法国全国的电视讲话中，他回顾过去的一年并展望新的一年，继续强调他对国际局势的有关看法。他指出："什么也阻止不了我们国家争取复兴。今天，我们恢复了力量，法国重新见到了自己的地位、自己的魅力和自己的方式。这样，我们才能够有效地促进大陆六国进行政治联合，能加强我们同德意志联邦共和国的关系。这样，我们才能够拥有现代化国防，才能够加强我们和自由世界的安全。""进步，是我们国家今天的抱负。首先是西欧在经济、政治、国防、文化方面的团结，能做到这样就能同美国取得平衡，事实上也就加强了自由世界的联盟，以备将来接纳一个能够而且愿意坚定而无保留地参加联盟的英国。"①

在英国申请加入欧洲共同体期间，麦克米伦政府曾经希望给法国核援助以换取法国支持英国加入欧洲共同体，但是遭到美国的严词拒绝。英美两国在核领域的长期特殊关系增加了法国对英国的疏远，也增加了法国对英美特殊关系的戒备。"拿骚协定"给戴高乐提出了他所需要的东西，证实了他的猜疑，即美国的政策基本上是为了维持美国作为超级大国的地位，用以保持和扩大美国对欧洲物力，特别是对法国核配备和非核配备的武装部队的控制，在发生危机时英国将支持并且服从美国政府的意图。

拿骚会议后，肯尼迪致信戴高乐，表示以与英国同样的条件提供给法国"北极星"。1963年1月2日，戴高乐总统答复了肯尼迪总统的信，只要求美国对"建议的方式"做一些解释和检查。1963年1月3日，法国内阁举行了罕见的总统任主席的会议，向外界透漏说：法国既无潜艇，又无弹头，所以美国的建议并不切合实际。法国正在执行它自己的核计划，对自己的防务还是采取独立自主的原则。1月4日，美国驻法国大使伯伦回巴黎谒见了总统戴高乐，详述了拿骚会议的建议。1

---

① 〔英〕瓦特：《国际事务概览（1962年）》，上海市政协编译工作委员会译，上海译文出版社1983年版，第215—216页。

月 11 日，鲍尔来到巴黎，向北约理事会进一步解释了"拿骚协定"。在同一天他会见了德姆维尔，然后去波恩。鲍尔是一个坚定的欧洲主义者，他的解释加强和证实了戴高乐主义者对拿骚建议的怀疑。1 月 11 日，希思去巴黎和德姆维尔会晤，希思问："谣传法国要否决英国加入欧洲共同体，这是否属实？"德姆维尔对此坚决否决，回答说："只要技术问题解决了，法国不反对英国加入。"蓬皮杜的立场稍微含糊。①

但令西欧国家震惊的是，在 1963 年 1 月 14 日的记者招待会上，戴高乐以英国与六国社会现实的不同和英美特殊关系为由，拒绝了英国的申请。戴高乐声明："欧洲大陆六国之间签订了《罗马条约》。从经济上讲，这些国家大体上是性质相同的……他们之间不存在任何政治上的怨恨……共同体六国在经济发展、社会进步、技术能力方面的相近性，使之发展了共同的经济共同体。"他接着说："英国事实上是一个海上岛国，通过它的贸易、它的市场、它的食品的供应同各种各样的国家，而且经常是同很辽远的国家联系着。它进行的活动主要是工业和贸易的活动，农业活动却很少……总之，英国所具有的这种性质、结构和情况是与其他大陆国家不同的。英国人民取得食物的方法，实际上是从按北美洲或从旧自治领廉价购买粮食进口的方法，同时还要给予英国农民以大量的补贴……六国的制度确定把整个共同市场的农产品作为一个整体，严格规定他们的价格，禁止补贴。英国现在是否能同大陆国家一起，并且像大陆国家一样把自己放在共同关税之内，而放弃英联邦方面的任何特惠，停止要求它的农业应享有特殊待遇，并取消它对自由贸易区各国所承担的义务？这就是整个问题所在。""首先是英国加入，然后自由贸易区这些国家加入，将完全改变六国间建立的全部安排、协议、补偿办法和规则……这样建立的十一国、然后十三国、然后也许是十八国的共同市场，同六国所建立的共同市场无疑是不相同的。这样复杂的一个集团，其内部团结是不会维持长久的，而且最终会出现一个依附美国并在美国领导下的庞大的大西洋共同体，它将很快把欧洲共同体吞噬掉……这绝不是法国所希望做的……法国的希望，法国在做的，是建设地道的欧洲。"②

在新闻发布会上，戴高乐也对"拿骚协定"作出了反应，即坚决

---

① 〔英〕瓦特：《国际事务概览（1962 年）》，上海市政协编译工作委员会译，上海译文出版社 1983 年版，第 216—217 页。

② 《戴高乐言论集》，国际关系研究所编译，世界知识出版社 1964 年版，第 409—412 页。

反对多边核力量计划，认为美国不会再有效地防卫欧洲，法国需要自己的核武器。戴高乐指出：苏联直接威胁美国的远程导弹，使欧洲在军事上的重要性对于美国而言已退居第二位。"古巴危机"的经过表明，美国为了保卫自身，已经准备不考虑它的欧洲盟国对于苏联的还击首当其冲而使用核武器，更谈不上与盟国商量了。美国的核武器仍旧是世界和平的保证，但是美国的核力量并不一定或直接适应欧洲和法国的一切需要与意外事故，因此要有法国的核力量。此项核力量可以与盟国的核力量合作，但是不能与它们合并。拿骚的建议将一种多边核力量置于北约的美国人指挥之下，这中间将包括英国现在和将来的所有核武器以及美国的某些核武器，而英国在"拿骚协定"下获得了"北极星"导弹和美国制造发射"北极星"的潜艇的专门技术。法国既无潜艇又无弹头，给它"北极星"导弹它也无法使用。到它准备好的时候，它也将有自己的导弹。"拿骚协定"违反了法国威慑力量必须永远由法国人控制的原则。把法国的核威慑力量归属于多边核力量，等于将它重新束缚起来，从而使理论上说的法国拥有撤回的能力完全成为空话。法国希望有它自己的国防。①

戴高乐的记者招待会打断了预定在1963年1月14—16日举行的六国部长会议。英国、美国和共同体其他五国试图恢复谈判。会议于1月15日听取了曼斯霍尔特委员会关于各项农业建议经济后果的报告。希思则利用这次记者招待会强调英国对联系国地位不感兴趣，明确表示英国目前将不理会任何阻碍，会继续争取加入欧洲共同体。1月16日，他提出包括多数悬而未决的关税问题在内的"一揽子建议"。德姆维尔代表法国坚持六国应单独开会以考虑中止谈判的问题。②

其他五国对于法国总统单独拒绝英国加入共同市场的谈判很不高兴。美国和五国试图争取联邦德国挽救谈判。1963年1月17日，法国要求无限期地推迟举行英国加入欧洲经济共同体的谈判。当天，联邦德国议院外交委员会在给联邦的一项声明中呼吁：在布鲁塞尔的欧洲经济共同体的谈判和联邦总理最近访问巴黎时，坚决要求接纳英国作为正式成员加入欧洲共同体。1963年1月18日，欧洲经济共同体部长理事会决定，根据法国的愿望而中断的英国加入的谈判将延期到1963年1月

---

① 《戴高乐言论集》，国际关系研究所编译，世界知识出版社1964年版，第413页。
② 〔英〕瓦特：《国际事务概览（1962年）》，上海市政协编译工作委员会译，上海译文出版社1983年版，第219页。

28 日举行。① 五国威胁说要阻碍对法国有特殊利害关系的那些问题的进一步决定，包括农产品的财政规章、关于农产品的共同政策、重定海外领地联系条约以及法国对阿尔及利亚所承担的义务进行安排等问题。共同体委员会主席哈尔斯坦支持五国。

欧洲主义者希望说服阿登纳对法国施加压力。阿登纳受到了各方面的压力，政府内部对戴高乐的这一行为表示不满，反对阿登纳即刻访问法国。但是，1963 年 1 月 21—22 日，阿登纳还是按期访问巴黎，与戴高乐签署了法德友好条约。条约规定：两国政府首脑对条约全面监督，两国的外长每三个月会见一次，外交部负责官员每月轮流在波恩和巴黎会见一次，共同商议对外政策、防务、教育和青年事务；特别是在外交政策方面应当商议，在一切有关欧洲事务、东西方关系、北约、所有其他国际组织的问题，还有关于情报方面的合作事项，关于援助第三世界的问题，在可能的范围内应进行协调。对于包括经济、农业、能源、通信和出口信贷等在内的许多其他方面的合作，亦应予以推进。② 两人发表共同声明："确保加强两国之间的合作，这是通向欧洲统一道路上必不可少的步骤，这是两国人民的目标。"③ 这样，联邦德国总理阿登纳进一步站在了戴高乐一边，使英国加入欧洲共同体的希望更加渺茫。

比利时、卢森堡和荷兰的谈判代表以及莫内等人，提出在"没有主席"的条件下五国与英国继续谈判，联邦德国和英国代表不欢迎这一建议。④ 1963 年 1 月 21 日，麦克米伦在利物浦发表演说，反击戴高乐在新闻发布会上对英国的指责。1 月 25 日，六国外长举行会谈，试图取得对英国的一致意见，德姆维尔不准备恢复谈判。1 月 28—29 日举行了最后两次会议，法国代表正式否决了英国的申请，谈判破裂。至此，英国第一次申请加入欧洲共同体失败。之后，丹麦、挪威和葡萄牙相继退出了谈判，中立国家也回到了欧自联。这样，肯尼迪政府支持英国加入欧洲共同体的政策受到挫折。

综上所述，戴高乐领导的法国一直反对英国加入欧洲共同体，成为

① 〔联邦德国〕阿登纳：《阿登纳回忆录（1959—1963）》，上海人民出版社编译室译，上海人民出版社 1973 年版，第 215—216 页。
② 〔英〕瓦特：《国际事务概览（1962 年）》，上海市政协编译工作委员会译，上海译文出版社 1983 年版，第 222 页。
③ 〔联邦德国〕阿登纳：《阿登纳回忆录（1959—1963）》，上海人民出版社编译室译，上海人民出版社 1973 年版，第 222 页。
④ 〔英〕瓦特：《国际事务概览（1962 年）》，上海市政协编译工作委员会译，上海译文出版社 1983 年版，第 223 页。

谈判失败的关键；阿登纳在很多问题方面都站在了戴高乐一边，联邦德国政府的矛盾态度，也无助于谈判的顺利进展；小国虽然支持英国加入欧洲共同体，但势单力薄，同时不敢轻易得罪戴高乐并冒共同体破裂的危险。最终，在法国的强烈反对下，英国加入欧洲共同体的谈判宣告失败，肯尼迪政府支持英国加入欧洲共同体的政策遭遇挫折。

第四节　肯尼迪政府政策受挫后的反思和调整

一　"直接鞭挞""温和对待""经济还击"

面对戴高乐的否决，在如何对付戴高乐的问题上，肯尼迪政府存在"直接鞭挞""温和对待"和"经济还击"等几种建议。

（一）建议直接鞭挞戴高乐

1963年2月2日，美国驻欧洲共同体使馆给国务院的电报中提出建议，主张积极团结五国从各方面反对戴高乐，并继续强调大西洋共同体计划。建议认为：戴高乐预计要中止美国在欧洲的存在并毁掉整个大西洋伙伴关系。美国应该毫不犹豫地接受这一挑战并为之战斗。然而，在正式场合，美国应该继续保持平静的立场，避免表现出公开的分裂。但私下里，通过外交，美国应该不遗余力地支持那些反对戴高乐的人。当然，美国支持包括欧洲经济共同体在内的欧洲一体化。

他们建议采纳的路线是：（1）继续声明支持大西洋伙伴关系，特别强调欧洲作为统一的强大伙伴以及平等的伙伴。（2）最重要的是其他五国团结抵制戴高乐，让其他五国和英国带头，支持任何英国转向欧洲的合适的建议。其中，最关键的因素是德国。特别是，必须继续明确表示不希望减少或撤走美国在欧洲的军队，从而使德国人坚定信念，使戴高乐的诱惑不攻自破。（3）鼓励英国采纳相似的立场。尽管美国应该与英国密切协调所有的行动方案，但是应该避免给别人造成特殊关系印象的步骤。特殊关系会使大陆的戴高乐用于其他目的。（4）与其他盟国共同准备实施实质性的方案，特别是"多边核力量计划"，形成一种迅速有效并且技术上比法国独立核力量更好的力量，这是特别重要的。（5）一改之前的立场，绝对坚定地拒绝援助法国以任何形式发展独立核力量。（6）压制英国参加"多边核力量计划"。英国应不惜一切代价避免从德国撤军，就像美国保证的不会撤退一样。（7）也应考虑多边核力量之外的步骤。（8）其他建设性方案，如扩大贸易法也应平衡推进，尽管要谨慎地提防法国销蚀欧洲经济共同体的行动。（9）避免公开过度地强调美国关注六国的农业政策，这会被法国歪曲。（10）必须进行具体的反宣传工作，通过谨慎的方式反击反对美国的恶意运动。应该进行下列宣传：是戴高乐，不是美国，强迫西欧在自己和美国之间作出选择；戴高乐基本反对欧洲一体化，其政策会适得其反，会产生一个虚弱而分离的欧洲，会削弱而不是增强欧洲的影响；为了德国的利益，是美国，不是法国在倡导推进战略，并通过实际地部署军队来实行；应该特别向德国人强调"从大西洋到乌拉尔"方案的含义，因为德国人关注柏林。

电报提出了下列行动方案：（1）重中之重应该放在继续强调英国和其他五国密切的联系。其他五国正在显示这样做的倾向。（2）北约应该成为推进其他重要方案（特别是多边核力量）的讲坛。（3）在货币领域，最好是利用经济合作与发展组织作为美国、英国、五国和加拿大举行领导人秘密会议的机构，以确保英国相信这有利于美国和英国的双边安排。（4）至于扩大贸易法，相信美国能够按计划平衡推进，不要使关贸总协定的谈判更加糟糕。①

（二）"温和对待"戴高乐的策略

1963 年 1 月 30 日，伦敦给美国国务院的一份电报同样建议强烈反击戴高乐，电报指出：鉴于英国的申请被拒绝，美国应该重新审视并给戴高乐一个谨慎的鞭挞性制裁。"不公开显示狂热的外交活动，但美国应该确保共同体其他五国政府反对戴高乐，同时考查怎样才能致力于使英国进入欧洲共同体。"②

针对英国 1 月 30 日的电报，美国驻法使馆于 1963 年 2 月 3 日向国务院发送了一份由大使博林执笔的电报，提出了对付戴高乐的建议：不要公开反对戴高乐，而是转向关贸总协定的谈判，仍然坚持大西洋共同体计划。电报认识到法国的否决对美国和英国造成的负面影响，以及戴高乐所激起的欧洲第三种力量的发展，但认为直接明显的报复性行动会被戴高乐式的或民族主义的欧洲人利用。所以，建议肯尼迪政府"应该快速平衡地前进，与那些准备致力于我们共同的大西洋目标——如北约核力量计划和减少贸易壁垒——的盟国合作。应该提供给法国继续参

---

① FRUS, 1961 – 1963, Vol. XIII : Western Europe and Canada, Telegram from the Mission to the European Communities to the Department of State, February 2, 1963, pp. 167 – 170.

② FRUS, 1961 – 1963, Vol. XIII : Western Europe and Canada, Telegram from the Embassy in France to the Department of State, February 3, 1963, p. 171.

加它准备作出反应的方案的机会"。

建议批评了"公开鞭策戴高乐的建议",关于对付戴高乐的策略,电报指出:利用法国担心被孤立的最好的方法是提供给我们的朋友方案:在这些方案中,他们会发现更多长久的利益,比法国建议中的要多。对付法国,我们必须牢记,尖利的话和没礼貌的态度会很快疏远大众与政府核心部分的敏感的民族主义情感,这些人可能对美国和我们的目标抱有同情心,并且成为至关重要的美国的长期财富。企图以其他五国在欧洲经济共同体的框架内来鞭笞法国,对我们来说是危险的路线,也会使我们陷入急剧地批评法国之中。尽管戴高乐结束与英国谈判的独断行动无疑会严重影响共同体内的关系,但是共同体应该并且将要继续生存。所以我们必须集中在这一点上:只要将欧洲经济共同体置于我们权限的影响之下,它就会发展成为一个外向的共同体。建议主张"不鼓励其他欧洲经济共同体国家拒绝与法国的前属地非洲的联系",认为应该集中于即将到来的关贸总协定的谈判,这不是试图向戴高乐施压。使法国在非洲和其他地区的形势更加复杂,尽管这在我们的权力范围之内,但这会毁灭现存的仍然保持着合理的令人满意的合作,以及美国在此领域的重大利益,如阿尔及利亚。如果这样做,我们会发现最终我们会对这一新的国家的脆弱结构造成无法描述的伤害,并且会提高苏联的伤害能力和美国的政治与财政花费。至于农业,法国努力扩展共同市场的农业出口,是部分以海外国家以及部分以共同体的低效生产者如德国为代价的。我们的政策早已指向自我防卫。至于法国努力的程度,如果共同体内的价格固定在法国的价格水平上,这不利于德国的利益,它们与我们的利益巧合。对我们来说,农业问题似乎是一把双刃剑,它何种程度地被用于政治工具还不清楚。对我们来说,似乎不难保护我们的利益,因为还没有引入额外的政治工具。建议再次肯定了大西洋伙伴关系计划,指出:从长远来看,有效的大西洋共同体将依靠我们创立政治上的超国家结构的能力,这会容纳大的和小的成员,并且比其他方案更实际可行。①

（三）"经济还击"的建议

面对戴高乐的否决,美国政府中也出现了要求美国密切与英国或与欧洲共同体其他国家的经济关系来还击的建议。美国驻英大使布鲁斯在

---

① FRUS, 1961–1963, Vol. XIII : Western Europe and Canada, Telegram from the Embassy in France to the Department of State, February 3, 1963, pp. 171–173.

1963 年 1 月 31 日给国务院的电报中，提出了在经济上协助英国的建议，指出：（1）为了安抚英国，美国保证不会发展与六国更密切的关系，可以考虑美英贸易和经济事务部长联合会议。这个建议的弊端是强调特殊关系，但是对英国当前来说，表层利益也许首当其冲。（2）英国在国内采取经济扩张政策，加上英国被排除在欧洲经济共同体之外，这对其经济不利，这会导致英国国际收支困难，如果英国对英镑表示担忧，我们保证愿意适当支持。（3）我们支持贸易扩大法。（4）一切行动应该避免恶化英国加入欧洲经济共同体，应该鼓励消弭英国与欧洲经济共同体六国的分歧。（5）希望采取行动最弱化这一事件对欧洲共同体和自由世界的冲击；建议利用法国与其他国家在防务政策上的分歧。①

在英国加入欧洲共同体被否决后，美国国内也出现了"成立共同体之外的国家组成的贸易集团以与共同体竞争"的建议，这一建议被腊斯克和肯尼迪否定了。②

二 重新审视"三根支柱"：倚重肯尼迪回合拉拢西欧

面对这一系列的建议，在新的形势下，肯尼迪政府需要审视当时的政策并计划下一步的行动方案。1963 年 2 月 5 日，肯尼迪主持了国家安全委员会执委会会议，对美国的欧洲政策进行讨论。会议作出决定：（1）关于"多边核力量计划"，与会人员认为当前形势不急于实施，因为可能引起法国的反对，由于花费较高，英国也可能持怀疑态度，加之从进展来看，这一计划证明对欧洲国家并没有很大的吸引力。（2）关于美国对外经济政策与对欧洲政治目标之间的关系，与会者认为，鉴于当前欧洲形势尚不完全明朗，美国应该静而观之。对于英国与共同市场的关系问题，讨论人员提出以西欧联盟为基础来解决，"英国可以通过西欧联盟与大陆保持政治联系，如果法国拒绝这种政治联系，其他西欧联盟成员会继续与英国进行。但还没有欧洲政府选择这一行动"。同时，与会者担忧英国会与共同市场达成某种经济上的联系或政治经济的交易，从而伤害美国的利益。美国驻联邦德国大使道林分析指出："据英国大使报告，除了强调西欧联盟之外，

---

① FRUS, 1961 – 1963, Vol. XIII : Western Europe and Canada, Telegram from the Embassy in the United Kingdom to the Department of State, January 31, 1963, p. 1128.

② *The Dynamics of World Power*, Vol. I, Address by Secretary Rusk Reviewing United States Foreign Policy, February 13, 1963, p. 758.

德国人可能支持英国与大陆国家的某些经济联系。英国虽然已经坦然地拒绝了与共同市场的联系，但欧自联国家支持联系，并急于解决与共同市场的经济安排。"美国担忧，在欧自联国家的压力下，英国可能会与共同体建立某种关系，这会使美国处于尴尬境地，正如肯尼迪所说的："我们不能使英国与欧洲经济共同体建立某些经济联系，那么我们会陷入最困难的处境中。"与会者决定以"肯尼迪回合"作为解决欧洲一体化问题的最好方式。（3）会议决定继续以美国为核心与苏联谈判。（4）关于对德关系问题，肯尼迪政府认为应该迫使联邦德国从法德和约问题上撤退。会议认为：若《法德条约》被批准，就表示德国人实际上已经接受了戴高乐的政策。道林指出："德国人不会领导五国反对戴高乐，除非我们使他们在与我们的关系中紧张不安。美国应该做出以下保留。第一，德国应该致力于解决共同市场和英国的问题。第二，法德条约的任何条款不会超出现存的北约条款。我们不应该阻止条约的批准，因为这样做不会成功。然而，我们也应该让德国人知道，我们希望德国政府谨慎行事。"

对于"多边核力量计划"，布鲁斯希望立即着手进行，道林也认为：多边核力量吸引德国人。德国人确实想参与多边核力量的控制，他们想在执委会中有一个声音，他们准备为多边核力量贡献开支。肯尼迪主张先协商，然后再商议多边核力量的问题。艾奇逊指出："我们告诉所有人不会撤出我们在欧洲的军队，至少在18个月内不会。撤退我们的军队是我们拥有的唯一的交易砝码，若我们声明撤退，就会放弃讨价还价的能力。但我们不建议保证不会撤出欧洲的军队，而是让欧洲知道我们在18个月不乱动这些军队是由于外围的原因，如赤字或国际收支问题。18个月之后，我们再检验形势，如果欧洲人还没有支持我们，就要考虑撤军。但不要向德国人透漏这一想法。"道林则说："如果由于我们的行动而使德国人怀疑我们是否待在欧洲，戴高乐会大大利用由此产生的不确定性。"对于《法德条约》的问题，艾奇逊想让德国人在《法德条约》生效时加上一些保留北约的条款。他已经向卡斯坦斯（Carstens）表明，德国必须采取行动澄清他们接受《法德条约》的意图。腊斯克指出，如果德国人坚持表明他们继续对北约的誓言，戴高乐会受到影响。道林强调，《法德条约》是联邦德国争取平等地位的方式。同时，德国与美国的联系对他们来说意义重大。肯尼迪政府决定不能任由《法德条约》的批准，认为那样"意味着或者德国人认为美国人傻，或者德国人承认他们自己是两面派"。①

　　法国对英国加入欧洲共同体的否决使肯尼迪政府认识到了法德轴心的危险，而《法德条约》的签订使肯尼迪政府更加感到了这一问题的严重性。美国联合联邦德国议会共同努力，最终在1963年7月联邦议会批准《法德条约》时，在条约前边加了序言。序言指出：通过实施这一条约来促使联邦共和国及其盟国共同为之奋斗多年的伟大目标，这些目标指导着它的政策，即维护和加强自由国家的联盟，尤其是欧洲和美国之间的亲密的伙伴关系——履行德国人民的自决权和重建德国的统一——在北大西洋联盟结构内的共同防务和这一联盟内各国武装力量的一体化——沿着建立包括接纳英国和其他愿意加入的国家的欧洲共同体这一道路实现欧洲的统一，并通过欧洲经济共同体、英国和美国以及关贸总协定范围内的其他国家之间的谈判取消贸易壁垒，来进一步加强欧洲共同体。② 这样，序言就改变了戴高乐的"法德合作以实现法国主导的欧洲人的欧洲"的原本意图，使条约转向了美国和大西洋。阿登纳卸任后，继任的艾哈德政府同法国的关系不再那么密切，对外政策方向选择了大西洋。

　　面对政府内外以及英国的诸多建议，经过对欧洲方案的进一步审视，肯尼迪政府没有公开孤立或直接鞭挞戴高乐，而是致力于"肯尼迪回合"。肯尼迪政府期望友好五国和英国会团结起来支持关贸总协定的谈判，力争在实际行动上战胜戴高乐，同时力争联邦德国不会站在法国一边。肯尼迪政府也没有采取极端的行动保卫英国，但在西欧联盟和多边核力量等问题上，鼓励英国参与，认为这会使欧洲之门向英国敞开，并会阻止戴高乐使共同市场朝自给自足的方向发展。肯尼迪政府这样做，是因为它们认识到：只要戴高乐统治法国，英国就不可能被允许进入共同市场。③ 鞭挞戴高乐可能引起当时西欧民族主义者的反抗和西欧的独立情绪，并会激起西欧联盟内更大的反美浪潮。而集中于"肯尼迪回合"则会一定程度地转移西欧国家的注意力，减少共同体的关

① FRUS, 1961 – 1963, Vol. XIII: Western Europe and Canada, Summary Record of NSC Executive Committee Meeting No. 40, February 5, 1963, p. 173.

② 〔法〕阿尔弗雷德·格罗塞：《战后欧美关系》，刘其中等译，上海译文出版社1986年版，第257页。

③ Jeffrey Glen Giauque, *Grand Designs and Visions of Unity*: *The Atlantic Powers and the Reorganization of Western Europe 1955 – 1963*, Chapel Hill: University of North Carolina Press, 2002, p. 188.

税而尽可能地实现自由贸易，并显示美国对大西洋共同体计划的坚定不移。美国对戴高乐的容忍态度是尽力避免联盟分裂的无奈之举，正如继任总统约翰逊所说的："对付戴高乐强烈民族主义的唯一办法是克制与忍耐。老实说他也不会永远掌权。……如果攻击了戴高乐，那只会进一步激起法国的民族主义，只会在欧洲共同市场诸国中制造摩擦并使他们的国内政局复杂化。……当有人让你离开他的住屋时，你不要与他争辩，拿起帽子走就是了。……最使我担心的是戴高乐的决定会破坏二十年来精心培育起来的北大西洋公约组织的团结。"①

三　肯尼迪政府对欧洲政策的反思：继续强调并坚决推行大西洋共同体计划

英国未能加入欧洲共同体，标志着肯尼迪政府"伙伴关系的大西洋共同体计划"的初步挫败，使肯尼迪政府重新审视和评价美国对西欧的政策。

（一）仍然坚持支持英国加入欧洲共同体的政策

肯尼迪政府重新评估支持英国加入欧洲共同体的政策，但没有因为英国加入欧洲共同体的受挫而怀疑政策的正确性。肯尼迪在 1963 年 1 月 24 日的声明中宣称："我们一直支持英国进入欧洲共同市场，因为我们认为英国加入欧洲共同体可以建立一个统一的欧洲，而统一的欧洲有益于美国和欧洲的安全。全球有很多我们需要关注的问题，美国无力独自承担，我们希望欧洲和美国在平等的基础上承担责任。这就是我们支持英国进入共同市场的原因。"② 之后的美国历届政府一直支持英国加入欧洲共同体，直至英国成功加入。

政策遭受挫折后，当被问及"大英帝国被排除在欧洲共同市场之外，会如何影响美国的计划，总体上会怎样影响美国的利益"时，肯尼迪说："我们强烈支持英国进入欧洲共同市场，因为我们相信它有助于建设一个统一的欧洲，与美国以伙伴关系合作的欧洲将提供给美洲、欧洲以及美国和欧洲作为整体的安全——我们才能关注迫在眉睫的问题：有极大影响的拉丁美洲、非洲以及亚洲的问题。特别是，在建立一个强大的、至关重要的强有力的欧洲方面，美国的关注不同于欧洲，不

---

① 〔美〕林登·约翰逊：《约翰逊回忆录》，复旦大学资本主义国家经济研究所编译组译，上海人民出版社 1973 年版，第 123 页。

② *The Dynamics of World Power*, Vol. Ⅰ, President Kennedy's Statements on Policy in the Atlantic Community, January 24, 1963, p. 749.

同于阿登纳、舒曼等人。既然已经发生，我不愿看到欧洲和美国以不同的方向前进，现在欧洲是一个强大的、至关重要的力量，因为这场战争（冷战）还未胜利。仅仅在拉丁美洲，我们就面临着这十年关键的问题，我们面临着非常巨大的经济问题，这些问题我们没有能力单独解决。所以我们被邀请到欧洲去统一，去加入我们平等的伙伴共同应对世界的其他问题，几年以前美国帮助欧洲人按照他们的模式建设。现在，那仍然是我们的希望，也是我们十七年来的政策目标。那是几年前帮助实现法德和解的欧洲人的伟大目标。我们曾看到这一和解最近的表现。"肯尼迪进一步指出："有许多我们需要关注的全球问题，现在美国没有足够的资源单独应对这些问题，我们希望欧洲和美国在平等的基础上共同应对。这是我们支持英国进入欧洲经济共同体的原因。"

关于"欧洲的期望"问题，肯尼迪指出："这必须由欧洲国家自己做出判断。他们想要一个怎样的欧洲？他们想向外看还是向内看？现在欧洲是相对安全的。欧洲不需要美国和它的保护的日子可能有一天会来到。我认为那天还未来到，但是可能会来到，我们欢迎这一天的到来。我们不希望待在欧洲，除非参加欧洲的防务。一旦欧洲安全了，并且感到自己安全了——美国在那儿有40万军队，当然，我们想让他们回家。我们不愿影响或主导欧洲。我们所希望的是看到欧洲和美国共同致力于在世界其他地方的斗争。如果欧洲和美国是富有的、繁荣的，并且是孤立而分离的，我们不可能生存。我们让欧洲人统一起来，加上这一巨大的努力，并且我们希望，他们会这样，因为那曾经是大量伟大的欧洲人许多年来的政策目标。现在，当成功在望时，我们却看到这一伟大的伙伴关系的消失。"

对于戴高乐的独立核力量和对"多边核力量计划"的拒绝，肯尼迪重申了美国对欧洲的防卫，间接反驳了"美国在欧洲的防务不可信任"的论点。

对于"戴高乐的否决的影响，是否是对西方联盟致命性的打击"的问题，肯尼迪认为，戴高乐的否决并不意味着大西洋共同体计划的失败，他指出："我们关注英国没能进入共同体。我们支持欧洲的统一，在经济上和军事上的统一。我们知道某些欧洲新闻界认为：美国不应该寻求与欧洲作为平等伙伴关系相处。我认为任何公正地分析美国过去十五年的政策的人都会得出相反的结论。我们已经投入了价值500亿美元的援助到欧洲的重建中去。我们强烈支持共同市场和欧洲原子能共同体，并提供了更加有利于欧洲统一的援助。这一援助产生了一个更强大的欧洲，允许欧洲以一个更强大的声音讲话，承担更大的责任，利用更好的机会。所以我们想要一个稳定增长和进步的欧洲，一个有力量的欧洲。我们感到，英国会成为那样的欧洲的一个有效的成员。这也是我们所希望的，并且我们的希望仍然是：一个强有力的欧洲，加上北美大陆的力量，将会提供这十年所需要的力量，能够保证我们力量的平衡，并且必然对欠发达国家有吸引力。我认为，如果我们分裂，将是极大的不幸。世界上敌视我们的力量很强大。我们今年秋天在古巴的一场非常困难和危险的经历便是一例。我还没有看到共产主义对我们的政策基本的真实证据，他们仍然不希望我们好。我们不是在海港中，我们仍然处于非常狂暴的海上，我认为这需要实质性的团结，分裂对我们来说是个错误。现在美国准备竭尽全力为西欧提供强有力的声音，美国与他们合作，增强欧洲的力量，并加强讲话的机制。然而，我们认为最严重的打击来自大西洋联盟之间的分裂、美国和欧洲之间的分裂，以及欧洲和美国不能协调他们的政策来应对这一挑战。"①

（二）依然强调对欧政策的冷战因素

政策遭受挫折后，肯尼迪依然强调对欧政策的冷战因素，希望以冷战聚集起西欧联盟的团结意识，淡化分歧。

在戴高乐新闻发布会的当天，肯尼迪正在白宫发表国情咨文。在咨文中，肯尼迪着重讲冷战和共产主义的威胁，强调西方共同防御的重要性，并指出需要加强大西洋联盟、需要争取发展中国家。肯尼迪说："这个联盟的首要任务仍然是共同防御……联盟的另一件最迫切的事情是我们共同的经济目标——贸易和经济增长……而且我相信，加强一切自由国家之间的经济联系是和平和繁荣必不可少的……如果共同市场走向保护主义和限制主义，那就会破坏它自己的基本原则。我国政府打算利用国会去年授权总统的权力来鼓励在大西洋两边和全世界扩大贸易。"

肯尼迪强调了整个冷战形势的严峻，他指出："从古巴到南中国海，危险仍然存在。目前可供选择的方案有四个：大西洋联盟、争取发展中国家、利用新的中苏分歧、探索世界范围内新的和平方式。"他详细地分析指出："苏联突然暗地里要把古巴变成一个核打击地的尝试以及共产党中国对印度的蛮横入侵使世人感到震惊。随着古老的殖民主义

---

① *The Dynamics of World Power*, Vol. I, President Kennedy's Statements on Policy in the Atlantic Community, January 24, 1963, pp. 749 - 752.

的撤退，共产党国家的新殖民主义显得比过去任何时候都更加突出，他们更加清楚地认识到，世界斗争的问题不是共产主义对资本主义，而是高压统治对自由的选择。本半球国家已开始密切合作，使这个联盟成为一个活生生的现实。"最后，肯尼迪强调了冷战的危机，指出："我们并不由于海洋上一时的平静或是出现略微晴朗的天空而麻痹。我们知道海面下有翻腾的暗流，地平线上有风暴。但是现在，改变之风在共产主义世界似乎也和在我们自己的世界一样吹得比以往任何时候更加强劲。"肯尼迪的国情咨文显然强调了大西洋伙伴关系，整个着眼点仍是冷战。

肯尼迪再次强调大西洋合作的重要性，他指出："所有自由的人和国家生活在共产主义的不断威胁之下。当前有些混乱，共产主义控制着10亿多人口，它时时刻刻威胁着欧洲。现实状况是：应对这些危险的实质性资源被压倒性地集中在大西洋联盟国家。这一联盟拥有阻止共产主义扩张的力量。无论美国还是欧洲都不能确定是否能成功或是否能生存。所以欧洲的现实是，让我们团结起来！让我们分裂是错误的……过去美国人民和三届美国政府将其政策建立于这一现实之上。欧洲人民和政府同样遵从这一政策。我们必须在大西洋双方相互信任地合作。"①

（三）依然强调伙伴关系的大西洋共同体计划

腊斯克在1963年2月总结了美国的对外政策，总结中没有改变美国对欧洲政策的定位。腊斯克主要着眼于欧洲，他分析了当时条件下大西洋联盟的任务：第一，欧洲和北美必须承担防御共产主义侵略野心的重任。他强调在一个核战争的时代，自由世界的防务是不可分割的。第二，在现代工业世界，北美巨大的工业区的经济是相互依存的。我们看到在我们赤字中的相互依存，持续并且令人烦恼的赤字使某些欧洲大国国际收支总量盈余。鉴于这一相互依存，我们和我们的欧洲朋友需要团结，以最大限度的团结来协调我们国内的经济政策，并促进我们国家的商品流动。第三，最重要的是，我们动员我们的资源去援助欠发达国家，提高他们的生活水平，尽可能地保证政治稳定。

腊斯克分析了英国与欧洲共同体谈判的情况，坚定地认为大西洋共同体的路线不会因谈判的中断而动摇，他说："我们相信，大西洋伙伴关系能够获得巨大的现实和效力，达到欧洲越来越统一的程度，能够在更广泛的问题上用一个强大而持续的声音讲话。所以，当1961年7月

---

① 梅孜：《美国总统国情咨文选编》，时事出版社1994年版，第348—354页。

英国政府决定申请加入欧洲共同体时，我们感到满足。英国将他们卓越的政治能力用于建设欧洲一体化，从而加强欧洲的力量。在过去的岁月中，由于法国政府的反对，欧洲一体化的扩展曾经中止，至少是暂时的中止。但是，正如一些评论人曾强烈坚持的：它并没使我们的大西洋政策完全混乱，相反，这一政策路线前所未有的正确和急切。因为这是实质性的——当在共产主义集团内暂时存在混乱时——我们的自由世界必须目标统一、团结一致，这将会使我们利用世界政治关系中变革或运动中的任何机会。"

腊斯克最后指出了美国政策的步骤。第一，加强大西洋伙伴关系。腊斯克强调："要进一步加强大西洋伙伴关系，这不但是我们自己政策的需要，而且，也是为了回应大量欧洲人的雄心和希望：欧洲国家感到经济强大了，希望在世界事务中起一个与其新的力量相称的作用。我们理解，我们的北约盟国希望在核防务中起作用。基于此因，我们一段时间里一直与他们讨论北约多边核力量的可能。大英帝国在肯尼迪总统和麦克米伦首相会晤的拿骚会议上已经同意支持这一建议。在北约委员会和某些欧洲国家政府内也已经进行了讨论。总理艾哈德表示希望联邦德国参加这一力量。以这种方式，不但核国家，而且非核国家，都能够全面参与欧洲核防务。并且这一事业不会有国家核威慑扩散的危险，核扩散不但会增大世界的危险，而且可能降低国际控制这些武器的能力。同时，我们必须继续与我们的欧洲朋友协商，不但在经济合作与发展组织的经济问题上，而且在数量更多的世界问题上协商。我们与大英帝国和英联邦在援助印度防卫共产主义侵略中合作。我们与比利时和英国政府密切协商，已找到了解决刚果问题的方法。通过经济合作与发展组织的发展援助委员会，我们积极地与欧洲国家合作，以协同援助世界欠发达国家。这一进程必须继续，必须进行更有效的协商。我们和一个强大的欧洲必须一起分担重任和决定问题，在这一进程中，我看到一个越来越强大的日本——一个巨大的快速发展的工业国——它开始加入欧洲和北大西洋进程的共同事业中去。"

第二，扩展贸易。腊斯克建议利用1962年贸易扩大法，并通过关贸总协定的谈判来解决问题。腊斯克指出："去年肯尼迪总统从国会获得了扩大贸易法的巨大授权。为了我们国家和自由世界的利益，我们准备利用这些权力。在这些谈判中，美国政府将继续依照我们30年来所追求的原则。"腊斯克否定了"共同体之外的国家结成贸易团体与共同体对抗"的建议，认为："我们应该致力于的不是歧视，而是整个自由世界的自由贸易。我希望未来几年，建立强大的大西洋伙伴关系会取得重大的进展。欧洲一体化和大西洋团结的趋势如此强大，足以使我们渡过危机。在大西洋共同体中，我们的任务是继续在这些问题上稳步前进，保持信念。在作为一个整体的世界中，我们将继续朝我们的伟大目标前进——用总统肯尼迪的话说：'在一个自由和独立的和平世界的共同体中，自由选择他们的未来和他们自己的体系，只要不威胁别人的自由。'这一目标和共产主义的目标是不相容的。我们将在这一世界范围内的斗争中坚持不懈，直到自由已经盛行。我们向未来前进，不但有决心还有充足的信心。"①

腊斯克的评价得到了肯尼迪政府人员的认可，特别是得到了鲍尔和狄龙的赞同，认为这是对美国的欧洲政策的最好评价。鲍尔在给狄龙的信中进一步肯定了美国对欧洲一体化的支持，指出：欧洲一体化的进步是战后最富建设性和最有希望的业绩之一。美国一直鼓励欧洲国家更大范围的一体化。我们认为更大范围的欧洲一体化是关键，这主要是基于政治原因，并且从长远来看，美国也会从共同市场更深层次的欧洲经济一体化的行动中受益。一个统一的欧洲将消除摩擦和嫉妒，这些摩擦和嫉妒曾是过去许多冲突的原因——冲突曾将世界陷入灾难。并且，一个统一的欧洲会有效地动员欧洲人民的力量，它能够起与美国平等伙伴的作用，能够承担历史赋予的自由世界发达国家的共同责任。

鲍尔更加强调美欧伙伴关系，指出了北大西洋国家的共同任务：对抗共产主义、相互依存决定性的贸易自由化、共同援助欠发达国家以及贸易扩展。鲍尔说："这一伙伴关系的基础是坚实的经济实力。在北大西洋世界——西欧和北美——集中了自由世界力量的90%，以及自由世界大量的技术和知识。这些资源必须投入自由世界的防务和进步中去。共同的行动在下面四个领域特别重要：第一，欧洲和北美必须加入对抗共产主义集团侵略的共同防务中去。欧洲防务是美国和欧洲的关键。这是一个高花费的任务；欧洲力量的增长允许欧洲对之做出越来越多的贡献。第二，大西洋国家的经济是相互依存的，并且相互依存日益明显。第三，自由世界的主要工业区——大西洋国家——必须拿出更多的钱来援助欠发达国家，提高他们的生活水平，如果政治稳定了，那么颠覆的危险就会减少。第四，我们在为欧洲产品提供更多市场的同时，

---

① *The Dynamics of World Power*, Vol. I, Address by Secretary Rusk Reviewing United States Foreign Policy, February 13, 1963, pp. 755–758.

美国的商品也必须更大程度地进入欧洲市场。在其他领域，受益和义务必须是相互的。"

　　鲍尔仍然坚持美国支持一体化以及支持英国加入欧洲共同体的正确性。他指出："在过去的几年中，美国的政策一直是建立在这一信念之上的：这些共同的任务将会通过更大范围内的欧洲一体化运动来完成，使欧洲国家可以在更广泛的问题上通过共同的制度以及通过为此目的的制度安排来行动，从而取得高度的大西洋合作。我们也感到，如果统一的欧洲扩展到包括英国在内，将会大大提高有效的欧洲伙伴关系。所以我们支持英国政府申请及加入欧洲共同体。在我们看来，英国接受《罗马条约》会有利于欧洲的经济力量和政治团结，而使完全的、更有效的大西洋伙伴关系更有希望。谈判包含着复杂的技术和经济问题——并且这些问题的解决不可能使所有的参与方都满意。法国政府中止谈判发生在解决经济问题之时。以我之见，法国政府的行动主要是基于政治原因。"

　　鲍尔认为，下列观点已被大量的欧洲人所接受：（1）今天的欧洲不能单靠他们自己的力量自我防卫；它的防御很大程度上依靠美国压倒性的核力量。（2）自由世界的核防务是不可分割的。（3）北大西洋国家强大的经济很大程度上是相互依存的。（4）在这一相互依存中获得经济受益需要贸易的自由流动。（5）新的西方发达国家之间需要自由世界主要工业国家的共同努力。

　　最后，鲍尔提出了美国政府的路线方针：鼓励英国加入欧洲共同体、通过经济合作与发展组织解决与欧洲经济合作的问题、加强北约、重视贸易扩大法下的贸易扩展。他指出了应该采取的政策路线："第一，我们继续鼓励欧洲一体化的发展，表示希望会最终达成英国在欧洲经济共同体的完全成员身份的协议。最近的事实已经证明：大量的欧洲观点支持英国加入统一的欧洲，并且英国政府也向外界表明：英国应该在这一发展中起完全的作用。尽管支持英国最终进入欧洲共同体仍然是我们的最终目标，但是我们认识到一段时间内不可能实现。同时，最近的事件也没有毁灭强大的欧洲向一体化前进的合理性，没有严重地伤害欧洲经济共同体的价值。显然经济共同体以一种外向型的方式发展，没有专断的特征，这是整个自由世界的利益所在。我们应该利用我们的实力来影响这一结果。第二，我们将寻求通过经济合作与发展组织增强与欧洲的经济合作。我们也致力于在货币领域通过国际货币基金组织、十人委员会和经济合作与发展组织进行更密切的合作。第三，我们将继续加强北约，在欧洲发展足够的传统力量。我们看到了国家核威慑扩展的威胁，但我们认识到欧洲人希望在他们自己的核防务领域起完全的作用。所以我们曾建议在北约范围内创建多边核力量，并且我们已与英国政府在拿骚达成对这一计划的多边支持。第四，希望扩大贸易法授予总统的权力，用以提高美国产品向欧洲共同市场以及世界其他主要市场的出口。第五，我们提议继续探求提高主要工业国在对欠发达国家援助方面合作的方法。我们将尽量使欧洲国家做出更多的努力。英国进入欧洲经济共同体被否决不是这些政策不可克服的方面。"①

综上所述，面对法国的否决，肯尼迪政府重新审视对欧洲的政策。英国未能加入欧洲共同体并没有影响美国对欧洲政策的大体方向，肯尼迪政府依然坚持英国加入欧洲共同体政策的正确性，认为大西洋共同体计划是合乎时代要求和合乎大西洋两岸共同利益需求的，依然继续推行大西洋共同体计划。之后肯尼迪政府以及继任的约翰逊政府发起了关贸总协定的第六轮谈判，即"肯尼迪回合"；多边核力量计划也在继续进行，但实施并不顺利，以不了了之告终。虽然遭受挫折，但美国政府继续支持英国加入欧洲共同体。

英国未能加入欧洲共同体以及戴高乐拒绝多边核力量计划，也显示了大西洋联盟的危机。肯尼迪政府更加强调伙伴关系的大西洋共同体计划，更加强调将联盟团结在冷战的目标之下，以在新的形势下进行全球扩张。

---

① *The Dynamics of World Power*, Vol. Ⅰ, Letters from Under Secretary Ball to Senator Paul H. Douglas on the Breakdown in United Kingdom-European Economic Community Negotiations, February 15, 1963, pp. 759 – 763.

第六章　约翰逊政府对英国加入
欧洲共同体的政策

第一次申请加入欧洲共同体失败之后，英国继任的工党政府威尔逊政府再次申请加入欧洲共同体，对此，美国约翰逊政府继续支持，但也仍然坚持肯尼迪政府时期的条件。

第一节　英国第二次申请与第一次申请的差异

英国第二次申请，就美欧双方而言，特别是美国和英国而言，基本上是既定的沿袭性的政策，所以，不像第一次申请那样历经波折，声势浩大。所以，无论从当时美欧双方的政府行动来看，还是从保存下来的资料看，其关注程度远远不及第一次。

就美国方面而言，约翰逊政府的对外政策重点逐渐由欧洲向亚洲转移，特别是掣肘于越南战争，在对英国加入欧洲共同体问题上基本继承了肯尼迪政府的衣钵。同时，鉴于英国第一次申请时，美英关系成为戴高乐反对的理由，所以约翰逊政府的支持相比于肯尼迪时期略显隐晦，官方资料无法与肯尼迪政府时期相比。

就欧洲方面而言，约翰逊政府时期，欧洲的大体格局未发生大的改变，西欧各国对于英国的政策基本未变，特别是法国总统戴高乐继续执政，这位法国将军没有放弃"法兰西民族主义""欧洲人的欧洲"的理念，更没有放弃对英国觊觎西欧领导权的坚决抵制，所以，他的反对更为直接迅速。

就英国第二次申请加入欧洲共同体的过程来看，它远远没有第一次申请时的冗长和复杂。英国第一次申请时，英国、美国和西欧各国，经历了相当长时间的政策转变，并且，各方就英国加入共同体的条件进行了相当长时间的磋商，共同体各国内部也经历了各种影响之下的政策的内外变动。同时，英国所涉及的英联邦体系及其成员国，以及英国的欧洲自由联盟盟国，在英国申请加入欧洲共同体时，也经历着前所未有的政策转变，这些政策既包括与英国的、与外部世界的，也包含与欧洲共同体的。所以，英国第一次申请历经波折，英国与欧洲共同体六国进行了断断续续长达一年多的谈判，谈判的内容和过程也较为广泛与复杂，并掺杂英国、欧洲共同体六国、美国、英联邦、欧洲自由贸易联盟等各方的利益纠葛。而第二次申请时，一方面，此时对于这一问题，各方的态度和政策基本上已经成型；另一方面，英国威尔逊政府提出申请后，不久就遭到了法国总统戴高乐的反对，直接就没进入谈判。所以，这次申请和被否决直接得多、时间短得很，也简单得多。

所以，时至今日，对于约翰逊政府时期美国对英国加入欧洲共同体这一问题，无论从当时政府的公开活动，或可查的保留下来的档案资料看，与第一次申请相比，无法同日而语。这也与整体上对约翰逊政府时期的研究大体一致。20世纪60年代美国的外交政策，肯尼迪政府基本上是奠基时期，约翰逊政府基本上继袭了肯尼迪政府时期的外交政策，对欧洲一体化以及对英国加入欧洲共同体问题同样如此。所以，本章对于约翰逊政府关于英国加入欧洲共同的政策的书写，不像对肯尼迪政府时期那样详细。

第二节 威尔逊政府转向加入欧洲共同体

1964年5月，麦克米伦保守党在选举中败落，保守党政府长达13年的统治结束。工党政府执政，以哈罗德·威尔逊为首相。

关于英国加入欧洲共同体的过程，不少专著中已经做了详细的论述，如赵怀普先生的《英国与欧洲一体化》，张瑞映先生的《疏离与合作——英国与欧共体关系研究》，洪邮生先生的《英国对西欧一体化政策的起源和演变（1945—1960）》，张颖先生的《从"特殊关系"到"自然关系"：20世纪60年代美国对英国政策研究》等，以及一些论文，都详细介绍了英国第二次申请加入欧洲共同体的过程。因此，对英国申请加入欧洲共同体这一过程，以下做简要的介绍，重点阐述美国约翰逊政府的政策。

威尔逊工党政府在英国加入欧洲共同体问题上的态度经历了一个转变的过程。在此之前，在英国加入欧洲共同体问题上，英国工党并不积极，甚至可以说是消极。早在 20 世纪 40 年代，贝文提出国家间合作的欧洲合作的思想，并未被接纳，之后，大陆一体化按照法国莫内的超国家主义一体化思路发展。就此，英国工党一直反对欧洲大陆一体化。在麦克米伦政府第一次申请加入欧洲共同体时，工党并不支持。工党执政后，首相威尔逊本人是一个"温和的反欧洲派"。他相信英国议会民主是人类当时最好的政治制度，"他对英联邦的喜爱富裕浪漫和传统，并津津乐道于英国是国际事务网络的中心这一观念；他相信通过英联邦，英国可以保留世界最主要国家的地位。他特别钟情于过去的白人联邦，但也理解亚非国家在英国政策中的价值"。所以威尔逊政府初期的政策行为主要专注于维持英美特殊关系和继续驻留苏伊士运河以东。对于欧洲，威尔逊认为英国只有在存在成功机会和条件合意的情况下才会再次申请，"在公平之风的吹拂下，我们将以我们的谈判方式进入共同市场，昂然而进，而不是爬着进去"。①

　　但随着 20 世纪 60 年代国内外形势的急剧变化，工党的态度发生转变。

　　20 世纪 60 年代，英国国际收支状况不断恶化，英镑危机成为工党政府面临的重大难题。遭到第二次世界大战的洗劫，战后英国的经济受到严重创伤，经济形势愈来愈紧张。同时，其原来的英殖民帝国经济体系面临解体，英国原生态的经济体系面临危机，成立欧洲自由贸易联盟也未能平复这一危机。英国经济困难重重，世界经济地位严重下降。至 1947 年和 1967 年，英镑经历了两次不同程度的贬值，到了 60 年代中期，英国实际上已经丧失了大国地位，就年经济增长率而言，英国经济已由战后初期的资本主义世界的第二位下降到第九位。与之形成鲜明对比的是欧洲大陆一体化的勃勃生机，即欧洲经济共同体六国经济的迅速恢复及蓬勃增长。除此之外，在 60 年代资本主义世界急剧变动的形势之下，除了欧洲共同体，特别是联邦德国、法国等国的经济迅速发展之外，日本的经济也在迅速好转。国内经济的衰落和世界经济形势的好转，使得英国政府危机感重重。

　　其次，英联邦危机加剧，帝国体系面临瓦解。英联邦的实际作用变得越来越低。政治上，大批英国原属殖民地国家独立，一些新独立国家执行中立主义政策，使英联邦的外交和军事团结已经削弱。经济上，

---

①　张瑞映：《疏离与合作——英国与欧共体关系研究》，中国社会科学出版社 2007 年版，第 136 页。

1951 年英国的外贸出口一般是输往英联邦，1967 年仅占 1/3。然而，尽管有关税壁垒，英国对欧洲共同体的出口增长仍快于欧自联内部贸易和对英联邦的贸易。这种状况使英国工业联盟认为英国工业最好加入欧洲共同市场。

最后，欧洲自由贸易联盟离心力的增强，在英国外交政策的变动以及国际形势变化的情况下，欧自联盟国的外交也发生了变化，它们与英国以外的国家的关系加强，也在谋求与欧洲经济共同体发展进一步的关系，与英国的关系有所疏远。

同时，约翰逊政府时期，英美关系渐趋疏远，特殊关系渐趋冷淡，使得英国政府的危机感愈来愈强。英国担心会成为美国的卫星国，既被孤立于欧洲，又被疏远于美国，"防务、火箭、彩色电视、协和式飞机工程师，所有这一切都显示英国被排斥在一个大联盟之外，我们要么融入欧洲，要么成为美国的卫星国"。① 这是威尔逊政府所不愿看到的事情。约翰逊政府时期，美国忙于在肯尼迪政府时期所扩展的在世界各地卷入的事务，如在东苏伊士、在亚洲等地，特别是陷入越南战争。在这些问题上，美国希望得到英国政府坚定的支持，但实力衰退的英国，有时没有坚定的强有力的支持，特别是在越南战争问题上，英国没有坚定地站在美国一方。同时，在英国从世界撤退的过程中，美国希望英国一起承担世界警察的角色。在英国经济问题方面，面临英国不断的经济危机，美国虽然支持过英国，但往往将支持与要求英国对其军事行动的支持绑架在一起。在核问题和防务问题方面，美国和英国也存在着系列冲突。美国更加看重的是对世界事务的掌控，而非对英国的眷顾。在这期间，双方发生一系列的冲突，使得 20 世纪 60 年代后半期两者关系有所松动。

所有这一切都使工党逐渐意识到，英国的全球战略需要调整，即"三环外交"面临挑战，在英联邦和英美特殊关系两根支柱衰退的情况下，加入欧洲共同体是英国摆脱危机的必然选择。在此期间，英国缩减了其在远东地区、新加坡以及马来西亚的驻军，收缩在苏伊士以东的海外防务，调整了其全球战略中的海外支出部分，战略重点正在向欧洲转移。

与此同时，英国国家内部和外部表现出对加入欧洲共同体的支

---

① 张瑞映：《疏离与合作——英国与欧共体关系研究》，中国社会科学出版社 2007 年版，第 136—137 页。

持，这加速了威尔逊政府政策的转变。首先，威尔逊政府中的"欧洲派"主张英国加入共同体，特别是经济事务大臣乔治·布朗和外交事务大臣迈克尔·斯图尔特等人，积极主张英国加入共同体。其次，在野的保守党本来就支持英国加入共同体，自由党也表示支持英国加入共同体。最后，从民意来看，英国国内民众基本上转向支持英国加入共同体，在1966年的一次民意测验中，支持英国加入共同体的民众已经上升到75%。① 同时，对于欧洲共同体而言，共同体六国中，除法国之外的联邦德国、意大利、荷兰、比利时和卢森堡五国，对于英国加入共同体表示出欢迎的态度。这些因素都促使威尔逊政府转向了欧洲。

1966年11月10日，威尔逊在下议院明确表示决心加入欧洲经济共同体，寻求双方谈判的基础。但同时威尔逊政府也意识到，法国的态度是英国进入共同市场的重要因素，所以表示只有当条件成熟时英国才寻求加入欧洲经济共同体。

此时，共同体"空椅子危机"使得共同体出现了邦联主义倾向，从而更加符合英国的期望。共同农业政策是"空椅子危机"的导火索。1965年6月28—30日，欧洲共同体理事会会议召开，讨论共同农业政策、共同体财政与欧洲议会预算权的提案。在共同农业政策和共同体超国家组织的扩大权力方面，德国、意大利等成员国建议把欧洲共同体的决策机制从一致通过改为多数赞成。法国代表坚决反对，认为这会损害大国的国家权力，法国外交部部长在会议结束前愤然离席。7月1日的欧洲经济共同体部长理事会会议没有就共同农业政策、财政问题达成一致协议，会议被迫中断。主持会议的法国外长莫里斯·顾夫·德姆维尔宣布无限期休会。五天后，法国召回其常驻欧洲经济共同体代表及法国驻共同体大使，法国政府正式宣布不会派遣任何代表参与会议，法国开始全面实施缺席抵制共同体机制的政策。在以后七个月的时间里，法国代表没有参加任何欧洲共同体会议，从而引发了持续半年之久的"空椅子危机"。1966年1月，欧洲共同体与法国达成"卢森堡协议"，即同意法国提出的决策机制的全体一致原则。"空椅子危机"是欧洲共同体发展过程中以法国为代表的邦联主义与以欧洲共同体委员会为代表的联邦主义之间的斗争，也是邦联主义欧洲一体化的一次胜利，即要求一体化尽可能少地侵蚀国家主权，这也是英国

---

① 赵怀普：《英国与欧洲一体化》，世界知识出版社2004年版，第140页。

对欧洲一体化的利益诉求。[①]

　　除此之外，欧洲共同体内部在军事一体化方面也出现了一些危机。如前所述，总统戴高乐自 1958 年重新执政后，对外推行以谋求独立自主、大国地位为核心的"戴高乐主义"，法国提出要改变北约由美国主导的格局，建立美、法、英三国指挥机构，但遭到美国和英国的拒绝，双方矛盾凸显。1959 年 3 月，法国宣布其地中海舰队不受北约指挥；6月，法国拒绝美国在法国设置核武器，并迫使美国撤出它在法国的核弹及携带核武器的轰炸机。1962 年，法国爆炸了第一颗原子弹。1963 年，法国宣布大西洋舰队不受北约指挥。约翰逊继任美国总统后，在北约问题上，基本继承了肯尼迪政府的衣钵。在此情况下，1964 年，法国召回在北约海军司令部任职的全体法国军官。1966 年 3 月，戴高乐致函美国总统约翰逊，要求正式退出北约各军事机构，并宣布在 7 月之前撤回受北约指挥的全部法国军队，同时还取消了北约军用飞机在法国过境和降落的权力，限令美军及其基地在一年内撤出法国。7 月 1 日，法国退出北约军事一体化机构；10 月，法国退出了北约军事委员会。北约总部由巴黎迁至布鲁塞尔。[②] 法国退出北约显示了美法矛盾以及西欧一体化内部的冲突，这对英国加入欧洲共同体可以说有利有弊，利即是戴高乐的邦联一体化思想更加符合英国人对一体化形式的设想，弊在于法美矛盾的加深不利于英国申请的通过。

　　总之，国际力量的分化、欧洲向心力的增强，以及英国的衰落和国内政党政治等系列因素，促使威尔逊政府转向积极谋求加入欧洲共同体。

第三节　约翰逊政府支持英国加入欧洲共同体

一　支持英国加入欧洲共同体

　　1963 年 11 月 22 日，美国总统肯尼迪抵达得克萨斯州达拉斯市访问，副总统林登·约翰逊陪同。第二天，肯尼迪乘车经过达拉斯闹市时

---

　　① 杨娜：《欧洲治理体系中欧盟理事会权力的嬗变》，南开大学出版社 2013 年版，第68—69 页。

　　② 《"欧洲人的欧洲"——戴高乐的独立民族主义》（https://wenku.baidu.com/view/cea143e94afe04a1b071def6.html.）。

遭枪击，遇刺身亡，副总统约翰逊旋即宣誓就职，成为美国第 36 任总统。在继任了总统一职之后，1964 年约翰逊以优势多数票正式当选为总统，直到 1969 年 1 月 20 日届满卸任。

在美国对欧洲一体化政策方面以及英国加入欧洲共同体的政策方面，约翰逊政府基本上全面继承了肯尼迪政府的政策。但是，约翰逊政府忙于国内事务，在外交方面主要精力掣肘于越南战争，再则鉴于肯尼迪政府时期美英关系成为法国总统戴高乐反对英国加入共同体的理由，因此，约翰逊政府对英国的支持略显隐晦。

在欧洲一体化问题上，服从其大西洋联盟政策的需要，约翰逊上台后也采取了支持的政策。美国希望西欧各国通过在政治、经济和防务等方面加强合作，使之成为冷战的坚实前沿，并应对西欧内部和外部的挑战与危机。约翰逊本人以及政府人员多次提及这一政策。1965 年 3 月 6 日，国务卿腊斯克在《美国的大西洋政策》的讲话中强调说："欧洲和美国之间在北约和经济与发展合作组织中已经取得了更密切的关系。欧洲一体化迅猛发展。经济共同体的活力是欧洲方面最有希望的事业。它特别有助于西欧当前的繁荣。……自从 1950 年以来，我们一直支持欧洲统一事业，我们现在也支持它，并且坚信，在未来十年，欧洲一体化会取得更大进展。欧洲集体致力于大西洋事业：经济、政治和核等领域，能加速它的发展。这周在布鲁塞尔六国所做的决定：合并三个欧洲共同体执行机构为一个欧洲共同体，这是欧洲一体化道路上里程碑意义的事件。我们期望美国和欧洲经济共同体更为密切的关系，因为这个委员会越来越多地承担着使欧洲走向统一责任。"①

在英国加入欧洲共同体问题上，支持英国加入欧洲共同体，使西欧超英国领导的美国的大西洋联盟的方向发展，是约翰逊政府的主要政策。在威尔逊当选初期，尽管美国政府对英国新政府的政策有所怀疑，但仍然支持英国加入欧洲共同体。1966 年 5 月，总统约翰逊就指出，美国认为，"促进西欧的统一不仅是（美国）所希望的，我们也认为是必要的"，因为，"前车之鉴，展望未来，都可以看出，西欧国家只有日益紧密地联合起来，才能够在国际社会中发挥其应有的作用"。② 因此，无论在公开场合还是在私下讨论中，支持英国加入欧洲共同体，以

---

① *The Dynamics of World Power*, Vol. I, Address by Secretary Rusk on United States Atlantic Policy, March 6, 1965, pp. 813 – 814.

② Public Papers of the President of the United States: Lyndon B. Johnson, 1966, Book I, Washington D. C.: USGPO, 1967, p. 477.

促进西欧一体化朝美国的方向发展，已成为约翰逊政府的共识。

约翰逊政府一直尝试摸清英国以及西欧各国对英国加入欧洲共同体的态度。1966 年 5 月，参议员弗兰克·丘奇到西欧各国访问，以确定各国在各种问题包括英国加入欧洲共同体问题上的态度。在报告中，他指出，英国已经决定在时机合适时加入欧洲共同市场。但在确定戴高乐不会再次否决之前，尚未明确作出正式决定。在英国，争论围绕以下问题进行：通过扭转支付不平衡来加强英镑，抵制共同市场中的超国家主义，同时对共同市场共同农业政策感到不安，对英国与美国更紧密的关系更加关注，以及共同市场成员身份是否会加强英国在世界中的作用地位等。然而，在英国和欧洲大陆，仍有这种潜在的理念，即英国进入（也会以成员身份或联系国身份带进其他欧自联成员国）有很大的希望，如果进入，这对西欧的经济会是一个有利的制衡，共同市场会加强，并会扩展，会使欧洲一体化大大进展。展望未来，英国和它的欧自联伙伴，至少一部分伙伴，在未来五年加入共同市场，然而，立即进入的机会特别是在下一年进入的希望不大。① 可见，美国对英国加入共同市场还是持乐观态度，但在欧自联问题上，美国的立场没有改变。

二　约翰逊政府的政策蓝本——鲍尔备忘录

美国和英国两国政府在英国加入欧洲共同体问题上开诚布公。如肯尼迪政府时期一样，英国加入欧洲共同体必然希望得到美国的支持。1966 年 7 月末，首相威尔逊访问华盛顿，为期八天，以探测和商议美国在一系列问题上的态度。对于这次访问，美国政府也是高度重视，并视其为一个开门见山地向英国政府表明立场的机会。对此，主管欧洲事务的次国务卿乔治·鲍尔再次做备忘录，就美国在欧洲的一系列政策问题提出建议。其中，英国的世界角色、英国政策转变和英国加入欧洲共同体问题占了相当大的篇幅。鲍尔备忘录成为美国对英国加入欧洲共同体问题的政策蓝本，基本上反映了美国政府的态度。

下面是鲍尔备忘录中关于英国加入欧洲共同体的简要内容。②

威尔逊首相访问的这八天的时间里，我们可以遵循以下两条政

---

① *The Dynamics of World Power*, Vol. Ⅰ, Report to the Senate Foreign Relations Committee by Senator Frank Church on Europe today, p. 852.

② FRUS, 1964 - 1968, Vol. Ⅻ: Western Europe, Memorandum from the Under Secretary of State (Ball) to President Johnson, Washington, July 22, 1966, pp. 545 - 554.

策路线。

英国必须认识到，它不再是世界体系的中心，但无论如何，通过发挥其才智和资源，以西欧领导者的身份，也会充当一个关键角色。在我们看来，我们应直面这一现实：通过美国定期紧急援助的方式继续与英国维持这种微弱的关系是不利的。换句话说，即我们必须在两国长期大范围利益角度重新定义我们所谓的"特殊关系"。这是一个很好的开始的时机。

我建议，我们向威尔逊首相提两方面的路线方针。

建议一：英国不能以其单独的力量继续其世界大国的角色。解决这一问题，英国必须按其在维持世界秩序方面的能力和有限的资源来调整其国家蓝图。英国不再是世界体系的中心。英联邦仅仅成了一个代言词，不再是实力意义上的，更不是经济意义上的英联邦。新的英联邦没有共同的意义，至多它是一个马上过时的一系列双边组织，原来的英联邦正渐渐削弱。例如，霍尔特首相告诉我，在历史上第一次在澳大利亚文件中公开质疑澳大利亚对女王虚伪的忠诚。

当前英国的主要问题是心理上的，它不像欧洲大陆国家一样，它没有经历过被震撼的失败或占领的尝试，它还没有发现：以其现有的国内社会资源接受新的国家角色是件容易的事。

这是美国能够影响并且美国的政策能起关键作用的地方。因为，英国自身不可能那么迅速地调整其政策面向日新月异的世界，来应对对我们来说岌岌可危的欧洲不平衡的事务。它需要美国领导力的激发，换句话说，需要美国坚定明确的政策压力。

建议二：英国通过果断地转向欧洲，能充当一个对自己和世界来说高度建设性的角色。

已经很明显，统一的欧洲需要英国的领导。戴高乐的激进民族主义已经拒绝了领导者的角色。德国很明显不能承担。但英国有声望和能力承担这一角色。

我们应该在这一点上向威尔逊首相强调说明，即这一领导者的角色意味着什么。英国的任务不再限于应对戴高乐所引起的民族国家的竞争对手。英国应该致力于此：在其商业政策和政治利益方面将欧洲转向外部世界，换句话说，领导西欧人民走向统一，走向一个新的能广泛参与和具有使命感的欧洲，这不仅仅限于对有限的发展中国家政治保护和经济援助条款，它意味着一个统一的西欧，在一道同美国保持世界秩序方面，成为一个重要的角色。

英国进入欧洲的另一个使命是抚平已经被法国民族主义扰乱的德国和其邻居的平衡。英国的高高在上，已经使建立在法—德理解基础上的统一的欧洲不断加强，因为英国像一个磁石一样远离欧洲事务，并在参与欧洲事务中以其不相称的比例撤退其力量。

相反，英国在内的欧洲，会提供一个强有力的欧洲的平衡。它会稀释现存的内在不稳定的法德关系中的双边主义，它将赋予西欧一种走得更远的、持久的、完整彻底的欧洲的意义。

在这方面，我们应该应对民族主义所带来的危险，法国民族主义早已显示出危机，他会对德国造成不利的形势，德国通过与美国的双边关系于西方，并会对其邻国带来威胁。

建议三：进入共同市场对于英国的经济复兴来说是必需的。

当前英国进入共同市场的另一个迫切的理由是，除此之外，它将永远难以维持经济有序。

无论工党政府还是保守党政府，都没有能力保持英国经济现代化和进行富有竞争力的结构性的转变。只能通过将英国的经济投入长久的竞争中去才能实现这一点。

建议四：英国应该按照现在的《罗马条约》签约。

威尔逊可能会如此回答：法国仍然会以否决英国签订《罗马条约》相威胁，无论如何，除非协商调整到照顾国内农业、新西兰农业等特殊利益安排，英国不会加入欧洲。

回答即是法国的阻碍。

法国政府曾说，如果英国准备按现在的条约加入，它能立即做。作为一个申请者，英国讨价还价的资本很少；作为一个成员，英国在作出必要的调整方面处于有利的位置，因为，每一个议题，都将是与一个或其他共同体国家的共同事业。

因而，如果明确表明英国愿意签订条约，法国将很难找到反对的理由。

威尔逊可能会反驳说，英国公众现在还没有准备转向欧洲的决定性行动。但最近的一个民意调查显示如果英国政府认为加入明智的话，70%的公众支持加入共同市场（在1963年法国否决时只有28%）。进一步说，实际上工党会继承保守党的衣钵，如果保守党执政，它会继续寻求加入欧洲共同体。

建议五：英国通过放弃核威慑，来致力于核不扩散和欧洲统一事业。

建议六：鼓励英国转向欧洲防务共同体。

报告也给出了美国为加速这些行动的具体措施：

到目前为止，我们一直在为我们与英国的特殊关系而不断投资，但回报有限。然而，既然我们已经有这种关系并作出计划，我们就要坚定地促进它的实施。

A. 放松对英国在东苏伊士角色的压力。

B. 我们应该停止对英国长期的财政危机的财政支持。

C. 我们应该表明我们愿意参加会导向英国欧洲成员国身份的财政行动。

尽管我们拒绝更为深层的援救行动，但我们应该表明我们愿意协助长效措施的发展，特别是在有关英国进入欧洲方面的长效措施。

如果英国准备没有任何优先条件地加入《罗马条约》，戴高乐可能反对的理由将是：英国必须首先使其金融秩序有序。这一反对理由的基础是：其他共同体国家不会被要求承担《罗马条约》所规定的为帮助英国克服大量的赤字和现存严重的英镑结存危机而带来的义务。

我们应该表明，如果将军抛出这一反对理由，我们准备与六国讨论，英国的财政状况怎样才能达到一个可以被接受的欧洲共同体成员的资格。

这可能会涉及当前的两个问题：一个可控的有限的10%—12%的贬值，以使英国货物在共同市场内有竞争力，并使英镑结存国际化。

我认为我们应该表明愿意参与欧洲大陆国家为解决这些问题的必要的协同一致的行动。这样，我们将能彻底地清除英国长期的财政危机这一棘手因素。

D. 我们乐意帮助英国淘汰其国家核威慑。

E. 如果使英国放弃英国核武器体系需要，我们将准备裁剪我们核信息的份额。

F. 英国进入欧洲实际上会加强它与美国的"特殊关系"。

鲍尔在总结中进一步强调了英国转向欧洲的必要性：

1. 我们对威尔逊访问期间能达成的成果没有幻想。即使我们强力地提出这些建议，首相不见得会立即认同。但我们必须启动，时不我待。我们必须利用一切访问的机会来开始这一进程。

2. 如果我们继续保持我们现在与英国对话的模式，即在临时的基础上处理问题，没有清晰的英国长期走向意义的政策，这对我们和对英国都是悲剧式的伤害。

3. 英国迟早会被迫放弃它在世界的存在。它迟早将进入欧洲。这一过程已如箭在弦。但如果我们不施加影响让他们快速行动起来，英国的行动会像过去一样步履蹒跚。欧洲需要英国推动走向统一。如果英国不采取决定行动认同西欧蓝图的身份，分裂的进程会超过统一的进程。我们将再次面对一个危险的、不稳定的欧洲。

备忘录做出以下总结：

当首相提出英国经济问题时，我们应当表明我们希望拓宽讨论的领域以共同应对处理，而不仅仅是同情。

我们应该敦促首相向欧洲共同体六国清楚地表明英国想进入共同市场的愿望，例如完全接受《罗马条约》，进入后就想要调整的问题进行谈判协商。我们应该向首相指出，如果法国以英镑作为理由否决英国进入的话，我们准备在金融事务中帮助他克服障碍。

我们应该鼓励英国提出防务共同体的概念，无论戴高乐是否允许它进入共同市场。

我们应该敦促首相兑现他放弃国家核力量的诺言，以推进核不扩散，并为英国经济铺平道路。

我们不能让首相以东苏伊士问题作为其对这些问题讨价还价的借口。

通过鲍尔备忘录，美国的政策方针明晰可见：

第一，美国希望英国加入欧洲共同体，并敦促英国尽快加入。

第二，在加入的条件方面，与第一次并无差异，即鼓励英国以《罗马条约》的规定加入欧洲共同体，不保留它在英联邦、欧自联和农业等问题上的特殊待遇。但在政策实现的方式上，与第一次相比，相对婉转，不再是无条件地要求英国放弃他们，而是希望英国首先无条件地加入欧洲共同体，之后再就相关问题与共同体或其成员国进行协商解决。

第三，美国的态度还是乐观的，认为英国按现行《罗马条约》申请加入欧洲共同体，法国很难找到反对的理由。即使戴高乐以经济问题为由反对，美国也可以帮助英国渡过难关。为了支持英国加入共同体，美国准备参加帮助英国度过金融危机的欧洲行动。

第四，美国和英国外交理念的冲突明显化，即在英国的角色和地位方面，约翰逊政府更加明确地希望英国正视它的世界大国没落的角色，希望英国通过完全进入欧洲，无论从经济方面还是政治和军事方面，来加强它欧洲强国的地位。如果说肯尼迪政府时期，对英国的世界大国角色还有保留的话，约翰逊政府时期，已明确要求英国放弃其世界大国地位。而英国则希望通过加入欧洲共同体来维持其世界大国地位，加强与美国的关系，而不是成为美国的卫星国。

在第二次申请加入欧洲共同体时，英国的外交角色定位问题更加明显地成为美国和英国两国政府争论的焦点。1966年7月27日，威尔逊首相、英财政大臣以及美国次国务卿鲍尔、财政部部长亨利·福勒等人进行会谈。在会谈中，双方在英国加入欧洲共同体方面取得了一致，但在英国的世界地位和作用方面显示出明显的分歧。英国希望通过加入欧洲共同体以增强其世界角色，希望成为美国的盟友而非卫星国。而美国则希望英国完全融入欧洲，直面欧洲领导者的角色。①

关于英国在世界上的角色问题，备忘录如下记载：

> 首相说他也想更广泛地讨论英美关系。在这一方面，英国正处于一个十字路口，它必须对它未来的世界角色作出结论。
>
> 乔治·鲍尔说，他认为英国必须定义，或重新定义它的世界角色。在他看来，英国的主要角色应该是欧洲的领导地位。② 首相说他不想被圈于一个内向的欧洲。
>
> 鲍尔说他认为英国应该领导欧洲走出他的内向。
>
> 首相说他曾直接问过蓬皮杜，如果加入欧洲经济共同体法国的代价是政治的，并且会带来英国依靠美国，他会怎么办。蓬皮杜没

---

① FRUS, 1964 – 1968, Vol. XII: Western Europe Region, Memorandum from the Under Secretary of State (Ball) to President Johnson, Washington, July 22, 1966, pp. 555 – 557.

② Ibid., p. 557.

有真正回答这一问题。

福勒说他认为英国应该以一种强有力的状况而不是脆弱的状况进入欧洲。

首相同意这种观点。

鲍尔说他还不知道具体战略和实际策略，但英国和美国应该开始共同确定英国在欧洲的地位。

首相说他怀疑，他认为英国是大西洋的，他指出美国似乎要将英国从大西洋转向太平洋。

福勒说，他唯一的建议是"不要按法国的条件进入"。

鲍尔说任何事情不可能提前达成一致。可能进入之后再进行协商更好。

首相似乎心不在焉。①

7 月 30 日，首相威尔逊与总统约翰逊进行了单独会谈，后又与腊斯克、麦克纳马拉、福勒和鲍尔进行会谈，双方在支持英国加入欧洲经济共同体的问题上基本一致，但是在英国的世界地位和欧洲作用问题上，两者仍然存在分歧。

之后，美国总统约翰逊正式就支持英国加入欧洲共同体问题发表宣言，进一步强调了英国加入欧洲共同体的重要性。1966 年 10 月 7 日，约翰逊做了《大西洋联盟和欧洲政策》的致辞，强调了欧洲一体化意义重大，英国加入欧洲是欧洲统一的重要一步。原文相关内容如下。

"我们必须遵循以下三条原则：首先是北约现代化、加强大西洋联盟；其次，推进西欧统一；第三，加快推进东西方关系。"他进一步强调："新的欧洲指日可待，它更加强壮、日益统一、开放活跃，英国置身其中，且与美国关系紧密。……西方更加强有力的一体化。我们追求的统一不是推迟也不是忽视我们对世界和平的不断追寻，而是更有利于这一方面的发展。首先，统一的欧洲将会是我们在建立和平公正的世界秩序方面的平等的伙伴。其次，一个统一的欧洲更能有信心地推进东欧的和平事业。同时，统一的欧洲提供了一个框架，在这个框架内，一个统一的德国将是一个没有恐惧感的完全的伙伴。我们期盼欧洲共同体的扩展和加强。当然我们也意识到阻力强大。新欧洲的蓝图清晰可辨，它

---

① FRUS, 1964 - 1968, Vol. XII: Western Europe Region, Memorandum from the Under Secretary of State (Ball) to President Johnson, Washington, July 22, 1966, pp. 555 - 557.

是一个日益统一的并更加强壮的欧洲，是一个开放的欧洲，是一个英国是其中的一部分的欧洲，并且是与美国关系更为密切的欧洲。"①

可见，约翰逊政府对于支持英国加入欧洲的原因与肯尼迪政府时期并无二致。之后，美国政府人员访问西欧各国，1967 年 3 月 26 日至 4 月 10 日，副总统休伯特·汉弗莱访问西欧各国，以劝说西欧各国支持英国。

约翰逊政府的支持坚定了威尔逊政府的决心，并开始就加入欧洲共同体进行各方面的准备。

第四节　英国再次申请与再次遭拒

一　威尔逊政府再次申请

威尔逊政府决定申请加入欧洲共同体后，进行大刀阔斧的行动，首先是游说和宣传。1967 年 1 月 16 日至 3 月 8 日，威尔逊和英国外交大臣乔治·布朗对欧洲经济共同体六国进行了将近两个月的访问，以期确定共同体六国特别是法国在英国加入欧洲经济共同体问题上的态度。在与共同体六国首脑的会谈中，威尔逊政府人员表明了准备加入共同体的决心和诚意，同时希望共同体国家能在农业、英联邦、欧自联等问题上最大限度地照顾英国的利益。会谈中，五国首脑虽然态度较好，但是没有同意威尔逊在农业和英联邦等问题上的条件。而法国总统戴高乐对英国加入共同体问题仍持怀疑的态度。

虽然访问不尽如人意，但并未动摇威尔逊政府要加入欧洲共同体的决心。在经过一段时间准备后，1967 年 5 月 2 日，威尔逊向下院宣布英国政府已经决定申请加入欧洲经济共同体。威尔逊承认加入共同体将会给英国的支付平衡带来某些问题，但是他宣称加入共同体将会给英国带来更高的经济增长率，会加强和提高英国及欧洲在世界上的地位，同时英国的独立也不会丧失过多。5 月 11 日，英国威尔逊政府重新提出加入欧洲经济共同体的申请。同一天，爱尔兰和丹麦也提出了申请。挪威于 7 月 24 日也提出了申请。可见，威尔逊政府第二次申请的准备相对

---

① *The Dynamics of World Power*，Vol. Ⅰ，Address by President Johnson on the Atlantic Alliance and Europe Policy，October 7，1966，pp. 864 – 867.

来说比较扎实，基本上综合了国内、美国的意见，并试探了共同体六国的意见。

二　戴高乐反对英国加入欧洲共同体，主张联系地位

对于英国的第二次申请，法国的反应更为迅速。在威尔逊政府正式提出申请的第五天，即1967年5月16日，戴高乐举行新闻发布会，直接表达了对英国加入欧洲共同体的保留意见。戴高乐再次强调，英国的联系国地位是可以考虑的，融入的政策是不可能的。他指出，原因既有经济方面的，也有政治方面的，他认为英国尚未做好进入共同市场的准备。戴高乐的新闻发布会的相关发言如下："对于英国的谈判问题我不想带有偏见，无论如何都是否定。唯一的问题是英国是否准备按照《罗马条约》现行条款加入，还是想在它想要的另一个框架体系下加入。""共同市场目前蓬勃发展，引入像英国一样的大量的新因素进入，会将之转变成另一种完全不同的形式。""如果英国加入欧洲经济共同体，它现在的灵魂、它的范围，它的决议，将让位于不同的灵魂、范围和决议。""英国需要一种'历史的'转变，而英国很明显还没有完成，并且也不可能在一年之内完成。"

戴高乐提出了解决英国与欧洲共同体关系问题的三种方案。

"第一个方案是允许英国进入共同市场，以它所一直坚持的免税特权和它新的条件进入，以及除它之外的新的国家的加入。这将会对过去的进行彻底摒弃，而带来新的观念构架。这将导向一个欧洲大陆范围内的自由交换的区域，这是产生一个大西洋区域的前奏，在这一过程中，欧洲将丧失它的人格。"

"第二个解决方案是共同市场和欧洲自由贸易联盟建立联系，这有利于发展双方的经济关系，《罗马条约》也做出了明确的说明。"

"第三种解决方案是在现存状态发生转变之前等待。等到这个伟大的民族做出足以使他们与欧洲大陆六国联系在一起的经济和政治的转变。这是很多希望欧洲被一种自然边疆统一在一起的人们希望的结果，法国也会欢迎之。"在戴高乐将军看来，这是很明显的唯一的答案。

"如果英国还没有准备这一经济和政治上巨大的冒险事业，对共同市场来说，它的事业还未完结。六国在这一问题上还没有采取建设性的行动；他们必须接受所引起的各种问题：权力、税务、福利开支、交通，等等。"

"如果他们已经完成了这一事业，他们必定学会去加入它，服从它

的规则以及它的折中性方案、它的约束性。但这些英国都没能做。因为它的英联邦帝国以及它的孤立，它不是欧洲大陆的。它与海外广泛联系，它也与美国以一种特殊关系联系在一起。"

戴高乐将军还指出了英国存在的英镑问题。"这一事件是英镑问题。六国怎么能引进共同体一个孤立的、处于如此复杂体系之内的一个同伴呢？"他认为威尔逊应该作出储备和纯理论意义上的国家流通货币角色之间不同的解释。采用农业征税体系会"打破英国国际收支平衡"，但修改它又会将法国从共同市场中排除。

"从当前情况看英国加入确实存在经济上的障碍，但从长远来看，这确实是政治方面的因素之一。希望欧洲人走向统一的观点是创造一个欧洲统一体。欧洲人从任何方面都能同任何人处理任何问题。因为英国存在广泛的海外关系，所以在许多方面与共同体建立联系关系是可以的，融入的政策是不可能的。"[1]

可见，戴高乐对英国加入欧洲共同体持保留意见，其理由为：英国的经济和政治状况不具备加入共同体的条件，英国思想上还未做好加入共同体的准备，英国需要进行长时期的历史性的转变，才能加入共同体；英国广泛的海外利益使之不能完全加入共同体；英国经济非常脆弱，它的加入可能会破坏现有的共同体市场，特别是英国引以为傲的英镑作为储蓄货币也面临危机；英国与美国的密切关系，英美特殊关系会将共同体变成大西洋共同体，英国的加入会改变共同体的性质。戴高乐实际上拒绝了英国加入欧洲共同体，认为联系地位是可以考虑的。

三　威尔逊政府最后的努力

对于戴高乐提供的联系地位，威尔逊政府如当头棒喝，这当然不会被认同。虽然遭受挫折，威尔逊政府还是想做最后一搏。1967 年 6 月，威尔逊游说戴高乐，但仍未得到戴高乐的同情和支持。

欧洲经济共同体、煤钢共同体和原子能共同体计划于 1967 年 7 月 1 日合并为欧洲共同体，英国希望抓住这一机会。7 月 4 日，英国外交大臣布朗在西欧联盟部长理事会上表示为了加入共同体，英国可以作出让步，具体如下："英国政府不再要求对《罗马条约》进行根本修改。英国准备接受共同农业政策，但要求把代价公平地分摊到各

---

[1]　Charles Hargrove, "De Gaulle Says It Again", *Times* ［London, England］May 17, 1967, The Times Digital Archive, August 23, 2017.

成员国头上；不像 1962 年要求保证广泛的英联邦产品准入欧共体市场，现在只要求保证新西兰的奶制品和西印度的糖准入共同市场；英国也不再寻求从英联邦国家进口原材料时取得共同对外关税的例外权，但宣称它愿意接受根据关贸总协定谈判所修正的共同关税。英国政府代表英联邦内的非洲国家和西印度国家，仅要求他们在欧共体联系制度上应与法国前殖民地同等待遇。对没有参加欧共体的欧自联国家，英国提议应允许有一年的过渡期安排。布朗承认欧共体是一个充满变化的组织，英国不但可以在经济事务上，而且在防务和政治上对此作出贡献。"[1]

　　争取欧洲共同体中法国之外的其他五国的支持，是威尔逊政府的必然策略。如前所述，在正式提出申请之前，威尔逊政府就多次与五国政府人员沟通交流以获得他们的支持。英国第一次申请加入欧洲共同体时，尽管五国对于英国有同情之意，但对英国提出的要保护英联邦、欧洲自由贸易联盟以及英国农业的特殊利益等条件，有些反感，所以基本上反对这些特殊要求，而团结一致地去推动《罗马条约》实施，推进欧洲大陆一体化的进一步发展。但在第二次申请中，由于英国在经济方面降低要求，欧洲共同体除法国之外的五国，在英国申请初期基本上采取了友好的态度。

　　在 1967 年 7 月 4 日英国政府降低了加入欧洲共同体的要求之后，五国基本上持欢迎英国的态度。五国政府人员，特别是意大利、荷兰、比利时等国的外长，对于戴高乐所说的英国加入欧洲共同体会改变共同体的性质、会带进英美特殊关系、英国虚弱的经济会给共同体带来损失等问题，认为这些都有一定的根据，但同时，他们对戴高乐反对的理由提出了质疑。他们的观点如下：英国的加入不会影响共同体由经济联盟发展到政治联盟的进程，因为共同体在政治联盟方面尚未取得实质性进展；共同体的扩大不可能陷入像欧洲经济合作组织那样具有制度缺陷的困境；美国没有任何理由对共同体进一步自由化施加任何的压力；英镑的疲软确实会给共同体带来一种潜在的困难，但第一次签订《罗马条约》时法国面临同样的问题；意大利外长甚至指出，法国完全忽略了英国加入后可能带来的政治和经济的众多优势，一旦考虑到这些因素，大家就会清楚地认识到，当前的机会是不可以错过的。

----

① 张瑞映：《疏离与合作——英国与欧共体关系研究》，中国社会科学出版社 2007 年版，第 138—139 页。

但在外交和防务方面，威尔逊政府人员没有作出承诺。他们反对在外交和防务方面的主权让渡，威尔逊在下院明确指出欧洲防务需要美国，没有美国的帮助，不会有欧洲防务体系，同时英国反对建立独立的欧洲核力量。法国之外的五国虽然表示欢迎英国加入欧洲共同体，但对于其外交和防务方面明显的亲美倾向，五国不敢苟同，戴高乐也会坚决反对。

四　戴高乐的否决

对于英国的卷土重来，法国总统戴高乐干脆反对欧洲共同体六国与英国协商谈判。1967 年 11 月 18 日，因国际收支遭遇严重危机，英国政府被迫宣布英镑贬值，这更成为英国经济虚弱的证明，法国以之为理由直接拒绝了英国政府的申请。

1967 年 11 月 27 日，戴高乐在记者招待会上猛烈批评了英国的经济，认为它和欧洲共同体的规定不相容，只有把这种经济整顿好才能开始谈判。戴高乐指出，虚弱的英镑会给欧洲共同体经济上的发展带来严重不利的影响。"由于货币等值和一致是共同市场的根本原则与条件，除非英国货币有一天不出现新的危机状况，如未来价值安全、摆脱国际储备货币地体和消除英国在英镑区的债务平衡负担，共同体不可能扩大到我们的隔岸近邻。"[1] 戴高乐指出，英国工党政府并未改变英国的亲美立场，不相信英国会把欧洲利益放在大西洋联盟的利益之上。英国因为各种特殊的安排而与美国紧密联系在一起。这将使它不能以严格的条件融入共同体，它必将要求对《罗马条约》作出实质性修改，而这是共同体国家不可能接受的。因此，英国的加入会打破欧洲经济共同体各成员国之间的均势，"减弱成员国的内聚力，最终会把共同体导入美国控制下的大西洋联盟"。[2]

当时的英国报刊用下面的语言援引戴高乐的言论。

"在当前情况下英国进入共同市场，会导致共同市场的分裂，共同市场不能这样吸收一个例外，它的政治、它的经济以及它的货币当前不是欧洲的一部分。"

"当然从理论上讲，这是可能的，牺牲当前的欧洲经济共同六国而让英国进入，或代之以一个延伸到整个大陆的自由贸易区，或按照肯尼

---

① 赵怀普：《英国与欧洲一体化》，世界知识出版社 2004 年版，第 150 页。
② 同上。

迪回合的调节配额和关税路线的协议进行调整。"

"无论如何，这将意味着废除欧洲经济共同体、清除它的规章制度。"

"无论如何，法国不会做出这一建议。"

"如果我们的伙伴这样做，如果是正确的，我们应该考察它的可能性。"

"然而，他不能这样做，即与英国就进入共同体问题进行谈判和联系，英国的进入会毁掉法国为其一部分的欧洲经济共同体。"

"为了应对与英国紧密联系在一起的强大力量，共同体六国必须团结一致，不能放松。"①

可见，总统戴高乐反对的理由并没有大的变动，英镑贬值为其提供了良好的时机。在此，他进一步呼吁六国团结一致。

在面临僵局的情况下，1967 年 11 月 29 日，威尔逊表示拒绝接受任何"联系"地位的关系，宣称英国需要的是完整意义上的正式成员国身份，以便在欧洲共同体的发展中起到充分的作用。威尔逊政府试图依靠"友好的五国"，特别是联邦德国向法国施加压力，以期望 12 月开始的共同体部长理事会上再次考虑英国的申请。然而，在 12 月 18 日至 19 日举行的共同体部长理事会上，法国代表不同意将英国申请加入问题列入会议议程，理事会也因此决定不再进一步考虑英国的申请。这样，英国的第二次申请根本没有进行谈判即遭到了拒绝。②

五　英国申请失败的影响

这次申请的失败对英国造成的冲击要远远超过第一次。第一次申请遭到否决时，英国国内反应平淡，因为当时的英国民众还没有从世界大国的地位中走出来，对欧洲共同体的了解也相对较少，并且很多人包括相当一部分政界力量是反对英国加入共同体的，如当时在野的工党。而第二次申请时英国的状况已截然不同。首先，从政界层面来看，当时英国的政界，无论是当政的工党还是在野的保守党，都全力以赴主张加入共同体，因而政治上达成了高度一致，加入共同体问题也成为当时英国的重大政治抉择和行动。其次，从英国民众的角度看，在目睹了英国的

---

① Charles Hargrove-Paris, "De Gaulle Rules Out Early Negotiations With Britain", *Times* [London, England], November 28, 1967, The Times Digital Archive, August 23, 2017.

② 赵怀普：《英国与欧洲一体化》，世界知识出版社 2004 年版，第 150—151 页。

衰退之后，在政府的宣传下，他们也已经逐渐意识到加入共同体、在欧洲充当领导者的角色，这是国家度过危机并进一步挽回世界大国地位的必然选择，也是迫在眉睫的政治需要。所以，当时加入共同体已成为英国的共识。因而，第二次申请的失败，对英国内政和外交都是一个沉重的打击。1968 年 1 月，英国从马来西亚、新加坡和波斯湾等苏伊士以东地区撤退，英国的世界性大国地位黯然落幕。

之后的索姆斯事件，将英法关系降到冰点，更使英国加入欧洲共同体希望渺茫。1969 年 2 月 4 日戴高乐召见英国驻法国大使索姆斯时谈到，英法两国进行直接和相互信任的讨论来澄清两国间的经济与金融问题是可能的。如果讨论结果令人满意的话，法国将考虑接受英国与其他三个欧自联国家进入欧洲共同体，在共同体中，英、法、德、意主导地位并就共同政策进行协商。索姆斯大使把这一会见内容汇报给伦敦，但内阁认为这是戴高乐设置的陷阱，想用英法秘密外交这种手段使英国惹怒其他五国，于是决定公布法国的建议，并在 2 月 11 日至 12 日威尔逊访问西欧时首先向联邦德国总理通报了这一情况，此举大大惹怒了法国，英法关系更加恶化。[1] 从中可见，20 世纪 60 年代英法关系历经波折，英国加入欧洲共同体的希望更加渺茫。

第五节　受挫后的反思

一　仍然坚持既定的政策

对于英国的失败，美国迅速作出了反应。1967 年 12 月 2 日，国务卿腊斯克做了《美国在欧洲的利益》的讲话。腊斯克在讲话中指出："我们欢迎欧洲统一事业的每一步进展，并且会竭尽全力积极支持。……我们认为，如果欧洲国家要承担一种与其历史成就和社会财富相匹配的世界性责任的话，就必须融为一体统一行动。这种融合是彻底的安全的，英国必须加入其中。"[2]

英国的这次失败并没有影响美国自鲍尔备忘录以来的既定政策。

---

① 张瑞映：《疏离与合作——英国与欧共体关系研究》，中国社会科学出版社 2007 年版，第 140 页。

② *The Dynamics of World Power*, Vol. Ⅰ, Address by Secretary Interest in Europe, December 2, 1967, p. 867.

1968 年 6 月美国国务院提交国家安全委员会的文件，再次分析了英国加入欧洲共同体的形势和对美英特殊关系的影响。文件指出：英国对申请加入欧洲共同体的热情并未减少。英国会采取新的行动。随着英国进入欧洲可能性的提高，英国政府会降低美英"特殊关系"，但不会抛弃特殊关系。在作出以上分析的基础上，国务院阐明了美国政府的立场：美国反对欧洲共同体与其他欧洲国家签订特惠贸易协议。美国不支持英国与欧洲共同体的临时协议，北大西洋自由贸易区的设立是不可能的，它不是英国加入欧洲共同体的结果。①

约翰逊政府继续支持英国加入欧洲共同体，并不断分析英国和欧洲面临的形势。在国家安全会议上，国务卿腊斯克以及其他政府人员分析了英国要进一步加入欧洲共同体面临的机遇和挑战。腊斯克指出：威尔逊政府处境艰难，工党内部面临分裂，英国面临危机，但法国的形势更加糟糕。英国人还没有适应他们新的世界角色，这表现在：英国正逐渐从世界各地撤出，同时也给予了北约支持；对于英国来说，与美国的特殊关系不像以前那么重要了，因为英国不再像以前那样热衷于特殊关系，它们认为大西洋内部合作能代替特殊关系，然而，美英两国还会继续其双边关系。国家安全事务助理沃尔特·罗斯托认为，戴高乐阻止英国进入的难度将加大。腊斯克则认为，如果戴高乐在选举中失败，他反对英国的底气将大幅度下降。②

尽管英国一直不懈努力地坚持申请加入欧洲共同体，美国政府也坚定地支持这一事业，但是，只要戴高乐将军执政，英国加入的希望似乎遥不可及。1969 年 4 月，法国总统戴高乐辞职，继任总统蓬杜皮是欧洲一体化事业的支持者。在 1969 年 12 月召开的欧洲共同体首脑会议上，欧洲共同体成员国首脑决议在新的形势下积极扩大欧洲共同体。1971 年布雷顿森林体系解体，英国进入欧洲共同体的障碍基本消除。与此同时，欧洲派的保守党领袖希思出任英国首相，在新的情况下希思政府再次提出申请加入欧洲共同体。1970 年 6 月，欧洲共同体和英国开始就英国加入问题进行谈判，最终双方达成协议：英国政府同意在经历一定时间的过渡期后最终放弃英帝国特惠制和英镑区。经过谈判，英国、丹麦和爱尔兰三国于 1973 年 1 月 1 日成为欧洲共同体

① 张颖：《从"特殊关系"到"自然关系"：20 世纪 60 年代美国对英国政策研究》，博士学位论文，东北师范大学，2003 年，第 216—217 页。
② 同上。

的正式成员国。①

二　英法矛盾

第二次申请失败与第一次失败的原因基本相同，基本上反映了英法两国外交政策的冲突。在欧洲一体化的形式方面，法国和英国是有相似之处的，即都希望一体化是超国家主义的，尽量减少对国家主权的侵蚀，但两国外交政策的冲突导致戴高乐不会让英国觊觎欧洲的领导权。

英国希望通过加入欧洲共同体，来实现对欧洲的领导，维持其世界大国的地位。法国则希望通过对欧洲一体化的领导实现法兰西民族的独立与复兴。如前所述，戴高乐自1958年重新执政以来，一直想通过六国间的经济合作并与法德联盟相结合，来确立法国在欧洲共同体内的领导地位。英国的加入肯定会影响它在共同体内的地位。同时，英国与美国的特殊关系，也使英国进入欧洲共同体为法国所不容。正如英国首相威尔逊感叹所说："只要戴高乐将军还在爱丽舍宫，我们（英法）之间的关系将极难恢复。"有意思的是，戴高乐也承认他可能是英国加入欧洲经济共同体的唯一障碍，他在对他1963年第一次否决英国申请的批评作出评论时说："英国有朝一日将加入共同市场，仍毫无疑问那时我将不在位了。"②

正如赵怀普先生所写的：英国在20世纪60年代两度申请加入欧洲共同体但都被否决的事实表明，尽管有关各国都认识到了欧洲共同体和英国对双方具有不可或缺的意义，即英国为了自己的切身利益必须加入共同体，而共同体只有吸纳英国后才真正具有完整的西欧代表性，但成员国的特殊经济政治利益和根深蒂固的民族国家主权观念以及由此产生的争夺，依然是欧洲实现联合中的重要障碍因素。而后来英国最终入盟的事实也证明，主权国家间的利益互换和政治平衡仍然是欧洲政治联合的基本动力。③

三　美法矛盾

英国申请的失败也隐含着深刻的美法矛盾。美国作为当时资本主义世界的盟主，冷战后建立了以其为首的大西洋联盟，但是如前所述，这一联盟在20世纪60年代面临挑战，即西欧独立性的增强，特别是法国

---

① 〔法〕阿尔弗雷德·格罗塞：《战后欧美关系》，刘其中等译，上海译文出版社1986年版，第262页。

② 赵怀普：《英国与欧洲一体化》，世界知识出版社2004年版，第151页。

③ 同上。

的挑战。美国和法国的矛盾表现为美国要维持其对西欧的控制权，与法国摆脱美国对西欧的控制、实现法国的大国之梦相悖。

在约翰逊政府时期，法国和美国的关系趋于紧张，甚至达到对抗的境地。从国家领导人的角度看，戴高乐和约翰逊的关系并不好，两人仅仅见过两次，第一次是在约翰·肯尼迪的葬礼，第二次是在康拉德·阿登纳的葬礼。①

在外交方面，法国的独立政策更加明显。1964 年 1 月，法国与中华人民共和国建交，并促进了中华人民共和国建交高潮的到来。对此，美国曾经阻止，但无济于事。在美国和苏联仍然对抗的冷战高潮中，1964 年和 1965 年，法国发展与苏联的关系并与之关系密切。第三世界重要的基地拉丁美洲，也是美国的后院，法国也开始密切关注。戴高乐于 1964 年 3 月访问墨西哥，并于同年秋天再次访问拉丁美洲。"二十五天里，他像冲锋枪一样，访问了拉丁美洲的十国。电台和电视上的讲话，丰盛的宴会，飞机上很少睡眠，顶住抗议的喊声，握过数千人的手，在拥来的人群面前从不退缩一步，没戴眼镜的盲目对着难以承受的太阳……他想证明什么呢？法国总统在政治上把拉丁美洲看作是一个有前途的大陆。他不愿让它和美国相亲，也希望它不要滑向共产主义。他跑到那么远的地方去保卫的是他的世界观和民主观。"②

在欧洲，戴高乐的独立之声也愈演愈烈。在 1965 年 2 月的记者招待会上，戴高乐指出："欧洲，现代文明的母亲，一定要融洽而协作地发展它从大西洋到乌拉尔的无尽资源。这样，才能同它的美国孩子一起，在促进二十亿人民所亟需的进步上发挥它的适当作用。"③ 1964 年 11 月底，戴高乐表示，他希望维持联盟，但目前北约的结构不能令法国满意，法国预计在 1969 年条约到期后不会重续条约。之后，戴高乐一直积极准备撤离北约。11 月，法国在致美国的备忘录中，进一步明确了法国收回主权的范围。之后，戴高乐致函约翰逊并得到回复。1966—1967 年，按照法国规定的时间，北约以及美国部队设施相继撤出法国。法国撤出北约是对美国大西洋联盟的沉重一击。同时，法国和美国之间在经济方面特别是在货币体系方面也存在对抗。

---

① 〔法〕阿尔弗雷德·格罗塞：《战后欧美关系》，刘其中等译，上海译文出版社 1986年版，第 260 页。
② 姚百慧：《应对戴高乐主义：美国对法国政策研究（1958—1969）》，博士学位论文，首都师范大学，2008 年，第 138 页。
③ 同上。

第七章　对美国政策的基本评价

第一节　政策出台的原因

一　在政治上加强联盟

肯尼迪政府和约翰逊政府之所以支持英国加入欧洲共同体，是希望英国加入欧洲共同体可以结束欧自联和欧洲经济共同体分立的局面，防止北约的分裂；希望英国加入共同体可抑制法德的离心，从而实现西欧范围内新的实力均衡。同时，美国希望在这一新的均衡局势中英国会起领导作用，再通过英美特殊关系实现美国对西欧的主导，使西欧成为美国领导的坚实的冷战阵地，从而更好地进行冷战。正如副国务卿鲍尔所说的："我一直认为没有英国的参与，共同体是不完整的，只要大英帝国还留在共同体外面，它就会对异种力量具有某种程度的吸引力。所以，英国在共同体之外仍将是一种分裂因素，但在共同体内，英国会保证欧洲的团结。"[①]

英国加入欧洲共同体，还可以更好地解决棘手的德国问题。遏制德国民族主义的复兴是美国支持一体化的原本动力，而在 20 世纪 60 年代这一因素显得更为重要。60 年代，联邦德国的经济实力已十分雄厚，在美德两国领导人的关系方面，虽然前任总统艾森豪威尔尤其是国务卿杜勒斯与联邦德国总理阿登纳关系密切，但总统肯尼迪与联邦德国总理的关系日益僵化，而联邦德国与法国的关系却日益密切。在这种情况下，将强大的联邦德国系在一体化之中来进行冷战就显得更为重要。肯

---

①　姚百慧：《应对戴高乐主义：美国对法国政策研究（1958—1969）》，博士学位论文，首都师范大学，2008 年，第 92 页。

尼迪政府正是希望通过英国加入欧洲共同体来防止法德结盟，平衡法德离心。1961 年 5 月，肯尼迪告诉英国首相麦克米伦说："美国在欧洲经济共同体的中心利益是政治利益。我们认为，只有不断加强政治合作，我们才能平稳地解决德国的地位问题。"① 之后，肯尼迪告诉法国总统戴高乐："除了基于增强欧洲的政治经济力量之外，我们支持欧洲共同体还有另外一个原因，因为这会有利于将德国拴在欧洲，阿登纳之后不知道德国会发生什么，因而，任何能将西德系在欧洲的措施我们都欢迎。"② 美国人认为，一个脱离了西欧的德国就是"安装在公海航行中的战船上的火炮"③，而一体化则可以将这一战火熄灭。

二 保护欧洲一体化的联邦主义模式

美国对欧洲一体化的支持，长远的目标之一便是推广美国的价值观。以清教立国的美利坚合众国，从建国之日起，就将推广美国的价值观作为它"普世主义"的责任，发展到今天便演变为美国文化的扩张。美国的价值观包括联邦主义、民主制、开放的市场经济，其核心便是联邦主义。第二次世界大战后西欧百废待兴的重建形势为美国推广联邦制提供了绝好的机会。从开始支持欧洲一体化以来，美国就一直坚持欧洲一体化按照美国的发展模式进行，美国人认为，他们的模式是普世的，从一定意义上说，"马歇尔计划"的目标就在于按照美国的模式改造欧洲。1947 年 3 月 22 日，美国国会通过富布赖特的提案，赞成建立欧洲合众国。1948 年 3 月 31 日，众议员克斯顿在辩论中说："期望立即成立一个欧洲合众国也许过于乐观，但这个（富布赖特）修正案将在不远的将来，为它（欧洲合众国）创造条件。"④ 这一发言进一步表明了美国支持欧洲合众国的信念。20 世纪 50 年代，总统艾森豪威尔、国务卿杜勒斯以及美国许多国会议员认为，欧洲一体化将会把它的建国初期的经验——美国 13 个州的建国模式推向全世界。美国反对英国的邦联主义一体化政策而支持欧洲大陆的联邦主义一体化最明显地体现了这一

① FRUS, 1961 - 1963, Vol. XIII : Western Europe and Canada, Telegram from the Department of State to the Embassy in the United Kingdom, May 23, 1961, pp. 20 - 21.

② FRUS, 1961 - 1963, Vol. XIII : Western Europe and Canada, Mamorandom of Conversation, June 2, 1961, p. 25.

③ FRUS, 1961 - 1963, Vol. XIII : Western Europe and Canada, Memorandum from the Under Secretary of State (Ball) to President Kennedy, June 20, 1963, p. 209.

④ Max Beloff, *The United States and the Unity of Europe*, Washington, D. C. : Brookings, 1963, p. 27.

联邦主义思想。也正是在美国的支持和影响下，整个50年代一体化的发展，联邦主义的特点十分明显，欧洲一体化主义者找到了从经济一体化向政治一体化发展的道路。

肯尼迪政府和约翰逊政府继承了这一传统。肯尼迪在相互依存的演说中就表示："欧洲国家有比美国更深的被封建势力所分割的痛楚，今天统一在一起，像我们的祖先所追求的那样，来发现多样性的自由和统一的力量。"① 同时，美国人也认为，联邦式的一体化可以废除旧式的民族主义，欧洲作为一个整体，可以使美国更容易地与之打交道，正如肯尼迪所问的："我是美国的总统，可谁是欧洲的总统？"但如前所述，肯尼迪执政之时，美国支持的联邦式一体化受到了戴高乐的欧洲政治联盟计划的威胁，政治联盟是邦联主义的，是与美国所坚持的联邦式一体化背道而驰的。所以，通过支持英国加入欧洲共同体，使美国主导欧洲一体化的方向，并最终按照美国的模式建成"欧洲的美国"，这是肯尼迪政府的既定目标。

三　在经济上实现自由贸易并分担美国的负担

美国是一个以商业立国的国家，富有自由贸易的传统，其扩张方式即为凭借强大的经济实力来进行"门户开放"式的扩张。也正是通过自由贸易政策的贯彻和实施，19世纪末，美国成为新兴的资本主义强国，国民生产总值居世界第一位，并凭借其强大的经济实力向海外扩张，即向太平洋地区扩张。第二次世界大战后，美国成为头号资本主义大国，开始向全球扩张，并通过建立布雷顿森林体系确立了对世界经济的主导地位，建立世界多边自由贸易体系也是美国对战后世界蓝图的设想。出于冷战的需要，美国确立了支持欧洲一体化的政策。但是，20世纪50年代中期以来，欧洲一体化所带来的地区保护主义不断发展，与美国的自由贸易思想形成了鲜明的对比，并对美国的产品造成歧视。所以，肯尼迪政府支持英国加入欧洲共同体，试图通过1962年贸易扩大法，授权总统有权在谈判中降低关税50%甚至100%，然后通过在"肯尼迪回合"的谈判中运用这一授权，使扩大的共同体降低关税，从而实现世界范围内的多边自由贸易体系，消除西欧的地区保护主义。正如肯尼迪和鲍尔经常强调的："我们一贯支持欧洲共同体是基于这一假设之上的：共同体将会是外向型的，并且，共同体和美国在促进贸易、

---

① Public Papers of the Presidents 1962, Address at Independence, July 4, 1962, p. 538.

降低关税和经济合作方面有共同的利益。相同程度的，我们一贯地支持一体化的政策依赖共同体显示这一信念仍然有效。"①

　　同时，肯尼迪政府和约翰逊政府还希望统一和强大的西欧盟国，尤其是经济实力雄厚的联邦德国能够分担美国的全球重负，特别是在援助欠发达国家中起重要的作用。第二次世界大战后美国支持欧洲一体化的重要原因便是减轻美国的负担，因为一个强大的欧洲可以自给，可以减少美国对欧洲的援助。20 世纪 50 年代晚期，特别是肯尼迪执政以来，面对全球扩张力度的加大和美国负担的加重，以及国内经济形势的吃紧，美国政府更加重视西欧盟国分担其全球重荷，甚至希望西欧国家帮助美国应付国内的支付赤字问题和美元外流问题。肯尼迪政府认为，美国经济形势的困境很大程度上是由于它单独承担世界义务造成的。肯尼迪在 1961 年 2 月 17 日的"政府对联邦德国政府的援助备忘录"里指出：联邦德国巨大的盈余直接源于自由世界的防务项目，如联邦共和国对外汇储备的增长来自美国在德国的军事开支，大约每年 3.75 亿美元。美国将继续承担共同防御的义务和联盟的义务，但是应该避免以单个国家储存的结构失调的形式来实施，应该主要通过经济合作与发展组织来进行。在大西洋范围内更正支付不平衡的形势需要多边解决而不是双边。肯尼迪政府要求联邦德国分担在"共同防务"和"长期援助欠发达国家"方面的负担，并帮助美国解决支付赤字问题。② 对于日益突出的世界问题，肯尼迪认为，没有任何国家能够单独解决世界上所有的问题，或者单独应对世界革命性的浪潮。美国不能再单独承担世界范围内的防务和援助义务，不再能够单独解决西方日益增长的问题，如货币问题、农产品剩余问题、增长率滞后问题、循环往复的经济繁荣与萧条问题以及世界价格的下降等问题，只有统一的欧洲才能分担。③ 所以，肯尼迪政府希望，一个统一的欧洲在美国防御中会做得更多，会在经济、政治和外交领域协调政策，并且会协助美国援助欠发达国家。

　　在上述因素中，20 世纪 60 年代美国对欧洲一体化的支持主要基于政治原因，即希望通过英国的加入来实现联盟的团结、加强美国的主

①　Geir Lundestad, "*Empire*" *by Integration*: *America and the European Integration 1945 – 1997*, Oxford: Oxford University Press, 1998, p. 94.

②　Current Affairs 1961, *Aid-Memoire of the Government of the United States to the Government of the Federal Republic of Germany*, February 17, 1961, p. 473.

③　Robert Kleiman, *Atlantic Crisis*: *American Diplomatic Confronts a Resurgent Europe*, New York: Norton, 1964, p. 125.

导，以更好地进行冷战。但与之前美国对欧洲一体化的政策相比，肯尼迪政府政策中的经济因素明显增加，美国更加重视一体化对美国经济的不利影响，并且注意限制一体化的这些不利方面。这在肯尼迪政府支持英国加入欧洲共同体的政策的条件上明显地表现出来，如反对英联邦特惠制的扩展、反对欧自联中立国的联系、反对保护英国农业的特殊利益，以防止形成更大的贸易保护主义集团。并且，面对一体化保护主义的日益深重，肯尼迪政府还积极做了后备措施以应对共同体的扩展对美国的不利影响，主要是通过改组成立经济合作与发展组织直接参与欧洲经济问题，争取通过1962年贸易扩大法，并积极发起"肯尼迪回合"，以运用这一授权来降低共同体的保护主义。肯尼迪政府支持英国加入欧洲共同体的这些因素，从英国首相麦克米伦和肯尼迪总统的顾问施莱辛格的分析中更加明显地体现出来。麦克米伦在回忆录中写道："至于欧洲，肯尼迪一再表示美国多么希望我们参加六国。这有两层理由，从经济上说，他们认为，同一个大的集团打交道比同两个集团打交道要好一些；在关税和贸易上讨价还价也较为容易。从政治上说，他们希望，如果我们加入六国，那么不管什么政治人物，我们都能够驾驭和影响他们。"① 而施莱辛格对此做了精确的分析："在他们（肯尼迪政府支持英国加入欧洲共同体的人员）看来，政治上获得的利益超过了这些困难。如果英国加入共同市场，伦敦就能抵消巴黎和波恩在政策上的离心现象。况且，英国承担着世界义务，它可以阻止欧洲经济共同体成为一个高关税的、只面向内部的白人俱乐部。最重要的是英国加入后，共同市场就会成为一个真正的欧洲政治联邦的基础。"②

第二节　政策受挫的原因

一　法国的反对是直接原因

如上所述，法国特别是其总统戴高乐反对英国加入欧洲共同体，其他五国虽然主张相互让步来解决谈判中出现的问题，但不愿冒共同体崩

---

① 〔英〕哈罗德·麦克米伦：《麦克米伦回忆录（五）：指明方向》，商务印书馆翻译组译，商务印书馆1975年版，第424页。

② 〔美〕小阿瑟·M.施莱辛格：《一千天——约翰·菲·肯尼迪在白宫》，仲宜译，三联书店1981年版，第585页。

溃的危险而反对戴高乐，从而，法国成为谈判成败的关键。法国的强烈反对，特别是戴高乐的新闻发布会直接宣布拒绝英国加入欧洲共同体，英国第一次申请加入欧洲共同体宣告失败。这样，肯尼迪政府支持英国加入欧洲共同体的政策受到挫折。继任的约翰逊政府虽然继续支持英国加入欧洲共同体，但对于英国的第二次申请，总统戴高乐反对得更为直接和迅速，以英国尚未做好准备而拒绝就英国加入共同体问题进行谈判的方式，将之拒于门外。所以，虽然肯尼迪和约翰逊政府都曾试图继续支持英国，但也认识到只要戴高乐在位，英国就很难加入欧洲共同体。

二　英国外交向欧洲转变的不彻底是根本原因

经过古老的殖民战争及工业革命而成为"日不落帝国"的英国，"光荣孤立"成为其总的对外政策。英国作为欧洲大陆的邻居，在处理欧洲事务时，"均势原则"成为总的指导思想，即防止出现压倒性的大陆霸主，必要时不惜投入战争来摧毁大陆霸权的势力，凭借这种均势原则来取得既独立于欧洲大陆又制衡大陆的大国地位。在和平时期，特别是在 20 世纪以前，在欧洲大陆格局相对稳定之时，英国尽可能较少地介入欧洲事务，尽量不对欧洲国家承担固定的义务，把自己的注意力放在海外扩张上。这一外交原则在 19 世纪下半期发展到极致，即"不在和平时期与他国结盟"的"光荣孤立"。

进入 20 世纪之后，英国的世界霸主地位开始衰落，逐渐介入欧洲事务，但对欧洲大陆的制衡原则一直没有改变。随着新殖民国家的兴起及瓜分狂潮的到来，英国卷入两次世界大战和对战后欧洲安排的事务中去。第二次世界大战后英国的世界霸主地位让位于美苏争霸而成为二流国家。为了尽力维持世界大国的地位，英国首相丘吉尔提出"三环外交"，即利用与英联邦的联系、英美特殊关系以及欧洲联合的"三环"来尽力维持英国的世界大国地位，欧洲是第三环。战后初期英国支持的欧洲联合是英国主导的联合，之后，英国避免介入欧洲大陆的一体化，这仍然是英国传统的大陆制衡原则的体现。60 年代，"三环外交"渐趋破产，而共同体蓬勃发展，这使英国的有识之士特别是政府上层人士逐渐认识到必须面对英国衰落的事实，应该转向申请加入欧洲共同体，以寻求在欧洲的新角色。

英国外交虽然开始向欧洲转变，但英国长期的帝国历史使这种转变不可能即刻完成，这是因为：第一，英国虽然衰落了，但在 20 世纪 60 年代初，仍然不失为一个欧洲大国，在世界事务中还有相当大的影响。

同时，长期以来的岛国地位和殖民心态，使得英国的政府人员、知识精英乃至下层平民，都不可能在即刻之间接受英国的欧洲国家地位这一现实。从英国的现实来看，英国的大国意识长期占据着第二次世界大战后的政府圈层，主观意识落后于客观事实。第二，作为一个殖民大国，英国的殖民遗产尚有保留。在衰落的情况下，英联邦作为英国大国地位的象征，英国必然会极力挽留。并且，长期的统治使它们在经济和政治上有着相当多的联系，英联邦国家和英国自身的经济结构还存有帝国的烙印，这表现为两者经济结构的互补以及利益上的联系，这就使得英国立即向欧洲国家转变存在一定难度。第三，作为与美国有着特殊关系的盟友，英国希望凭借美国的支持来争取在不放弃其全球利益的同时获得在欧洲的主导，并凭借在欧洲的领导地位来增强其在世界事务中的影响。从世界大国向欧洲国家的转变必然要经历一个过程，首先是英国衰落的事实，然后这一事实逐渐为英国政府和下层民众所接受，这一转变在外交层面彻底完成需要经历不断的实践，即英国外交理念从理想主义转向现实主义需要一个过渡期。第一次申请加入欧洲共同体是这一转变的初步实践，这次转变是不彻底的，最直接的表现便是英国提出的条件和它加入的目的。

英国转向欧洲大陆并非要放弃其大国地位而甘愿成为一个欧洲小国，也并非要放弃英联邦或欧自联，或是拥护一体化的联邦主义。实质上，麦克米伦和威尔逊政府申请加入欧洲经济共同体的决定是出于现实主义考虑的无奈选择，希望通过加入共同体来达到以下目的：第一，英国加入共同体要保护英联邦、欧自联国家和英国农业的特殊利益，利用英美之间的密切联系和同英联邦国家的传统联系，在更广泛的世界范围内维护自己的利益，增强英国在世界事务中的声音。英国政府相信：英国成为共同体的一员比它孤立于欧洲之外，会在欧洲、美国甚至在世界上有更大的影响。[①] 正如麦克米伦在1962年9月10日召开的英联邦总理会议上所说的："英国不是在英联邦和共同市场之间做选择。……英国成为欧洲共同体的成员要比它当前单独重塑世界贸易体系更有影响力。英国进入欧洲共同体，不但可以获得在欧洲的新地位，而且可以提高它在世界理事会中的地位和影响。一个统一的欧洲将平等地立于世界。如果英国远离欧洲，那么美国将进一步与欧洲共同体的政策进行协调，并不会

---

① Miriam Camps, *Britain and the European Community 1955 - 1963*, Princeton, N. J. : Princeton University Press, 1964, p. 513.

再那么在意英国的观点，从而使英国失去在欧洲和在华盛顿的影响，这会严重削弱我国的国际地位，并因而降低我们对英联邦的作用。政治一体化是欧洲国家的中心目标，我们将最终接受这一目标。英国加入欧洲共同体将影响这一发展，而待在外面将面临一种与我们的观点和利益相对立的欧洲的方案，而我们又无法施加影响。"① 第二，英国政府希望英国加入共同体后会很快起领导作用，会影响和控制共同体的发展，特别是在一体化的模式和农业政策方面。麦克米伦认为：主要的问题是怎样赢得戴高乐的支持，利用法国对德国和苏联的担忧或在核合作和"三边共管"方面让步。他们认为一旦克服了法国的反对，法国会成为英国在反对超国家主义方面的盟友。这样既可以保护和促进英国的经济利益，又可以把共同体变成西方防御的第二大力量，从而提高在美英关系中的分量和对世界事务的影响。所以，英国申请加入共同体，本质上仍然是要尽力维持它的大国地位，加入共同体只不过是英国政府的策略之举。正如史学家杰弗里所说的："至 1961 年，麦克米伦政府认为：它只能从内部影响西欧，因为从外部的努力已经失败。然而，伦敦仍然夸大了其讨价还价的形势，误认为是以平等的地位来谈判，认为它能通过进入共同市场而改变共同体，英国改变了策略，但它的目标仍然是一样的。"②

英国政府的一系列行为也使欧洲共同体六国怀疑英国加入共同体是要削弱共同体。英国在此之前对欧洲一体化的排斥甚至破坏，共同体国家记忆犹新，而英国所坚持的这些条件更不为六国和美国所接受，从而导致在谈判问题上崎岖不前。正如一位六国谈判代表所说的："这儿我们是要建立一个欧洲的经济共同体，突然我们面临的是一个分布于地球各个国家的、八亿人口的世界范围内的自由贸易区的选择，这是更广泛的地理范围的问题，而不是要在主要问题上达成一致。"③ 最终法国以这些条件为由否决了英国的申请。戴高乐的否决虽然引起了共同体国家的愤怒，但是共同体国家对于戴高乐所阐述的理由并没有多少异议，而更多的是对戴高乐的单方面行为方式感到不可思议。共同体六国很多人

① Miriam Camps, *Britain and the European Community 1955 – 1963*, Princeton, N. J. : Princeton University Press, 1964, pp. 437 – 438.

② Jeffrey Glen Giauque, *Grand Designs and Visions of Unity : The Atlantic Powers and the Reorganization of Western Europe 1955 – 1963*, Chapel Hill : University of North Carolina Press, 2002, p. 158.

③ Robert Kleiman, *Atlantic Crisis : American Diplomatic Confronts a Resurgent Europe*, New York : Norton, 1964, p. 90.

也一定程度地认同戴高乐的观点，认为：虽然英国可能某一天准备将完全融入欧洲，将欧洲的事务看作自己的事务，但是现在还没有准备这样做。他们怀疑英国是否完全接受欧洲的观点，并认为拿骚会议证明了英国会把与大西洋的联系放在第一位，其次才是与欧洲的联系。同时，很多大陆欧洲人也希望欧洲作为一个集团能够平等地与美国共处。所以，英国所坚持的条件是大国外交向欧洲外交转变不彻底的表现，而这种转变的不彻底直接影响了谈判。

三　英美两国与法国欧洲战略的对立是深层原因

20世纪60年代，美国支持英国加入欧洲共同体的政策服从于"伙伴关系的大西洋共同体计划"。大西洋共同体计划是美国在联盟面临危机的情况下，力图从各方面加强美国的主导地位，并将西欧纳入大西洋共同体中去、纳入冷战的大本营中去的战略。在大西洋共同体计划中，英国是美国加强与欧洲的联系和加强美国对欧洲控制的工具，是平衡法德轴心的力量，大西洋共同体计划是遏制法国的欧洲主导地位和西欧独立倾向的战略。

在保持与美国、英联邦和欧自联联系的基础上加入欧洲共同体，通过进入共同体来争取英国的欧洲领导地位，进而保持英国的世界大国地位，这是麦克米伦政府和威尔逊政府的基本战略。因而，作为曾经的世界霸主和仍然是二流大国的英国，它加入欧洲共同体本身就是对法国的欧洲主导地位的威胁，况且英国坚决要求维持它加入的条件，这就更为法国所不容。

法国则想建立法国主导的"欧洲人的欧洲"，使欧洲成为独立于美国和苏联的第三种力量，通过法德主导的欧洲一体化来实现法国对欧洲的主导，最终恢复法国的世界大国地位。这一战略必然反对美国控制欧洲大陆，英国的进入也必然会干扰法国的这一计划。因而，法国与美国的欧洲战略是根本冲突的，双方的定位根本不同，前者是欧洲人的欧洲，是法国主导的欧洲；后者是大西洋的欧洲，是美国主导的欧洲。而美国支持英国加入欧洲共同体政策的制定及其实施正是这一战略冲突的体现。

综上所述，美国和法国的欧洲战略是根本冲突的，英国主导欧洲的战略也与法国的战略根本对立，所以法国坚决反对带有盎格鲁—萨克逊色彩的英国加入欧洲共同体。美欧主要国家战略的冲突导致英国在加入欧洲共同体的过程中屡屡受挫，直到20世纪70年代初，当联邦德国的实力日益增长而引起法国的担忧时，法国才不反对英国加入欧洲共同体，希望英国成为联邦德国的制衡力量。

四 美国和英国政策的分歧增加了英国加入欧洲共同体的难度

肯尼迪和约翰逊政府支持英国加入欧洲共同体是为了加强联盟以进行冷战，英国加入欧洲共同体则是为了寻求新的地位。如果说这一分歧在肯尼迪政府时期表现得不是非常明显的话，在约翰逊政府时期，这一分歧则已经成为美国和英国两国政府讨论的焦点。总体上讲，这一政策既有现实国家利益的考虑，更有对外战略中的冷战因素。在冷战时期，英国更希望将美国拖在欧洲，作为政治和安全领域的保护者，以保持联盟的团结来对抗苏联。所以，在政策的取向上，英国更加倾向于美国的大西洋联盟政策。支持英国加入欧洲共同体正是两国的欧洲战略存在一致之处的表现。

美国和英国虽然在政策的大体方向上一致，但在具体的政策目标方面，英国要求保持世界大国地位和美国将英国作为地区性大国之间存在冲突，这表现为两者在对英国加入欧洲共同体的条件上的根本对立。英国提出的条件是为了保持其帝国遗产，通过保持与欧自联国家、英联邦和美国的特殊关系而影响共同市场，通过在共同体中的领导地位来发挥全球性大国的作用。而美国则是基于自身政治经济利益的考虑，将英国作为西欧的黏合剂和美国控制西欧的桥梁，希望通过英国加入欧洲共同体，建立一个没有中立国和英联邦在内的、不保持英国特殊条件的、以共同市场为基础的联邦主义的欧洲共同体，是美国主导下的大西洋联盟，英国只是美国对欧战略中的一颗棋子。因而，两者政策的冲突所导致的在英国加入欧洲共同体的条件问题上的根本对立，使美国不能全心全意地支持英国，特别是在谈判中，美国坚决反对英国提出的条件，并向欧洲共同体和英国一再宣布，美国对这些条件的看法很大程度上与欧洲共同体国家一致，这更增加了共同体国家特别是法国反对英国加入共同体的力量，从而增加了英国加入共同体的难度。

第三节　政策的影响

一　美法矛盾激化

政策及其实施显示了法国和美英两国对外战略特别是欧洲战略的对

立，政策的实施及受挫进一步激化了美法两国之间的矛盾。戴高乐否决英国加入欧洲共同体标志着美国"伙伴关系的大西洋共同体计划"的初步受挫，这也是戴高乐独立反美外交的一次胜利，从而使他的反美旗帜更加鲜明。之后，整个 20 世纪 60 年代，法美之间的矛盾激化，并在各个领域展开。

如前所述，从再次执政之日起，戴高乐就对美国的对外政策提出了挑战，在联盟内部造成危机，但当时美国和法国之间的冲突并不激烈。美国支持英国加入欧洲共同体政策的制定和实施显示了美英两国的特殊关系，从而更加引起了法美之间利益的冲突。"多边核力量计划"出台后，特别是 1963 年 1 月 14 日新闻发布会之后，法美之间的矛盾激化。在西欧问题上，1963 年 1 月，法国不仅抵制了拿骚协议，而且拒绝把从阿尔及利亚调回的部队置于北约司令的管辖之下。6 月，法国从北约撤出法国的大西洋舰队。8 月，法国拒绝在部分禁止核试验条约上签字。1964 年 4 月和 1965 年 5 月，法国撤回在北约司令部任职的法国军官，拒绝参加北约的海上联合演习。1966 年 10 月，法国撤出北约，并迫使美国军队和北约组织总部于 1967 年 3 月撤出法国。1968 年，法国又抵制了美苏禁止核扩散条约。同年 8 月 24 日，法国第一颗核弹试爆成功。在东西方关系问题上，戴高乐倡导东西方缓和，提出"缓和、谅解、合作"的政策，于 1966 年 6 月 21 日至 7 月 1 日访问苏联，并改善与东欧国家的关系。在第三世界问题上，戴高乐领导下的法国主张非殖民主义，并扩大在第三世界的影响，特别是于 1964 年 1 月宣布与中华人民共和国正式建交，谴责美国对越南的干涉，并与苏联一起致力于恢复东南亚的和平，同时积极关注中美洲和拉丁美洲，访问墨西哥和拉丁美洲。法美冲突在西方联盟内部引起了强烈震动，法国的挑战鼓励了西欧对美国的离心倾向，使美国主导的大西洋联盟濒临分裂，这也是对美国西方主导地位的沉重打击。法美冲突甚至影响到整个世界政治舞台，它冲击了战后的两极格局，推动了世界格局的多极化趋势。

二　美英关系从"特殊关系"向"自然关系"转变

第二次世界大战实现了美英两国由对手到盟友的转变，冷战爆发后两国结成了冷战同盟，特别是 1949 年北大西洋公约组织建立之后，两国的反苏特殊关系达到高潮。到 20 世纪 50 年代中期，两国处于相对和谐的特殊关系时期。这种特殊关系是建立在英国在政治、经济和军事方面对美国的依赖基础之上的，英国政府更加强调特殊关系，希望通过建立和保持与美国的特殊关系来维持英国的世界大国地位的战略目标。苏伊士运河事件后两国特殊关系出现危机，但经过麦克米伦政府和艾森豪威尔政府的修补，到肯尼迪政府时期，两国的特殊关系相对和谐，特别是肯尼迪和麦克米伦两人亲密的个人关系更增加了两国的和谐，支持英国加入欧洲共同体是这一特殊关系的表现之一。

英国第一次申请加入欧洲共同体失败后，英美两国关系趋于淡化，逐渐由"特殊关系"向"自然关系"转变。肯尼迪政府支持英国加入欧洲共同体的政策推动了麦克米伦政府申请加入欧洲共同体，标志着两国在欧洲一体化问题上暂时达成了一致。但在政策的具体条件上两者形成了鲜明的对立，从而加大了英国进入共同体的难度。随着英国第一次申请加入欧洲共同体的失败，美英关系不再那么和谐，特殊关系渐趋淡化。一方面，英国未能进入共同体，从而使美国的以英国作为欧洲黏合剂和纽带而控制欧洲的计划未能实现。随着大陆的进一步发展和英国的继续衰落，美国加强了与欧洲大陆的联系，特别是加强了与联邦德国的联系，而与英国的关系趋于淡化。美国虽然继续支持英国加入欧洲共同体，但是不再过分介入或强调特殊关系，以免造成反面影响。另一方面，英国政府也加强了与欧洲大陆的关系，继续致力于寻找在欧洲的新角色。法国的否决给麦克米伦政府致命性的打击，在布鲁塞尔出乎意料的失败严重破坏了英国政府改善它在数月后进行大选的处境的机会。在四年时间里，英国的倡议两次被公开否决，这严重损伤了政府的信誉，从而直接导致 1963 年麦克米伦卸任。① 英国的国际地位继续下降，在美国对外政策中的地位也相对淡化。1964 年上任的工党政府——威尔逊政府加强了与欧洲大陆的联系，再次申请加入欧洲共同体，并淡化了与美国的特殊关系。在其他方面，英美两国的不一致也增多。在"多边核力量"问题上，英国虽然起初接受，但之后态度改变。1963 年 3 月，英国外交大臣霍姆对此提出异议。1964 年 12 月，英国政府提出"大西洋核力量计划"来代替"多边核力量计划"。"多边核力量计划"支持者甚少（只有联邦德国支持），最终不了了之。在防务领域，美国要求英国继续分担它的全球防务，反对英国在苏伊士运河以东撤军，而英国由于国力的衰退最终从其全球防务中撤退；美国在全球扩张中要求

---

① Stuart Ward, "Kennedy, Britain and the European Integration", Douglas Brinkley and Richard T. Griffiths, *John F. Kennedy and Europe*, Baton Rouge: Louisiana State University Press, p. 331.

英国支持，但英国并没有给予相应的支持，特别是在越南战争中，美国要求英国出兵援助，英国没有援助军队，而是以调节者的姿态希望美国结束战争，从而使美国在全球扩张中陷入孤立。

从一定程度上可以说，1963 年是英美关系的一个转折点。随着麦克米伦的辞职和肯尼迪的不幸身亡，英美特殊关系的基础开始发生越来越明显的变化。英美两国的国家利益之间的分歧日益扩大，英国在随后的几年里日益向欧洲靠拢，而美国越来越卷入越南事务。同时，即使在对西欧的事务中，美国也越来越直接与大陆国家联系。从 1963 年到 1969 年这段时期，美英两国虽然在许多领域，尤其是在防务领域依然合作，但是处处受挫，特别是两国领导人之间的关系，再也没有达到 20 世纪 50 年代末和 60 年代初的那种密切的程度，以致在约翰逊任美国总统的最后两年里，英美双边关系降到了自 30 年代以来的最低点。到 1973 年英国正式申请加入欧洲共同体，英国外交彻底转向了欧洲。美国总统尼克松也将 1973 年称为"欧洲年"，包括英国在内的西欧更加作为一个整体出现并被认同。

其实，这种特殊关系的转变在 1962 年就已经显示出来，而英国加入欧洲共同体的受挫更加剧了这一关系的淡化。1962 年 10 月古巴导弹危机期间，美国几乎完全抛弃了与它有着特殊关系的盟国英国，在未与任何盟国磋商甚至未通知它们的情况下与苏联对话。特殊关系在古巴导弹危机期间几乎不起任何作用，这证明了英国对美国外交政策的影响已经微乎其微，甚至被认为"特殊关系死亡的日子"。前国务卿艾奇逊 1962 年 12 月 15 日在美国的西点军校发表的演说更引起了英国人对美英特殊关系的怀疑，艾奇逊说："英国已失去了帝国，但还没有找到一个可以扮演的角色……它企图依靠与美国的特殊关系，并以一个没有任何政治机构、缺乏团结和武装力量的英联邦首领的身份，发挥一种超出欧洲的独立的大国作用……这种作用注定要失败。"[1] 这一讲话严重伤害了英国的民族自尊心，引起了轩然大波，特别是引起了英国人对英美特殊关系的怀疑。而 1962 年 12 月的"空中闪电"事件又使英美同盟濒临破裂，幸亏拿骚会议暂时进行修补，但却导致英国申请进入欧洲共同体被否决。

英美关系的渐趋淡化源于两国国家利益的冲突，这一冲突使得美英

---

① 赵怀普：《战后英美关系（1945—1990）》，西南师范大学出版社 1993 年版，第 167 页。

同盟的基础发生了动摇。第一，从国际形势来看，西欧实力不断增强并且日益独立，英国的实力相对衰落，而美苏两国核均势的形成和有限缓和的到来，使两个超级大国开始进行全球性交易的越顶外交，古巴导弹危机只是开始。这降低了美国对美英特殊关系的兴趣，使英国备受冷落。第二，英国经济实力的衰落和殖民体系的瓦解，使得它对美国的影响逐渐衰弱。所以，英国不得不谋求向欧洲靠拢，通过在欧洲发挥充分的作用以增强对世界事务的影响力。而美国只将其作为地区性国家，并利用自己强大的经济实力和英国的危难处境，对英国进行排挤，这使英国对美国的信任和依赖大大降低。随着英国实力的相对下降和国际地位的衰落，英国在美国外交中的地位和作用日益下降，对美国施加影响的能力也大大降低，两者之间的关系必然趋于淡化。

从英国外交政策史的角度来看，英国的申请虽然失败了，但英国加入欧洲共同体反映了英国对外政策的发展趋势，标志着英国的对外政策开始向欧洲转变，而20世纪60年代的申请是这一转变中的过渡和考验。当时越来越多的英国人已经接受了这一观点：成为欧洲人是不可避免的，这在知识分子中和在工业与政府掌权的新一代人中特别明显。之后，英国政府继续致力于申请加入欧洲共同体。加入欧洲共同体成为之后英国的欧洲政策，一直到70年代初成功进入。

三　美欧关系均衡化与联盟危机的加深

政策的受挫加强了美国和西欧之间关系的紧张与不和谐。如上所述，政策的受挫使法美之间的对立和冲突激烈化，并使英美关系趋于淡化，从而大西洋联盟濒临分裂，欧美联盟出现了分化。

英国未能加入欧洲共同体显示了美国对欧洲共同体影响力的减弱。在欧洲一体化初期，美国的政策对一体化产生了重大的影响，甚至影响了一体化的发展方向。美国的支持不但保证了一体化的顺利发展，美国的援助方式还影响了一体化的发展模式。正是在美国的支持下，一体化得以起步并不断发展，一体化也因此深深打上了美国政策的烙印。但肯尼迪政府、约翰逊政府支持英国加入欧洲共同体的政策并没有成功，欧洲共同体国家特别是法国要求一体化按照欧洲人的计划来发展，要求摆脱美国对一体化的影响，而美国政策的受挫正是这一挑战的体现。美国政策的受挫表明美国不再能够任意影响一体化的方向，一体化逐渐按自身的模式发展。

肯尼迪、约翰逊政府有条件支持英国加入欧洲共同体政策的提出是欧洲独立倾向发展的结果，而政策的实施进一步加强了这一趋势。西欧更加趋向独立，美国和欧洲之间的经济关系由依附向平等转变，而在政治和军事方面，西欧对美国的依赖也逐渐减弱。双方关系的变化在"伙伴关系的大西洋共同体计划"中体现得最为明显。大西洋共同体计划的提出本身便是对美欧关系均衡化的说明。第一，在大西洋共同体计划中，"肯尼迪回合"是对大西洋共同体经济上"质"的要求，即自由贸易。建立多边自由贸易体系是第二次世界大战后美国既定的经济政策。20 世纪 60 年代初，面对欧洲共同体贸易壁垒的威胁，美国没有重铸贸易保护主义的壁垒加以回应，而是通过关贸总协定的谈判降低关税，使西欧市场向美国开放，以建立美国主导下的自由贸易的大西洋共同体。第二，英国加入欧洲共同体是对大西洋共同体"量"的规定，即美国主导的由美国、欧洲共同体和英国参加的共同体。第三，"多边核力量计划"则是从军事方面通过将盟国的核武器置于美国主导的军事一体化组织之中，使盟国成为依赖美国的"小伙伴"。第四，"伙伴关系"的提出是大西洋共同体中各行为体地位均衡化的标志，并反映了美国与西欧关系的微妙变化。第二次世界大战结束后，美国在援助西欧国家的过程中建立起来的大西洋联盟，是以西欧国家依赖美国的经济援助、军事保护和政治庇护为基础的。50 年代以来，西欧的复兴特别是经济一体化的发展激起了西欧的独立意识。面对有独立意识且具备经济独立能力的西欧，提出"伙伴关系"既是美国政策制定者的策略，更是对现实认同的客观所迫。正如美国国际关系问题专家克勒曼所说的："伙伴关系的大西洋共同体计划第一次反映了西方经济实体之间实力的均衡化。"①

　　"伙伴关系"虽然是在新形势下美国政府对西欧实力和地位上升这一事实迫不得已的认同，但不能过分夸大这种伙伴关系，这很大程度上是美国政府的一种策略。从当时的情况来看，在经济上，单个欧洲国家的实力无法与美国抗衡，欧洲共同体的实力虽然突飞猛进，但与美国相比还存在一定差距，并且，美国倡导的这一"伙伴关系"更加强调要求西欧国家与美国平等地分担负担的伙伴关系；在政治和军事方面，虽然西欧的独立性增强，不甘心做美国的小伙伴，但是只要冷战依然进行，西欧对美国的依赖是不可否认的事实，独立性的增强也只能使西欧

　　① Robert Kleiman, *Atlantic Crisis: American Diplomatic Confronts a Resurgent Europe*, New York: Norton, 1964, p. 120.

国家从依附者转向小伙伴而已；况且，在很大程度上说，战后初期，美国的军事庇护为西欧经济的恢复和发展提供了良好的环境。肯尼迪政府也相信，若英国能够加入欧洲共同体，那么，凭借美英特殊关系，大西洋共同体也不会以平等的要求来脱离美国的控制。在计划提出之时，肯尼迪本人就表示："此时此刻时机还不成熟，对建立这种伙伴关系我们还只能限于表示高度的重视而已。当前放在我们欧洲朋友面前的头等大事是进一步组成更完美的联盟，以便有一天使这种伙伴关系成为可能。"[1] 所以，只要冷战依然进行，西欧国家在政治和军事上对美国的依赖就不可能彻底消除，只能随着冷战的时有缓和与西欧国家实力的增强而逐渐减退。

总之，"伙伴关系的大西洋共同体计划"的提出表明了美国对西欧的重视，并反映了双方经济关系开始由依附转向竞争、由援助向贸易转变，在政治和军事方面西欧对美国的依赖也有所减少。虽然这种伙伴关系不会立即实现，但这一原则成为之后美欧经济关系的重要内容。尼克松总统将1973年宣布为"欧洲年"，特别是1974年美国与欧洲共同体七国签署了《大西洋关系宣言》，宣布："盟国之间，即美欧之间应该强调友好、平等和团结精神，为实现共同目标而保持密切的磋商、合作与信任。在经济上应鼓励相互间的合作，消除盟国间经济冲突的根源。"[2] 福特政府、卡特政府直到布什政府时期，美国相对少地干预西欧经济事务，这一切都表明，竞争与平等的关系逐渐成为双方经济关系的主要内容。

四 欧洲一体化扩展的暂时冻结与共同体内的不和谐

英国申请加入欧洲共同体的受挫也对欧洲共同体自身的发展产生了一定影响。首先，英国未能加入共同体标志着共同体扩展的失败，冻结了共同市场几年内的扩展，直到戴高乐离任后，20世纪70年代初英国才进入共同体，共同体才成功进行了第一次扩展。同时，英国这次申请加入共同体的失败也为之后共同体的扩展提供了教训。在之后共同体的扩展中，从80年代南扩到冷战结束后中东欧国家的申请，为了避免英国的教训重演，申请者坚持它们的成员身份在原则上提前被接受。其

---

① 〔英〕瓦特：《国际事务概览（1962年）》，上海市政协编译工作委员会译，上海译文出版社1983年版，第173页。

② 叶江：《解读欧美：欧洲一体化进程中的欧美关系》，三联书店1999年版，第134页。

次，戴高乐单方面的否决也加强了共同体内部的分歧。五国对戴高乐的这一做法讳莫如深，从而加强了共同体国家的不和谐，为之后在共同农业政策问题上的冲突埋下了隐患。在否决英国加入共同体之后的几个月里，戴高乐拒绝了联邦德国提出的英国与六国之间在布鲁塞尔定期磋商的建议。共同体在农业政策和在欧洲经济共同体理事会中多数表决的建议以及超国家政治磋商性质方面的分歧继续存在，一直发展到60年代中期的"空椅子危机"，共同体内部的矛盾达到顶点。正如国际关系问题专家吉奥克·杰弗里所说的："英国进入共同体谈判的失败比之前任何英国向欧洲的冒险都更严重，它动摇了整个欧洲一体化运动，造成了几年内大西洋共同体的破裂。"①

五　美国的欧洲政策初步挫败

从政策本身来看，肯尼迪、约翰逊政府的支持直接推动了英国申请加入欧洲共同体。但是，从政策的实施效果来看，这一政策的实施起到了相反的作用。一方面，美国和英国在英国加入欧洲共同体条件上的不一致增加了谈判的难度；另一方面，美国推动英国加入欧洲共同体反而显示了美英特殊关系，成为法国否决的直接理由。正如麦克米伦所说的："说到共同市场问题，美国人（带着良好的意愿）对我们造成了巨大的伤害，他们越是告诉德国人、法国人等他们（美国）希望英国进入，他们就越促使这些国家把我们摒诸门外。"② 这显示了主观愿望和客观后果之间的巨大差距。当然，即使没有美国的支持，法国依然会反对英国加入，而美国的支持则加重了法国的疑虑，加强了法国反对的理由。

肯尼迪政府、约翰逊政府支持英国加入欧洲共同体政策的受挫标志着美国"伙伴关系的大西洋共同体计划"的挫败，并影响了大西洋联盟的团结。在新闻发布会上，戴高乐拒绝英国加入欧洲共同体，之后否决了英国的申请，同时，戴高乐也拒绝接受美国的"多边核力量计划"。这样，美国的欧洲战略——"伙伴关系的大西洋共同体计划"的两大重要内容实际上均被戴高乐拒绝，而共同体计划的另一项内容——"肯尼迪

---

① Jeffrey Glen Giauque, *Grand Designs and Visions of Unity: The Atlantic Powers and the Reorganization of Western Europe 1955 – 1963*, Chapel Hill: University of North Carolina Press, 2002, p. 158.

② 〔英〕哈罗德·麦克米伦：《麦克米伦回忆录（六）：从政末期》，陈体芳译，商务印书馆1980年版，第324页。

回合",是以英国加入欧洲共同体为前提的。在英国没有加入的情况下，扩大贸易法的运用也没有达到预期的效果，"肯尼迪回合"虽然取得了一定成绩，但并没有达成美国所预期的"大西洋范围内甚至世界范围内的自由贸易"。欧洲一体化的保护主义仍在发展，独立倾向更加严重，西欧更加难以驾驭。所以，政策的受挫标志着美国的欧洲战略的初步挫败。

20 世纪 60 年代美国支持英国加入欧洲共同体的政策虽然遭受挫折，但是，支持英国加入欧洲共同体成为之后美国政府努力的方向，直至 70 年代初英国成功加入。关于支持英国加入欧洲共同体，如果说肯尼迪政府积极宣传支持英国加入的话，那么美英双方吸收了前一次的教训，不再公开积极宣传美英特殊关系，而是极力避免造成美英特殊关系的印象。1967 年 4 月，国务卿腊斯克和外交部部长布朗商议帮助英国申请的问题时就曾指出："是否还有我们能帮助英国的事情？我们保持沉静是因为我们认为我们任何公开的支持只会适得其反。"[①] 1967 年 7 月，英国威尔逊内阁再次申请加入欧洲共同体，约翰逊告诉威尔逊首相："听到你们激励人心的有胆识的申请通告，心情极为激动，深受鼓舞。"约翰逊称赞说："英国加入欧洲共同体组织，必将有助于加强和统一西欧。……如果你们在前进的道路上，发现任何不测或要为之铺平前进道路，需要我们帮助的话，希望你们告诉我，无论是否有损形象都在所不惜。"[②] 之后，美国虽然不再公开倡导英美特殊关系，但一直支持英国加入欧洲共同体。

六 美国 20 世纪 60 年代的全球扩张战略受挫

以英国未能加入欧洲共同体为起点，美国的欧洲战略相继受挫，美国与法国矛盾的激化和美英关系的趋于淡化，使大西洋联盟的危机更加深重，这一危机直接影响了美国整个 20 世纪 60 年代的全球战略。60 年代的肯尼迪政府以及继任的约翰逊政府大规模对外扩张，这一全球扩张战略极需西欧盟国的支持，但西欧国家并没有支持美国，甚至批评美国的扩张政策，这在越南战争中表现得尤为明显。在整个越南战争期间，约翰逊政府希望得到欧洲盟国的支持，尤其是与之有着特殊关系的盟友英国的支持。美国总统约翰逊多次向英国首相威尔逊表示，希望英

---

① FRUS, 1964 – 1968, Vol. XII: Western Europe, Memorandum of Conversation between Secretary of State Rusk and Foreign Secretary Brown, April 21, 1967, p. 566.

② FRUS, 1964 – 1968: XII: Western Europe, Message from Johnson to Wilson, November 15, 1967, p. 491.

国能为越南战争作出努力，即使是有限的甚至是象征性的努力。但是威尔逊政府拒绝派任何军队参战，西欧其他盟国更没有响应，甚至批评美国在越南的战争。正如史学家米切·克林斯所说："从60年代中期起，美国已经不能再控制欧洲的对外政策。没有一个国家应美国的要求来到越南，甚至没有发送一个医疗队以展示他们的国旗。……美国劝说欧洲国家在防务方面多花费点的努力也被当作耳边风……欧洲人甚至反对美国在中美洲及中东的政策，在关键时刻拒绝美国跨越领空，他们甚至支持尼加拉瓜的萨蒂尼斯塔政权。"① 美国的全球扩张在国际上陷入空前的孤立，加上国内的争取民权运动和反战运动，使美国政府陷入全面危机之中，全球扩张全面受挫，以致在60年代末，美国战后外交政策的基石——杜鲁门主义破产。

第四节　政策的实质

肯尼迪、约翰逊政府支持英国加入欧洲共同体的政策实质上是对大西洋联盟政策的继承和发展。美国的大西洋联盟政策是：美国希望依靠西欧的力量建立美国主导的大西洋联盟，作为它进行冷战依恃的力量。这一政策是随着冷战的爆发和不断升级而逐步确立的，并加强了冷战双方的对抗。冷战爆发后，美国确立了以欧洲为中心的冷战战略，大西洋联盟政策逐渐启动。随着冷战在欧洲的不断加剧以及国际关系的日趋紧张，大西洋联盟的建立也不断加快。起初，大西洋联盟以西欧国家的军事联盟政策及其实践为主，表现为西欧联盟政策的制定及实施：《布鲁塞尔条约》的签订是大西洋联盟形成过程中阶段性的标志；北约的创立及发展标志着大西洋联盟的建立；而联邦德国的重新武装以及1955年加入北约，标志着大西洋联盟的全面确立。

从20世纪50年代后半期开始，大西洋联盟的危机逐渐出现，美国对联盟的主导地位也面临挑战。肯尼迪政府试图通过支持英国加入欧洲共同体来抑制法德的离心，避免联盟的分裂，加强美国的主导。并且，肯尼迪政府还以支持英国加入欧洲共同体为起点提出"伙伴关系的大西洋共同体计划"，打算在英国加入欧洲共同体之后，在政治上可以凭

---

① Michael J. Collins, *Western European Integrations*, *Implications for U. S. Policy and Strategy*, New York: Praeger Publishers, 1992, pp. 94 – 95.

借美英关系加强美国的主导，而在经济上通过"肯尼迪回合"，实现包括欧洲共同体和美国在内的大西洋范围内的贸易自由化。在军事领域，通过"多边核力量计划"来实现美国主导的大西洋联盟的军事一体化。这样，通过大西洋国家在政治、经济和军事上的一体化，将有独立倾向的西欧纳入美国主导的大西洋共同体中。特别是当时美苏战略均势渐趋形成，而肯尼迪政府和约翰逊政府又加大了全球扩展的力度，全面扩充军备，并在坚守原来已取得的阵地的同时大规模向第三世界进军，从而使全球扩张达到极限，这就使得联盟更为重要。因此，肯尼迪政府极其重视西欧这一战略前沿，将大西洋联盟作为其冷战的重要力量。同时，肯尼迪政府希望与西欧国家合作以开发第三世界，使第三世界的国家不至于走上共产主义的道路。正如肯尼迪所说的："我认为西欧的成功毕竟代表着美国外交的成功。我们不是让西欧去袖手旁观，仅成为一个富有的、谨慎孤立的团体，而是在这一巨大的世界斗争中起他们的作用，就像我们一样。"① "所有自由世界的人和国家生活在共产主义的不断威胁之下。……存在我们关注的全球问题，现在美国没有单独应对这些问题的足够的资源，我们希望欧洲和美国一起在平等的基础上应对。这是我们支持英国进入共同市场的原因。"② 约翰逊总统继续致力于此，"伙伴关系的大西洋共同体计划"成为美国政府的总体战略。

　　显而易见，肯尼迪、约翰逊政府支持英国加入欧洲共同体的政策是在联盟面临危机的情况下美国尽力维持联盟的策略之举。若之前是大西洋联盟的逐渐建立和完善阶段的话，肯尼迪政府、约翰逊政府的政策则是对联盟的继承和发展。它既继承了联盟的冷战因素，又更加密切地将之与一体化联系在一起，将一体化纳入它的框架之内，并试图通过一体化来补救、巩固和加强联盟。大西洋联盟政策的发展历程表明，只要美国依然坚持冷战，大西洋联盟就会是美国对外政策的基础。

第五节　总结

纵观整个冷战时期，美国对欧洲一体化的政策可以分为几个明显的

---

①　*The Dynamics of World Power*, Vol. I, Television Interview with President Kennedy on a Review of the World Scene, December 17, 1962, p. 744.

②　*The Dynamics of World Power*, Vol. I, President Kennedy's Statements on Policy in the Atlantic Community, January 24, 1963, pp. 749－750.

阶段：1947—1959 年支持欧洲大陆一体化时期，20 世纪 60 年代的挑战时期，20 世纪 70—80 年代有条件支持大西洋框架内的一体化时期。而肯尼迪政府支持英国加入欧洲共同体的政策正是美国对一体化政策的转折点，反映了美国对欧洲一体化政策的走向。这在以下几个方面体现出来。

肯尼迪政府支持英国加入欧洲共同体的政策标志着美国的欧洲一体化政策由支持转向有条件支持。冷战爆发后，美国确立了支持欧洲一体化的政策，对一体化给予了多方面的、积极的、相对无条件的支持，甚至直接参与或策动欧洲进行一体化。虽然意识到一体化可能会给美国带来不利影响，但出于冷战的考虑，美国政府还是给予支持，希望一体化不断发展壮大。肯尼迪政府时期，一体化的发展使西欧独立性增强，美国的主导地位面临挑战，大西洋联盟也陷入危机。极力进行全球扩张的肯尼迪政府出于冷战的需要，继续支持一体化，并支持英国加入欧洲共同体，希望以此加强美国的主导。肯尼迪政府既支持英国加入欧洲共同体，又对英国的加入提出了条件；既支持一体化，又极力限制共同体的扩展及一体化的深入发展对美国经济的不利影响，这主要表现为争取国会通过 1962 年贸易扩大法，发起"肯尼迪回合"，以最大限度地降低共同体的关税。因而肯尼迪政府支持英国加入欧洲共同体的政策具有明显的支持和限制的双重性。肯尼迪政府之后，美国对欧洲一体化的限制更为明显。美国对一体化的支持不再那么强烈，甚至政界人士也对欧洲一体化的深入发展明确表示不再无条件地支持，"欧洲堡垒"成为美国对一体化深重的保护主义的提法。在美国的欧洲一体化政策和在美欧关系中，经济因素占的比重日益上升，美国政府更多地将对欧洲一体化的政策与关贸总协定的多边自由贸易体系结合在一起，多次进行关贸总协定的谈判来降低关税壁垒，甚至政府出台法案来保护美国的市场，如 1988 年通过的保护主义色彩较浓的《综合贸易与竞争法》。双方的经济利益不断冲突，以致经济战成为双方关系的重要内容。从美国各个时期的欧洲一体化政策可以看出，肯尼迪政府的欧洲一体化政策标志着美国的欧洲一体化政策开始正式由"支持"转向"限制性支持"。肯尼迪政府政策的双重性显示了美国既着眼于冷战的需要支持一体化，又出于自身利益的考虑而对一体化的深入发展有所顾虑的矛盾心态。

这一政策标志着美国的欧洲一体化政策开始强调大西洋框架内的一体化。20 世纪 50 年代以来，美国支持欧洲大陆的一体化，而反对英国的一体化政策。对于英国以及欧自联七国与欧洲共同体的关系问题，艾森豪威尔政府一直担心英国或欧自联国家进入欧洲共同体而排除美国，所以一直未做更大的努力鼓励英国参加欧洲经济共同体。美国在西欧建立了大西洋联盟，结成了冷战同盟，并确定了对欧洲的主导地位。但是，在早些时间，美国所坚持的大西洋联盟框架，主要是在欧洲援助计划和支持一体化的实践中完成的，大西洋框架的概念极少被明确阐述或提及，而是在无形中执行了大西洋联盟的策略。这是因为在西欧相对较弱和冷战形势严峻的情况下，美国和欧洲有共同的利益，如共同对抗苏联、恢复并发展欧洲经济，这些利益明确地包含大西洋框架和美国的领导地位。所以，美国主导的大西洋联盟保持着团结一致。60年代初，面临危机的形势，肯尼迪政府不再排斥英国，而是积极主动地引导英国加入欧洲共同体，并提出"伙伴关系的大西洋共同体计划"，强调大西洋框架内的一体化，试图通过大西洋国家在政治、经济和军事上的一体化，将有独立倾向的西欧纳入美国主导的大西洋共同体内。之后的尼克松—基辛格时期，以及里根政府时期，美国政府一直强调西欧联盟的发展不能走得太远，欧洲一体化不能脱离大西洋框架。后冷战时期的克林顿总统甚至提出"大西洋贸易区"的倡议，试图将经济一体化发展到"美国和欧洲共同体"在内的一体化。强调大西洋框架内的一体化是美国政府努力将一体化纳入它自己的主导之下和冷战轨道的一种策略，美国一直坚持：美国应该继续发挥无可争议的领导者的作用。

政策的受挫显示了美国对一体化影响力的减弱，反映了西欧实力和地位的进一步上升。战后初期，美国对一体化的支持促动了一体化的起步，也保证了一体化的发展，一体化从而深深打上了美国的烙印，特别是在一体化的联邦主义发展模式方面。通过对一体化的支持，美国也成功地解决了德国问题，建立了美国主导的大西洋联盟，实现了在政治、经济和军事各个方面对西欧的主导，并将西欧纳入了冷战的轨道。这一时期，西欧国家也需要美国的支持，所以，美欧关系相对和谐。肯尼迪政府时期，英国没有按照美国政策的需要加入欧洲共同体，这表明了美国不再能够任意左右一体化的方向。之后，美国20世纪60年代的欧洲战略相继受挫，也在全球扩张中陷入孤立，冷战的资本主义阵营继而解体。随着一体化的发展，西欧国家不再那么欢迎美国参与欧洲一体化的内部事务，特别是法国，更强调一体化的问题由欧洲人自己来解决，一体化也更加按照欧洲共同体内各种力量的平衡来进展。肯尼迪政府认识到这一事实，从而提出了"伙伴关系"，试图在新的形势下以大西洋共同体计划来加强美国的主导地位。肯尼迪政府之后，欧洲共同体对美国的挑战不仅仅表现在法国之类的某个国家，而是体现出欧洲共同体总体上对美国地位的挑战。欧洲共同体经济一体化和政治一体化的深入发展，特别是《罗马宣言》和《马斯特里赫特条约》的出台，标志着欧洲一体化在政治和经济方面的深化，成员国的外交也开始走向多边主义，进一步要求摆脱美国的控制，美欧关系时常出现紧张局势，经济战也时有发生。特别是里根时期，他强调美英特殊关系，加上双方的经济摩擦，使得美国与欧洲共同体的关系达到最低点。美国在努力加强对欧洲主导的同时，不得不承认欧洲崛起的事实，更加强调相互依赖，承认欧洲崛起的"欧洲年"，甚至1974年6月的《大西洋关系宣言》直接强调美欧之间的友好、平等、团结、协商、合作与信任，虽然当时美欧之间不是完全平等的，但这些言论反映了美欧双方地位的变化和美国迫不得已的认同。

　　肯尼迪政府、约翰逊政府支持英国加入欧洲共同体的政策具有明显的过渡性，反映并实践了美欧实力结构的演变。一方面，美国支持英国加入欧洲共同体的政策的制定是美欧实力对比发生变化的结果；另一方面，政策的实施和受挫又进一步加强了这一变化的倾向。肯尼迪政府支持英国加入欧洲共同体政策的制定及实施反映了美、英、法等国对外战略特别是欧洲战略的冲突。最终，肯尼迪的遇刺、麦克米伦政府和阿登纳政府的倒台，使得这几位主要人物消失在政治舞台上，但是，在20世纪60年代，他们的政策为之后各自国家的政策指出了方向。继任的约翰逊政府继续致力于英国进入欧洲，大西洋共同体计划仍然是美国政府的欧洲战略；英国的霍姆工党政府致力于英国加入欧洲共同体，表面上淡化了与美国的关系，英国在对美关系中既寻求独立又一定程度依赖的矛盾时至今日仍然存在；戴高乐继续执行他的"欧洲人的欧洲"的独立自主外交，直到1969年辞职。因而，欧洲60年代的大动荡和大改组要追溯到肯尼迪、麦克米伦、戴高乐以及阿登纳时代。从整个国际形势演变的角度来看，政策的出台是60年代初世界多极化趋势发展的结果。而政策的实施加强了这一发展倾向。西欧区域主义的发展成为世界多极化潮流中的浪潮之一。这一政策典型地反映并实践了60年代的大动荡、大分化、大改组的国际形势。

　　冷战时期，美国对一体化的具体政策虽然在变化，但冷战始终是美国的一体化政策的着眼点。美国始终坚持大西洋联盟体系之内的一体化，并且一直在不遗余力地维护美国对联盟的主导地位，以更好地进行冷战。只不过随着冷战大环境的变化和美欧双方实力的变动，美国改变了其具体的政策，但冷战的目标未变。反过来，政策的变动也体现出冷战的演变和美欧实力的变化，而 20 世纪 60 年代的政策则是美国对欧洲一体化的政策中有过渡意义的典型案例。

附录　第二次世界大战后美国的
欧洲一体化政策

　　20 世纪 60 年代美国的欧洲一体化政策是第二次世界大战后美国政策的重要组成部分。总结战后美国的欧洲一体化政策的发展脉络和规律，更能得出 60 年代美国政策的重要性。

　　第二次世界大战后美国对欧洲一体化的政策大体经历了支持—规制—竞争—同化几个阶段。从冷战爆发到 20 世纪 50 年代末，美国基本全面支持欧洲一体化。肯尼迪政府提出"伙伴关系的大西洋共同体计划"，将有独立倾向的欧洲共同体规制在大西洋框架之内，这是 60 年代到 70 年代末美国的欧洲一体化政策的基本特征。80 年代到 21 世纪初，美国致力于"美洲自由贸易区计划"，对欧洲一体化转向外部竞争。奥巴马政府正式提出"跨大西洋贸易与投资伙伴协定"，标志着美国的欧洲一体化政策转向内部同化。美国对欧洲一体化政策的变化彰显了美欧关系的变化。下面展开论述。

一　美国支持欧洲大陆一体化（20 世纪 40—50 年代）

　　从冷战爆发到 20 世纪 50 年代末，美国基本上支持欧洲一体化。这主要表现为"马歇尔计划"、支持"舒曼计划"和《罗马条约》，以及反对英国的破坏等方面。

　　"马歇尔计划"的提出和实施无形中催生了欧洲一体化。第二次世界大战结束后，为使百废待兴的欧洲迅速恢复，美国在 1948 年 4 月实施了著名的"马歇尔计划"。"马歇尔计划"是一揽子式的，1948 年对外援助法开宗明义地写道："兹宣布：美利坚合众国人民的政策是，鼓励这些国家，通过一个联合组织，充分发挥 1947 年 9 月 22 日在巴黎成立的欧洲经济合作委员会的作用并共同努力，这将加速欧洲地区的经济合作，而欧洲对于持久和平与繁荣又有极其重要的意义。"① 这些一揽子式的援助计划，以及援助煤钢部门为主的建议，促进了欧洲一体化的起步。西欧国家为了筹划和分配美国的援助而成立的欧洲委员会，对于西欧的联合起了重要作用。1949 年 5 月 5 日委员会成立时，它的章程就规定欧洲委员会成立的目的是实现成员国之间更密切的联合，以维护和促进作为它们共同财富的理想和原则，并有助于它们的经济和社会进步。美国政府官员霍夫曼在 1949 年 10 月 31 日召开的欧洲经济合作组织部长理事会上，直截了当地要求欧洲国家实行经济一体化，"建立一个彻底消除对货物流动的数量限制、撤销对资金往来的金融壁垒，以及最终消除所有关税的单一市场"。他强调，一体化发展的速度对推动美国下一步援助欧洲是至关重要的。② 美国政府官员多次强调将一体化与美国的援助联系在一起，这大大推动了一体化的发展。

同时，美国还积极支持欧洲一体化的倡议和实践。在政治和军事方面，美国积极组建大西洋联盟。1948 年，西欧联合从经济领域发展到政治和军事领域，英、法、比、荷、卢成立了布鲁塞尔条约组织，美国积极地将其改组为超国家的防务一体化组织，即着手组建以该组织为核心的大西洋防御体系。1949 年 4 月 4 日，《北大西洋公约组织》正式建立，这是美国第一次在和平时期与美洲大陆以外的国家缔结军事同盟条约，改变了其对外政策的传统原则。北约的建立标志着战后以美国为首的大西洋联盟的建立，美苏冷战也逐渐进入两大阵营对立的时期。

20 世纪 50 年代初，欧洲一体化的突破性进展表现为"舒曼计划"的成功，它标志着战后经济一体化以重要战略物资的煤钢领域作为切入点的初步尝试的成功，标志着欧洲联合走上了实践和具体阶段。在"舒曼计划"的酝酿和制定过程中，美国政府积极支持，认为计划是"走向统一的欧洲共同市场和欧洲联邦的第一步，一个强大的欧洲，对于更好地维护西方阵营的安全是必不可少的"。③ 正是在美国的支持下，1951 年 4 月 18 日，法国、联邦德国、意大利、比利时、荷兰、卢森堡六国外长签订了以"舒曼计划"为基础而拟定的《欧洲煤钢联营

---

① *The Dynamics of World Power*, Vol. Ⅰ, Foreign Assistance Act of 1948, April 3, 1948, p. 72.

② 洪邮生：《英国对西欧一体化政策的起源和演变（1945—1960）》，南京大学出版社 2001 年版，第 61 页。

③ 〔法〕热尔贝：《欧洲统一的历史与现实》，丁一凡等译，中国社会科学出版社 1989 年版，第 103—105 页。

条约》。

　　美国的支持促进了一体化的发展,《罗马条约》的签订,规定了建立共同体对外关税和建立共同农业政策的目标,最终"分阶段地建立一个免除一切关税障碍、不受任何数量限制的欧洲共同市场"。① 这样,美国的支持促成了欧洲经济共同体的诞生(欧洲经济共同体又被称为欧洲共同市场),从而标志着欧洲一体化真正意义上的启动。艾森豪威尔总统在会见法国代表团时说:"共同市场建成的那一天,将是自由世界最美好的日子之一,甚至要比赢得战争胜利的那一天更加美好。"②他甚至还表示:希望能够在有生之年看到欧洲合众国的诞生。杜勒斯和国务卿胡佛也积极支持一体化。杜勒斯也指出:"美国人坚定地认为欧洲的分裂是以往欧洲多次爆发战争的总根源,欧洲有责任和义务联合起来。"③

　　艾森豪威尔政府也支持欧洲一体化从经济一体化入手,进而逐步向政治、外交和安全防务一体化发展的道路,认为一体化的欧洲更容易与美国接近。他们认为:"西德在其中起着作用的欧洲一体化将是对世界和平的重大贡献;一个联合起来的欧洲,通过加强北约、布鲁塞尔条约和煤钢联营组织,再扩展到其他领域,这将构成美国和苏联之外的一个力量中心,它将非常有利于欧洲各国人民的物质和道德福祉以及美国的利益。"④

　　此时的欧洲一体化存在两股潮流:一股是以法德为核心的欧洲大陆的一体化,一股是以英国为核心的欧洲自由贸易联盟,对此,美国支持欧洲大陆的一体化而反对英国对大陆一体化的破坏。欧自联成立后,为了避免孤立于大陆一体化之外,英国政府尝试要求六国与七国合并,或要求英国甚至七国与六国的联系,即"搭桥"。英国提出的大自由贸易区计划有赖美国的支持,但美国并不支持。美国政府人员多次强调:"美国出于政治原因支持六国。而欧自联在经济上使美国付出代价,却又不能像欧洲经济共同体那样给美国带来政治上的利益。因此,在美国

---

① 贾文华:《欧洲一体化进程中的超国家主义与政府间主义之争(1945—1972)》,博士学位论文,中国人民大学,2002 年,第 78 页。

② FRUS, 1955 – 1957, Vol. Ⅳ: Western European Security and Integration, Memorandum of Conversation Dulles-Erhard, June 7, 1955, pp. 291 – 292.

③ Ibid.

④ FRUS, 1955 – 1957, Vol. Ⅳ: Western European Security and Integration, Memorandum of Conversation, December 6, 1955, p. 355.

看来，组建欧自联完全没有必要，而且会使形势更加复杂。如果它完全区别于欧洲经济共同体，它就有可能造成西欧的分裂，而达成欧自联和欧洲经济共同体的安排又会对美国经济带来不利影响。""若七国成为现实，对于英国所试图的要六国和七国合并到大的欧洲自由贸易区内，美国是不欢迎的，因为这会形成对美国歧视的大的贸易区。"①

这样，从第二次世界大战结束到 20 世纪 50 年代末，美国基本上支持欧洲一体化。通过支持欧洲一体化，美国确立了在西欧的主导地位，西欧地区成为冷战的前沿和阵地。因而欧洲一体化深深打上了美国的烙印。进入 60 年代之后，欧洲一体化在新的意义上重新启动，美国的政策逐步发展。

二　大西洋共同体计划：规制（20 世纪 60—70 年代）

20 世纪 60 年代，欧洲一体化不断发展，在深度和广度上进展迅速，地区保护主义增强，在政治方面的独立呼声强烈，出现了戴高乐的"欧洲人的欧洲"和联邦德国的"新东方政策"，北大西洋联盟面临危机。同时，西欧也出现了欧洲共同体与欧洲自由贸易联盟对立的局面。肯尼迪政府不得不重新审视美国的欧洲政策。1962 年初，国务卿在对美国的对外政策审查时指出："面对欧洲一体化的新形势，美国需要改变外交政策，美国不加入共同市场，而是要建立美国和欧洲的大西洋伙伴关系。我们要加强自由工业化国家之间联系的纽带，这主要在北半球。……我们指望美国和日益统一的欧洲之间的伙伴关系。在北约和经济合作与发展组织之内的大西洋合作的机制是伙伴关系活跃的工具。"②这样，国务卿提出了要与发展起来的欧洲建立伙伴关系的政策。

之后，肯尼迪政府人员多次强调"发展大西洋伙伴关系"，强调欧洲的团结和统一是这一伙伴关系实现的关键。这一思想经过不断酝酿和发展，总统肯尼迪在 1962 年 7 月 4 日即美国独立纪念日那天，在《独立宣言》签字的地方——费城独立厅，发表了有关"总战略"（伙伴关系的大西洋共同体计划）的重要声明。他指出："美国抱着希望和钦佩看待这一宏大的新事业。我们并不把一个强大的联合的欧洲当作敌手，而是当作伙伴。帮助他们进步是十七年来我国外交政策的基本目的。我

---

① FRUS, 1958 – 1960, Vol. Ⅶ, Part 1: Western European Integration and Security, Canada, Memorandum of Conversation, September 23, 1959, p. 147.

② *The Dynamics of World Power*, Vol. Ⅰ, Addess by Secretray Rusk on a Review of United States Foreign Policy, February 22, p. 1962.

们相信一个联合的欧洲将能对共同防务发挥更大的作用，并协同美国和其他国家降低贸易壁垒，解决商务、商品和货币等问题。我们把这样一个欧洲看作是一个伙伴，我们和它能在完全平等的基础上一起从事建立和捍卫自由国家共同体这个重大而艰难的任务。"他接着说："此刻时机还不成熟，对建立这种伙伴关系我们还只能限于表示高度的重视而已。当前放在我们欧洲朋友面前的头等大事是进一步组成更完善的联盟，以便有一天使这种伙伴关系成为可能。预计这可能需要相当长的时间，一座新的大厦不是一夜间便能造起来的。但在此时此地我想说，在这个独立纪念日，美国乐于发表一个相互依存宣言：我们准备与联合的欧洲讨论成立一个切切实实的大西洋伙伴关系、一个目前正在欧洲崛起的新联盟与一百五十年前在这里成立的古老的美利坚合众国之间的互利伙伴关系的方式和方法。"① 肯尼迪正式提出了"伙伴关系的大西洋共同体计划"，并强调以英国加入欧洲共同体、"肯尼迪回合"和"多边核力量计划"来实现。强调大西洋共同体也成为肯尼迪政府的现实战略。但是，美国支持的英国加入欧洲共同体的第一次申请以戴高乐的反对而未能实现，"多边核力量计划"也收效甚微，"肯尼迪回合"中，欧洲共同体国家第一次协同一致，同美国进行激烈的谈判。

大西洋共同体计划虽然收效甚微，但计划的提出本身便是对美欧关系均衡化的说明。如上述第七章第三节所述，大西洋共同体计划设计的是一个由美国主导的、欧洲共同体和英国参加的"自由贸易式"的共同体。"伙伴关系"反映出美国与西欧关系的微妙变化。虽然"伙伴关系"不会立即实现，但这一原则成为之后美欧经济关系的发展趋向。

因而，20世纪60年代到80年代，美国对欧洲一体化的政策表现为规制，即将包含英国在内的欧洲一体化规制到大西洋框架内，美欧经济关系中的大西洋体系初见雏形。

三　北美自由贸易区计划：外部竞争（20世纪80年代至2012年）

20世纪80年代之后，欧洲共同体在广度和深度上进展迅速，越来越成为独立的一极。1986年签署《单一欧洲协定》，建立单一欧洲市场，欧洲一体化进程得以重新启动，1993年欧洲统一大市场基本建成，1999年1月1日欧元启动。2002年，欧元开始在12个成员国发行，

---

① *The Dynamics of World Power*, Vol. I, Address by President Kennedy on the Goal of an Atlantic Partnership, July 4, 1962, pp. 740-742.

2005 年 1 月，欧洲议会全会表决批准了欧盟宪法条约。至 2007 年，欧盟经历了七次扩张，希腊、葡萄牙、西班牙、奥地利、芬兰、瑞典、马耳他、塞浦路斯、波兰、匈牙利、捷克、斯洛伐克、斯洛文尼亚、爱沙尼亚、拉脱维亚、立陶宛、保加利亚、罗马尼亚等相继加入。另外，第二次世界大战后美国极力倡导并一直倚重的世界多边贸易体系的谈判却蹉跎不前，即从 1986 年 9 月至 1994 年 4 月，关贸总协定的乌拉圭回合谈判进行了八轮，欧盟的强势发展，使美国遭到了空前的挑战，例如在一些关键性的领域农业产品补贴和知识产权等方面，长期以来达不成一致。这一切都表明，欧盟已成为多极化格局中重要的一极。

面对欧洲共同体（欧盟）的挑战，日本推出"东亚经济圈"、美国自身实力的相对衰落，面对冷战后经济相对衰退的现实，美国认识到了形势的严峻，正如美国学者塞利格·哈里森所说："美国面对的根本挑战不是原苏联的力量，而是经济崩溃的危险。这种危险在财政赤字和在工业基础日益削弱中反映出来，在美国无力与难对付的新的经济对手，尤其是与日本、韩国和中国台湾的竞争中反映出来。"[1] 对此，美国转向建立北美自由贸易区。1990 年 6 月 27 日，美国总统乔治·布什在白宫向拉美国家外交使团发表谈话，提出"美洲事业倡议"（以下简称"美洲倡议"），倡议的主要内容是："建议通过与拉美国家的双边、多边协议谈判，消除关税壁垒，建立投资基金，通过美洲开发银行，每年向实行市场经济和私有化的拉美国家提供 3 亿美元的援助（美国、欧洲、日本各 1 亿美元）；允许通过豁免、转化投资、资助环境保护等方面部分减免拉美国家欠美国官方 120 亿美元的债务，同时建议美洲开发银行协同国际货币基金组织和世界银行支持减免拉美国家欠商业银行的债务。"[2] 可见，倡议计划通过增加对拉美的投资和减免拉美部分债务等方式加强美洲经济合作。"美洲倡议"是冷战后美国发出的与拉美国家进行经济合作的信号，是美国进行西半球经济一体化的政策宣言。

美国计划先与墨西哥和加拿大谈判建立北美自由贸易区，利用其示范效应，最终形成一个涵盖整个西半球的美洲自由贸易区。经过谈判最终签订了《美加自由贸易协定》和美、加、墨三国间的《北美自由贸易协定》，1994 年 1 月 1 日"北美自由贸易区正式成立"。此后，美国

---

[1] Clyde Harrison, V. Prestowitz, Jr. "Paeifie Agenda: Defense or Economies?", *Foreign Policy*, No. 79, Fall, 1990, p. 56.

[2] 子剑：《"美洲事业倡议"——美国对拉美的新经济政策》，《世界知识》1990 年第 18 期。

致力于美洲自由贸易区。这标志着美国改变了之前倚重世界多边贸易体系而反对区域一体化（欧洲一体化除外）的政策，开始积极投身于由其主导的区域合作，区域一体化也逐渐成为美国的国家战略。至此，美国对欧洲一体化转向外部竞争。

四 "跨大西洋投资与伙伴关系协定"：内部同化（2013—2016 年）

21 世纪初以来，世界多极格局已成定型，欧盟、日本、俄罗斯、以中国为代表的新兴国家已成为重要的竞争者，特别是以中国为代表的新兴国家的兴起，对美国的贸易和市场带来极大挑战，世界多边贸易体系的多哈回合停滞，而区域贸易集团蓬勃兴起，经历了金融危机的美国转而改变策略，即大力加强自由贸易区的建设，在亚洲推出泛太平洋自由贸易区计划，而在欧洲推出"跨大西洋投资伙伴关系协定"。2013 年 3 月 12 日，美国总统奥巴马在发表国情咨文时说："为了推动美国的出口，支持美国的就业，并使不断扩大的亚洲市场变成一个公平的市场，我们希望达成一个跨太平洋战略经济伙伴关系协定。今天晚上我还要宣布，我们将与欧盟启动'跨大西洋贸易与投资伙伴关系'的谈判，因为大西洋两岸的更为自由和公平的贸易有助于创造数以百万计的高新就业机会。"①

2013—2014 年，美国和欧盟双方就市场准入、法规和非关税壁垒、全球贸易挑战和机遇的规则（知识产权、环境、劳工、投资、国有企业等）等方面进行紧锣密鼓的谈判，2015 年再次启动谈判。计划中的"大西洋自由贸易区"，横跨大西洋，囊括世界第一经济实体欧盟和第二大经济体美国，共 28 个国家、8 亿多人口和近 1400 万平方千米。美欧双方不仅要在谈判中达到彻底消除双方货物贸易所有关税和其他税费，以及非关税壁垒，并改善市场准入、统一监管标准，以主导新一代世界贸易规则的制定。美欧双方在关税壁垒、非关税壁垒、服务等领域进行新的规则的制定，将主宰全球贸易规则的制定，提高发展中国家市场准入的难度，当前会对全球多边体系带来不利影响。美欧双方在以农产品为代表的系列领域存在分歧，谈判需要双方不断磨合。

至此，美国的欧洲一体化政策转向内部同化。跨大西洋自由贸易区是奥巴马政府的"一体两翼"（以美洲自由贸易区为主体，"泛太平洋自由贸易区"和"跨大西洋自由贸易区"为两翼）战略的重要组成部

---

① 《奥巴马总统 2013 美国国情咨文》（http://www.doc88.com/p-0982323460908.html）。

分，也标志着美国的欧洲一体化政策经历了从支持欧洲大陆一体化到英国在内的西欧一体化再到欧美自由贸易区的转变。

由上可知，"马歇尔计划"催生了欧洲一体化，美国与欧洲一体化呈现出依附与被依附的关系。肯尼迪政府的"伙伴关系的大西洋共同体计划"是大西洋框架的彰显，是美国对成长起来的欧洲一体化的拉拢之作。"北美自由贸易区计划"是对成为独立一极的欧盟（欧洲共同体）的竞争，彰显出欧洲共同体（欧盟）与美国依附关系的即将终结。冷战后美欧双方大西洋自由贸易区计划的几度提出又未能实施，是冷战向后冷战时代美欧由盟友向对手复杂关系过渡而未定型的表现。"跨大西洋贸易与伙伴关系协定"的提出并正式实施是后冷战时代新生对手出现情况下美欧新型盟友关系的彰显。"跨大西洋自由贸易区"战略的提出和最终实施映射出国际形势的变化和美欧双方力量的消长，反映出第二次世界大战后美欧关系的变化轨迹：依附性同盟—冲突性依附同盟—相对平等性竞争—相对平等结盟。美欧关系始终存在一种特殊关系，而欧洲一体化是美欧双方关系变动的主要线索之一。

由此看出，美国的欧洲一体化政策经历了阶段性的变化，即经历了支持、规制、竞争、同化等几个阶段。相应的，美国对区域一体化经历了对区域一体化（欧洲一体化除外）注重多边体系—区域一体化与多边体系并重—倚重区域一体化的转变。20 世纪 60 年代美国的政策正是由内部支持走向外部竞争性支持和内部同化的转折点。

主要参考文献

一　中文部分

《西欧共同市场》编写组：《西欧共同市场》，上海人民出版社 1973 年版。

《战后世界历史长编》编委会：《战后世界历史长编（1946）》，上海人民出版社 1976 年版。

《战后世界历史长编》编委会：《战后世界历史长编（1947）》，上海人民出版社 1977 年版。

《战后世界历史长编》编委会：《战后世界历史长编（1948）》，上海人民出版社 1978 年版。

《战后世界历史长编》编委会：《战后世界历史长编（1949）》，上海人民出版社 1980 年版。

《战后世界历史长编》编委会：《战后世界历史长编（1950—1951）》，上海人民出版社 1985 年版。

《战后世界历史长编》编委会：《战后世界历史长编（1953）》，上海人民出版社 1992 年版。

《战后世界历史长编》编委会：《战后世界历史长编（1955）》，上海人民出版社 1997 年版。

北京编译社：《美国对西欧的外交政策——美国宾西法尼亚大学外交政策研究所研究报告》，世界知识出版社 1960 年版。

陈宝森：《美国经济与政府政策：从罗斯福到里根》，世界知识出版社 1988 年版。

陈乐民：《"欧洲观念"的历史哲学》，东方出版社 1988 年版。

陈乐民：《战后西欧国际关系（1945—1984）》，中国社会科学出版社 1987 年版。

陈乐民：《战后英国外交史》，世界知识出版社 1994 年版。

陈六生、严双伍:《美国与欧洲一体化（1942—1957）》,《武汉大学学报》(人文科学版) 2003 年第 1 期。

陈涛:《西欧社会党与欧洲一体化研究》,北京大学出版社 2001 年版。

陈玉刚:《国家与超国家——欧洲一体化理论比较研究》,上海人民出版社 2001 年版。

陈志敏:《中国、美国与欧洲:新三边关系中的合作与竞争》,人民出版社 2011 年版。

戴炳然:《欧洲共同体条约集》,复旦大学出版社 1993 年版。

法学教材编辑部:《国际关系史资料选编》（下）,武汉大学出版社 1983 年版。

冯恕、曾瑞兰:《欧洲共同体及其对外经济关系》,中国财政经济出版社 1982 年版。

郭华榕、徐天新:《欧洲的分与合》,京华出版社 1999 年版。

郭吴新:《世界经济》,高等教育出版社 1980 年版。

国际关系学院:《现代国际关系史参考资料（1945—1949）》,高等教育出版社 1958 年版。

国际关系研究所:《戴高乐言论集》,世界知识出版社 1964 年版。

韩慧莉:《欧洲一体化思想研究》,吉林人民出版社 2005 年版。

洪邮生:《英国对西欧一体化政策的起源和演变（1945—1960）》,南京大学出版社 2001 年版。

胡瑾、宋全成:《欧洲早期一体化思想与实践（1945—1967）》,山东人民出版社 2000 年版。

计秋枫、冯梁等:《英国文化与外交》,世界知识出版社 2002 年版。

贾文华:《欧洲一体化进程中的超国家主义与政府间主义之争（1945—1972）》,博士学位论文,中国人民大学,2002 年。

金安:《欧洲一体化的政治分析》,学林出版社 2004 年版。

李世安、刘丽云等:《欧洲一体化史》,河北人民出版社 2003 年版。

李巍、王学玉:《欧洲一体化理论与历史文献选读》,山东人民出版社 2001 年版。

林珏:《战后美国对外贸易政策研究》,博士学位论文,武汉大学,1994 年。

林勋建:《政党与欧洲一体化》,当代世界出版社 2000 年版。

刘霏:《冷战后美国政府的欧洲一体化政策》,《学理论》2013 年第 27 期。

刘金质：《冷战史》（三册），世界知识出版社 2003 年版。

梅孜：《美国总统国情咨文选编》，时事出版社 1994 年版。

潘琪昌：《欧洲国际关系》，经济科学出版社 2001 年版。

沈骥如：《欧洲共同体与世界》，人民出版社 1994 年版。

时殷弘、蔡佳禾：《战后世界历史长编（1956—1958）》，上海人民出版社 2000 年版。

滕海剑：《试析马歇尔计划》，《昭乌达蒙族师专学报》1997 年第 1 期。

汪波：《美国支持西欧一体化的动机分析》，《武汉大学学报》2001 年第 3 期。

王鹤：《欧洲一体化对外部世界的影响》，对外经济贸易大学出版社 1999 年版。

王缉思、徐耀、倪峰：《冷战后的美国外交》，时事出版社 2008 年版。

王军：《朋友还是对手：冷战后的美欧关系解读》，人民出版社 2006 年版。

王绳祖：《国际关系史》，世界知识出版社 1995 年版。

王双静：《战后西欧热点问题研究》，陕西人民出版社 2000 年版。

王斯德、钱洪：《世界当代史参考资料》，高等教育出版社 1989 年版。

王晓德：《美国文化与外交》，世界知识出版社 2000 年版。

伍贻康、戴炳然：《理想、现实与前景：欧洲经济共同体三十年》，复旦大学出版社 1988 年版。

徐海云：《美国的“大西洋联盟政策”研究（1945—1955）》，博士学位论文，中国人民大学，2005 年。

徐熠：《战后初期及 50 年代美国与西欧联合的关系》，《武汉大学学报》2002 年第 6 期。

杨生茂：《美国外交政策史（1775—1989）》，人民出版社 1991 年版。

姚春龄、刘同舜：《战后美国和西欧的外交政策对西欧经济复兴的影响》，《复旦大学学报》（社会科学版）1985 年第 5 期。

叶江：《解读欧美：欧洲一体化进程中的欧美关系》，三联书店 1999 年版。

张敏谦：《美国对外经济战略》，世界知识出版社 2001 年版。

张瑞映：《疏离与合作——英国与欧共体关系研究》，中国社会科学出版社 2007 年版。

张锡昌、周剑卿：《战后法国外交史（1944—1992）》，世界知识出版社 1993 年版。

张颖：《从"特殊关系"到"自然关系"：20 世纪 60 年代美国对英国政策研究》，博士学位论文，东北师范大学，2003 年。

赵怀普：《当代美欧关系史》，世界知识出版社 2011 年版。

赵怀普：《克林顿政府与欧洲一体化》，《世界经济与政治》1999 年第 11 期。

赵怀普：《美国缘何支持欧洲一体化》，《世界历史》1999 年第 2 期。

赵怀普：《英国与欧洲一体化》，世界知识出版社 2004 年版。

赵怀普：《战后美国对欧洲一体化政策探析》，《美国研究》1999 年第 2 期。

赵怀普：《战后英美关系（1945—1990）》，西南师范大学出版社 1993 年版。

周弘：《对外援助与国际关系》，中国社会科学出版社 2002 年版。

周宏：《欧盟是怎样的力量：兼论欧洲一体化对世界多极化的影响》，社会科学文献出版社 2008 年版。

周琪、王国明：《战后西欧四大国外交（英、法、德、意）（1945 年—1988 年）》，中国人民公安大学出版社 1992 年版。

朱立群：《欧洲安全组织与结构》，世界知识出版社 2002 年版。

朱明权：《20 世纪 60 年代国际关系》，上海人民出版社 2001 年版。

朱颖：《美国全球自由贸易协定战略》，华东理工大学出版社 2012 年版。

资中筠：《战后美国外交史：从杜鲁门到里根》，世界知识出版社 1994 年版。

〔法〕R. 马西普：《戴高乐与欧洲》，复旦大学历史系世界史组译，上海人民出版社 1973 年版。

〔法〕阿尔弗雷德·格罗塞：《战后欧美关系》，刘其中等译，上海译文出版社 1986 年版。

〔法〕法布里斯·拉哈：《欧洲一体化史（1945—2004）》，彭姝伟等译，中国社会科学出版社 2005 年版。

〔法〕让·莫内：《欧洲之父：莫内回忆录》，孙慧双译，国际文化出版公司 1989 年版。

〔法〕热尔贝：《欧洲统一的历史与现实》，丁一凡等译，中国社会科学出版社 1989 年版。

〔法〕夏尔·戴高乐：《希望回忆录》，《希望回忆录》翻译组译，中国人民大学出版社 2005 年版。

〔法〕夏尔·戴高乐:《战争回忆录（三）:拯救（1944—1946）》,北京编译社译,世界知识出版社1981年版。

〔联邦德国〕阿登纳:《阿登纳回忆录（1959—1963）》,上海人民出版社编译室译,上海人民出版社1973年版。

〔美〕阿兰·内文斯:《和平战略——肯尼迪言论集》,北京编译社译,世界知识出版社1961年版。

〔美〕邦迪:《美国核战略》,褚广友等译,世界知识出版社1991年版。

〔美〕戴维·伯纳:《约翰·F.肯尼迪和新的一代》,立义等译,上海译文出版社1992年版。

〔美〕汉德里德等:《西德、法国和英国的外交政策》,徐宗士等译,商务印书馆1989年版。

〔美〕林登·约翰逊:《约翰逊回忆录》,复旦大学资本主义国家经济研究所编译组译,上海人民出版社1973年版。

〔美〕罗伯特·卡根:《天堂与实力——世界秩序下的美国与欧洲》,肖蓉等译,新华出版社2004年版。

〔美〕梅尔文·莱夫勒:《冷战是如何开始的?》,陈兼、陈之宏译,《国际冷战史研究》2004年第1期。

〔美〕小阿瑟·M.施莱辛格:《一千天——约翰·菲·肯尼迪在白宫》,仲宜译,三联书店1981年版。

〔美〕小阿瑟·M.史勒辛格:《约翰·F.肯尼迪》,蔺秀云译,现代教育出版社2005年版。

〔苏〕A.吉尔萨诺夫特:《美国与西欧:第二次世界大战以后的经济关系》,朱泱译,商务印书馆1978年版。

〔英〕巴勒克拉:《国际事务概览（1959—1960年）》,曾稣黎译,上海译文出版社1986年版。

〔英〕巴勒克拉夫:《国际事务概览（1955—1956年）》,陆英等译,上海译文出版社1985年版。

〔英〕巴勒克拉夫:《国际事务概览（1956—1958年）》,福建师范大学外语系编译室译,上海译文出版社1990年版。

〔英〕哈罗德·麦克米伦:《麦克米伦回忆录（六）:从政末期》,陈体芳译,商务印书馆1980年版。

〔英〕哈罗德·麦克米伦:《麦克米伦回忆录（四）:乘风破浪》,余航等译,商务印书馆1982年版。

〔英〕哈罗德·麦克米伦:《麦克米伦回忆录（五）:指明方向》,商务印书馆翻译组译，商务印书馆 1975 年版。

〔英〕泰勒：《争夺欧洲霸权的斗争（1848—1918）》，沈苏儒译，商务
　印书馆 1987 年版。

〔英〕瓦特：《国际事务概览（1961 年）》（上下），于树生等译，上海
　译文出版社 1988 年版。

〔英〕瓦特：《国际事务概览（1962 年）》，上海市政协编译工作委员会
　译，上海译文出版社 1983 年版。

〔英〕瓦特：《国际事务概览（1963 年）》，上海市政协编译工作委员会
　译，上海译文出版社 1985 年版。

二　英文部分

（一）原始资料

Department of State Historical Office Bureau of Public Affairs, *American Foreign Policy*: *Current Documents*, *1961*, New York: Arno Press, 1971.

Department of State Historical Office Bureau of Public Affairs, *American Foreign Policy*: *Current Documents*, *1962*, New York: Arno Press, 1971.

Department of State Historical Office Bureau of Public Affairs, *American Foreign Policy*: *Current Documents*, *1963*, New York: Arno Press, 1971.

LaFantasie, Glenn W. , Foreign Relations of the United States, 1958 – 1960, Ⅶ, Part 1: Western European Integration and Security, Canada, Washington: United States Government Printing Office, 1993.

LaFantasie, Glenn W. , Foreign Relations of the United States, 1958 – 1960, Ⅶ, Part 2: Western Europe, Washington: United States Government Printing Office, 1993.

LaFantasie, Glenn W. , Foreign Relations of the United States, 1961 – 1963, Ⅸ: Foreign Economic Policy, Washington: United States Government Printing Office, 1995.

LaFantasie, Glenn W. , Foreign Relations of the United States, 1961 – 1963, ⅩⅢ: Western Europe and Canada, Washington: United States Government Printing Office, 1994.

Patterson, David S. , Foreign Relations of the United States, 1964 – 1968, Ⅷ: International Monetary and Trade Policy, Washington: United States Government Printing Office, 1998.

Patterson, David S. , Foreign Relations of the United States, 1964 – 1968,

XⅡ: Western Europe, Washington: United States Government Printing Office, 2001.

Patterson, David S. , Foreign Relations of the United States, 1964 – 1968, XⅤ: Germany and Berlin, Washington: United States Government Printing Office, 1999.

Public Papers of the Presidents of the United States: John F. Kennedy 1961, Washington: United States Government Printing Office, 1962.

Public Papers of the Presidents of the United States: John F. Kennedy 1962, Washington: United States Government Printing Office, 1963.

Public Papers of the Presidents of the United States: John F. Kennedy 1963, Washington: United States Government Printing Office, 1964.

Schlesinger, Arthur M. , JR. , *The Dynamics of the World Power*: *A Documentary History of United States Foreign Policy 1945 – 1973*, Vol. Ⅰ: *Western Europe*, New York: Chelsea House Publishers, 1973.

（二）著作及文章

Baylis, John, *Anglo-American Relations since 1939*: *The Enduring Alliance*, New York: Manchester University Press, 1997.

Bell, Coral, *The Debatable Alliance*: *An Essay in Anglo-American Relations*, New York: Oxford University Press, 1964.

Beloff, Max, *The United States and the Unity of Europe*, Washington, D. C. : Brookings, 1963.

Botti, Timothy J. , *The Long Wait*: *The Forging of the Anglo-American Nuclear Alliance*, *1945 – 1958*, New York: Greenwood Press, 1987.

Brands, H. W. , *The Foreign Policies of John Policy*: *Beyond Vietnam*, Texas A&M University Press, 1999.

Brands, H. W. , *The Wages of Globalism*: *Lyndon Johnson and the American Power*, New York: Oxford University Press, 1995.

Brinkley, Douglas and Richard T. Griffiths, *John F. Kennedy and Europe*, Baton Rouge: Louisiana State University Press, 1999.

Burk, Kathleen and Melyn Stokes, *The United States and the European Alliance since 1945*, Oxford, New York: Berg, 1999.

Camps, Miriam, *Britain and the European Community*, *1955 – 1963*, Princeton, N. J. : Princeton University Press, 1964.

Camps, Miriam, *European Unification in the Sixties*: *From the Veto to the*

Crisis, Oxford: Oxford University Press, 1967.

Cerami, Charles A., *Alliance Born of Danger: America, the Common Market, and the Atlantic Partnership*, New York: Harcourt, Brace & World, 1963.

Clarke, Ken, "This EU-US Trade Deal Is No 'Assault on Democracy'", *The Guardian*, No. 11, November 2013.

Cohen, Warren I. & Nancy Bernkopf, *Lyndon Johnson Confronts the World: American Foreign Policy, 1963 – 1968*, Tucker, Cambridge; New York: Cambridge University Press, 1994.

Colinan, Jonathan, *A "Special Relationship"? Harold Wilson, Lydon B. Johnson and Anglo-American Relations' at the Summit 1964 – 1968*, Manchester: Manchester University Press, 2004.

Collins, Michael J., *Western European Integrations, Implications for U. S. Policy and Strategy*, New York: Praeger Publishers, 1992.

Czemplem, Ernest-Otto & Dankwart A. Rustow, *The Euro-American System, Economic and Political Relations between North America and Western Europe*, Frankfurt, Boulder, Colo.: Campus Verlag: Westview Press, 1976.

Diefendorf, Jeffry M., *American Policy and the Reconstruction of West Germany 1945 – 1955*, New York: Cambridge University Press, 1993.

Dobson, Alan P., *Anglo-American Relations in the Twentieth Century: Of Friendship, Conflict and the Rise and Decline of Superpowers*, London: Routledge, 1995.

Dobson, Alan P., *The Politics of the Anglo-American Economic Special Relationship 1940 – 1987*, Brighton, Sussex: Wheatsheaf Books, 1988.

Dumbreli, John, *A Special Relationship: Anglo-American Relations in the Cold War and after*, New York: Macmillan Press Ltd, 2001.

Edwards, Jill, *Anglo-American Relations and the Franco Question 1945 – 1955*, New York: Oxford University Press, 1999.

Gelber, Llonel, *Crisis in the West American Leadership and the Global Balance*, London: The Macmillan Press LTD, 1975.

George, Stephen, *Britain and European Integration since 1945*, Oxford: Blackwell, 1991.

Gianaris, Nicholas V., *The European Community and the United States*, E-

conomic Relation, New York: Praeger Publishers, 1991.

Giauque, Jeffrey Glen, *Grand Designs and Visions of Unity the Atlantic Powers and the Reorganization of Western Europe 1955 – 1963*, Chapel Hill: University of North Carolina Press, 2002.

Gompert, David C. and F. Stephen Larrabeeed, *America and Europe: A Partnership for A New Era*, Cambridge, New York: Cambridge University Press, 1997.

Gowland, David and Arthur Turner, *Reluctant Europeans: Britain and European Integration, 1945 – 1998*, Harlow, Essex; New York: Longman, 2000.

Gowland, David and Arthur Turner, *Britain and European Integration 1945 – 1998: A Documentary History*, London, New York: Routledge, 2000.

Greenwood, Sean, *Britain and European Cooperation since 1945*, Oxford: Blackwell Publishers, 1992.

Grenwood, Sean, *Britain and European Integration since the Second World War*, Manchester University Press, 1996.

Grosser, Alfred, *The Western Alliance: European-American Relations since 1945*, New York: Continuum, 1980.

Hanrieder, Wolfram F., *Germany, America, Europe: Forty Years of German Foreign Policy*, New Haven: Yale University Press, 1989.

Hathaway, Robert M., *Great Britain and the United States: Special Relations since World War II*, Boston: Twayne Publishers, 1990.

Heller, Francis H. and John R. Gillingham, *NATO: The Founding of the Atlantic Alliance and the Integration of Europe*, New York: St. Martin's Press, 1992.

Hendriks, Gisela and Annette Morgan, *The Franco-German Axis in European Integration*, Cheltenham, UK Northampton, MA: Edward Elgar, 2001.

Hinshaw, Randall, *The European Community and American Trade: A Study Alliance Economics and Policy*, New York: Praeger, 1964.

Hogan, Michael J., *The Marshall Plan: America, Britain, and the Reconstruction of Western Europe, 1947 – 1952*, New York: Cambridge University Press, 1987.

Hollowell, Jonathan, *Twentieth-century Anglo-American Relations*, New York: Palgrave, 2001.

John, Nigel & Ashton, Kemcfy, *Macmillan, and the Cold War: The Irony of Interdependence*, New York: Palgrave Macmillan, 2002.

Kaiser, Wolfram, *Using Europe, Abusing the Europeans: Britain and European Integration 1945 – 1963*, New York: St. Martin's Press, 1996.

Kearns, Doris, *Lyndon Johnson and the American Dream*, New York: Andre Deutsch, 1976.

Kerr, William A. , "Bilateralism: A Radical Shift in US Trade Policy: What Will It Mean for Agricultural Trade?" *Journal of World Trade*, Vol. 40, No. 6, December 2006.

Kleiman, Robert, *Atlantic Crisis: American Diplomacy Confronts a Resurgent Europe*, New York: Norton, 1964.

Kraft, Joseph, *The Grand Design: From Common Market to Atlantic Partnership*, New York: Harper & Brothers Publishers, 1962.

Krause, Lawrence B. , *European Economic Integration and the United States*, Washington, D. C. : Brookings Institution, 1968.

Kunz, Diane B. , *The Diplomacy of the Crucial Decade: American Foreign Policy during the 1960s*, New York: Columbia University Press, 1994.

Larres, Klaus, *Uneasy Allies: British-German Relations and European Integration since 1945*, Oxford: Oxford University Press, 2000.

Louis, Wm. Roger and Hedley Bull, *The "Special Relationship": Anglo-American Relations since 1945*, New York: Oxford University Press, 1986.

Louis, Wm. Roger, *The Special Relationship: A Political History of Anglo-American Relations since 1945*, London: Longman, 1992.

Ludlow, N. Piers, *Dealing with Britain: The Six and the First UK Application to the EEC*, Cambridge, New York: Cambridge University Press, 1997.

Lundestad, Geir, *Empire by Integration: America and the European Integration 1945 – 1997*, Oxford: Oxford University Press, 1998.

Lundestad, Geir, *No End to Alliance: The United States and Western Europe: Past, Present, and Future*, New York: St. Martin's Press, 1998.

Lundestad, Geir, *The United States and Western Europe since 1945: From "Empire" by Invitation to Transatlantic Drift*, Oxford: Oxford Univiversity Press, 2005.

Mahan, Erin R. , *Kennedy, de Gaulle, and Western Europe. Basingstoke,*

Hampshire：Palgrave Macmillan，2002.

Mayer，Frank A. ，*Adenauer and Kennedy*：*A Study in German-American Relations 1961 – 1963*，New York：St. Martin's Press，1996.

Mcallister，Richard，*From EC to EU*：*An Historical and Political Survey*，London：Routledge，1997.

McDonald，Ian S. ，*Anglo-American Relations since the Second World War*，Newton Abbot：David & Charles，1974.

Menen，Jayant，"Dealing with the Proliferation of Bilateral Free Trade Agreements"，*The World Economy*，Vol. 32，No. 10，October 2009.

Menges，Constantine C. ，*The Marshall Plan from Those Who Made It Succeed*，Lanham：Program on Transitions to Democracy，University Press of America，1999.

Milward，Alan S. ，*The European Rescue of the Nation-state*，New York：Routledge，2000.

Milward，Alan S. ，*The Reconstruction of Western Europe*，*1945 – 1951*，London：Methuen & Co. Ltd. ，1984.

Monbiot，George，"This Transatlantic Trade Deal is a Full-frontal Assault on Democracy"，*The Guardian*，No. 4，November 2013.

Moon，Jeremy，*European Integration in British Politics*，*1950 – 1963*：*A Study of Issue Change*，Aldershot，Hampshire，England；Brookfield，Vt. ，U. S. A. ：Gower，1985.

Morgan，Roger，*The United States and West Germany 1945 – 1973*：*A Study in Alliance Politics*，London：Oxford University Press，1974.

Murray，Donette，*Kennedy*，*Macmillan and Nuclear Weapons*，New York：St. Martin's Press，2000.

Oliver，Kendrick，*Kennedy*，*Macmillan and the Test-ban Treaty*，Houndmills，Basingstoke，Hampshire：Macmillan Press，1998.

Ovendale，Ritchie，*Anglo-American Relations in the Twentieth Century*，New York：St. Martin's Press，1998.

Pagedas，Constantine A. ，*Anglo-American Strategic Relations and the French Problem 1960 – 1963*：*A Troubled Partnership*，London，Portland：OR Frank Cass，2000.

Paterson，Thomas G. ，*Kennedy's Quest for Victory*：*American Foreign Policy 1961 – 1963*，New York：Oxford University Press，1989.

Pearso, Charles, *United States Trade Policy: A Work in Progress*, Hoboken: John Wiley, 2004.

Peterson, John, *Europe and America-The Prospects for Partenership*, London: Routledge, 1996.

Rees, G. Wyn, *Anglo-American Approaches to Alliance Security 1955 – 1960*, Houndmills, Basingstoke, Hampshire: Macmillan Press Ltd. ; New York: St. Martin's Press, 1996.

Ridge, Burr, *Anglo-American Financial Systems: Institutions and Markets in the Twentieth Century*, Burr Ridge, Ill: Irwin Professional Pub. , 1995.

Schaetzel, J. Robert, *The Unhinged Alliance: America and the European Community*, New York: Harper & Row, Pub, 1975.

Schott, Jeffrey J. , *Free Trade Agreements: US Strategies and Priorities*, Washington, D. C. : Institute for International Economics, 2004.

Schulman, Bruce J. , *Lyndon Johnson and the American Liberalism*, New York: St. Martin's Press, 1995.

Schulze, Max-Stephan, *Western Europe: Economic and Social Change since 1945*, London: Longman, 1999.

Schwartz, Thomas Alan, *Lyndon Johnson and Europe: In the Shadow of Vietnam*, Cambridge, Mass. : Harvard University Press, 2003.

Trachtenberg, Marc, *Between Empire and Alliance: America and Europe during the Cold War*, Lanham, Md. : Rowman & Littlefield Publishers, 2003.

Urwin, Derek W. , *The Community of Europe: A History of European Integration since 1945*, New York: Longman, 1991.

van der Beugel, Ernest H. , *From Marshall Aid to Atlantic Partnership: European Integration as a Concern of American Foreign Policy*, Amsterdam: Esevoer, 1966.

Wilkes, George, *The Enlargement Negotiations and Crises in European, Atlantic, and Commonwealth Relations*, London; Portland, OR: Frank Cass, 1997.

Winand, Pascaine, *Eisenhower, Kennedy, and the United States of Europe*, Basingstoke, Hampshire: The Macmillan Press, 1993.

Wurm, Clemens, *Western Europe and Germany: The Beginings of European*

Integration, *1945 - 1960*, Oxford: Berg, 1995.

Young, John W. , *Britain and European Unity 1945 - 1992*, New York: St. Martin's Press, 1993.

后　　记

　　书稿是以我读书时期的研究方向为基础，将原来的研究领域不断拓展，经过工作以来 10 余年不间断地研究、修改和完善逐步修订而成。本书的出版既是对就学和工作以来的学习与研究成果的总结，也是对辛苦培育自己多年的各位师长的回报。

　　在选题的过程中，戴超武老师、孙若彦老师、王玮老师、陈海宏老师、毛锐老师、邢佳佳老师等给予了我大量的指导和帮助。我的每一点成绩都留下了各位老师的汗水。本书的定题、写作和成稿，我还有幸得到了首都师范大学的徐蓝教授、华东师范大学的余伟民教授、北京外交学院的赵怀普教授、南京大学的洪邮生教授等专家的指导，对各位教授的教导我十分感激。

　　同时非常感谢中国社会科学出版社刘志兵编辑及其同仁的大力协助，特别是编辑在校订、出版等方面给予了非常大的支持和帮助，也给予了很多无私的指导，我非常感动。

　　更感谢审阅课题的各位专家提出的宝贵意见，各位师长的宝贵意见为我课题的写作修改指明了方向。

　　本书的出版也得到了工作单位李爱华教授、马永庆教授、高继文教授、张福记教授、王增福教授等专家的鼎力帮助，对此深表感谢。同窗数载的学友和相伴多年的同事也给予了我很多无私的帮助与启发，在此不一一列举，却要向他们表达我的感激之情

　　一页书稿，满纸辛酸！在 10 余年的读博和工作期间，我常常徘徊于家庭和学业的两难境地，特别是在成为母亲之后，更加深刻地体会到科研和孩子两者兼顾的艰辛与焦灼。家人的默默付出使我有幸偷闲做研究，虽然他们没有怨言，但我仍常觉内疚，借此机会向他们表达我深深

的谢意和歉意。

作为国际关系史学界的晚辈，我深知才疏学浅，书中定有疏漏和不妥，恳请专家批评指正。

2019 年 6 月 26 日于泉城